中华优秀传统文化精粹

主　编　朱忠义
副主编　邓梦兰　欧阳琦
参　编　刘　艳　杨静仁
　　　　徐续红　罗华斌

北京理工大学出版社
BEIJING INSTITUTE OF TECHNOLOGY PRESS

版权专有　侵权必究

图书在版编目（CIP）数据

中华优秀传统文化精粹/朱忠义主编． --北京：北京理工大学出版社，2021.9（2025.2重印）
　ISBN 978-7-5763-0358-2

Ⅰ.①中… Ⅱ.①朱… Ⅲ.①中华文化—高等职业教育—教材 Ⅳ.①K203

中国版本图书馆CIP数据核字（2021）第194653号

出版发行 / 北京理工大学出版社有限责任公司
社　　址 / 北京市海淀区中关村南大街5号
邮　　编 / 100081
电　　话 / （010）68914775（总编室）
　　　　　（010）82562903（教材售后服务热线）
　　　　　（010）68944723（其他图书服务热线）
网　　址 / http：//www.bitpress.com.cn
经　　销 / 全国各地新华书店
印　　刷 / 三河市天利华印刷装订有限公司
开　　本 / 787毫米×1092毫米　1/16
印　　张 / 16.25　　　　　　　　　　　　　　责任编辑 / 徐艳君
字　　数 / 384千字　　　　　　　　　　　　　文案编辑 / 徐艳君
版　　次 / 2021年9月第1版　2025年2月第6次印刷　责任校对 / 周瑞红
定　　价 / 42.00元　　　　　　　　　　　　　责任印制 / 施胜娟

图书出现印装质量问题，请拨打售后服务热线，本社负责调换

前言 Preface

党的二十大报告指出:"中华优秀传统文化源远流长、博大精深,是中华文明的智慧结晶,其中蕴含的天下为公、民为邦本、为政以德、革故鼎新、任人唯贤、天人合一、自强不息、厚德载物、讲信修睦、亲仁善邻等,是中国人民在长期生产生活中积累的宇宙观、天下观、社会观、道德观的重要体现,同科学社会主义价值观主张具有高度契合性。"

中华民族在人类历史的长河中,曾经创造了源远流长、博大精深的古代文明,对人类文明做出了伟大的贡献。那秉笔直书的史学风范、高古雅致的艺术心灵、天人合一的哲学睿智、影响深远的科技发明,以及知天、事天、乐天、同天的精神境界,不仅推动了中国历史进程,而且影响了世界发展格局。英国著名历史学家汤因比曾这样描述中国文化:"在近六千年的人类历史上,出现过二十六种文化形态,但在这些文化形态中,只有一种文化体系是长期延续发展而从未中断过的文化,这就是中国传统文化。"而中国艺术研究院刘梦溪则深情地说:"要对我们民族几千年的文化传统有一份敬意和温情。"

古人精粹,今人赓续。

青年学生是我们民族和国家的未来。在中华民族伟大复兴事业的历史进程中,高职院校如何践行立德树人的根本任务,在"三全育人"的思政教育中,培养德智体美劳全面发展,能够担当民族复兴大任的时代新人?如何在中西文明的碰撞中,弘扬中华文化精神,阐释其文化精髓,传递其文化风格,展示其当代价值?如何引导学生在文化寻根中,讲述中国故事,展示中国形象,传播中国声音,从而提高我们的道路自信、理论自信、制度自信、文化自信?这是我们人才培养过程中面临的重要课题。

带着这样一份思考,也带着一份责任与担当,我们编写了这本《中华优秀传统文化精粹》通俗读本，力求在优秀作品的诵读中，将中华优秀传统文化全面融入高职学生的思想道德教育、文化知识教育、社会实践教育各环节，以拓宽文化视野、传承文化精神、涵养文化心灵、树立文化自信，从而提升学生的人文素养，促进学生的全面发展。

　　本书通过对中华优秀传统文化的梳理，萃取精华，遴选中华优秀文化中名言名句名段三百六十八节，并逐一释义。结构上由爱国篇、为人篇、处世篇、谋事篇、文化篇五篇，家国、社稷、民本、立德、为学、自强、诚信、仁爱、信念、格物、敬业、笃行、艺文、生态、闲适十五章组成。

　　本书由朱忠义担任主编，邓梦兰、欧阳琦担任副主编，刘艳、杨静仁、徐续红、罗华斌参与编写。在编写过程中，我们得到了中国社会科学院研究员、中国社会科学院大学文学院特聘教授、陕西师范大学高等人文社会科学院特聘研究员、博士生导师党圣元先生的指点，娄底职业技术学院公共课部、宣传部、团委、学工系统、教务系统、党政办公室等部门的大力支持，同时，我们还参考了许多学者和同人的研究成果，在此对他们深表敬意和感谢！此书为2021年度湖南省职教高地建设理论与实践研究课题"基于协同育人的高职院校课程思政实现路径创新研究（ZJGD2021129）"阶段性成果。

　　鉴于水平有限，书中难免会有不足之处，恳请广大读者批评指正！

编　者

目 录
Contents

第一篇　爱国篇

- 第一章　家国 ……………………………………………………（ 2 ）
- 第二章　社稷 ……………………………………………………（ 15 ）
- 第三章　民本 ……………………………………………………（ 31 ）

第二篇　为人篇

- 第一章　立德 ……………………………………………………（ 46 ）
- 第二章　为学 ……………………………………………………（ 61 ）
- 第三章　自强 ……………………………………………………（ 77 ）

第三篇　处世篇

- 第一章　诚信 ……………………………………………………（ 96 ）
- 第二章　仁爱 ……………………………………………………（111）
- 第三章　信念 ……………………………………………………（131）

第四篇　谋事篇

- 第一章　格物 ……………………………………………………（154）
- 第二章　敬业 ……………………………………………………（163）
- 第三章　笃行 ……………………………………………………（174）

第五篇　文化篇

第一章　艺文 ··（194）
第二章　生态 ··（216）
第三章　闲适 ··（234）

第一篇
爱 国 篇

"灵台无计逃神矢，风雨如磐暗故园。寄意寒星荃不察，我以我血荐轩辕。"

鲁迅的这首《自题小像》是他求学日本时的一首七言绝句，它是青年鲁迅救国救民鸿鹄之志的思想写真，更是一个伟大灵魂践行报国之志的爱国主义感情的真实流露。

在中华文化五千年的历史回音壁上，无论"青春作伴"的惊喜，还是"关河梦断"的悲壮；无论"醉卧沙场"的慷慨，还是"汗青丹心"的决然；无论"河山只在我梦萦"的深情，还是"为什么我的眼里常含泪水"的深沉，都一脉相承地激荡着一个民族的情怀，交响着一个民族的心声：爱国。

爱国，是中华优秀传统文化宝库中的重要思想资源，是源远流长的珍贵历史遗产，它体现为对自己国家的深厚感情，彰显着个人对国家、民族、文化的归属感、认同感、尊严感与荣誉感。正是无数志士仁人的前仆后继，才为我们留下了一首首荡气回肠、脍炙人口的爱国主义教育名篇佳作。

"爱国篇"由家国、社稷、民本三章组成，从家国情怀、胸怀天下、以民为本三个维度展开，精选中华优秀传统文化中的名篇名段名句68节，并予以阐释，以期在读者心中厚植爱国的传统美德，弘扬中华民族的高尚品德。

第一章　家　国

一

国有四维，一维绝则倾，二维绝则危，三维绝则覆，四维绝则灭。倾可正也，危可安也，覆可起也，灭不可复错也。何谓四维？一曰礼，二曰义，三曰廉，四曰耻。礼不逾①节，义不自进。廉不蔽恶，耻不从枉。

——［春秋］管仲《管子·牧民·四维》

释义 SHIYI

国家有四个角落，一个角落崩塌就会倾斜，两个角落崩塌就会危险，三个角落崩塌就会倾覆，四个角落崩塌就会灭亡。倾斜可以被扶正，危险可以被安定，倾覆可以被兴起，灭亡了就不能再恢复了。这四个角落叫什么呢？第一个叫礼，第二个叫义，第三个叫廉，第四个叫耻。（人们懂得）礼就不会超越应守的规范，（懂得）义就不会让自己过分争取。（人们懂得）廉就不会隐蔽邪恶，（懂得）耻就不会追随邪枉之徒。

"礼"指上下有节；有礼，就不会超越节度。"义"指合宜恰当的行事标准；有义，就不会妄自求进。"廉"指廉洁方正；有廉，就不会掩饰恶行。"耻"指知耻之心；有耻，就不会同流合污。礼、义、廉、耻是维系国家的四项道德准则，如果它们不能被推行，国家极易灭亡。习近平总书记多次谈到"国无德不兴，人无德不立"，为人需要品德，而国家的兴旺发达，需要每个人都内化于心、外化于行的核心价值观。

二

所谓治国必先齐其家者，其家不可教，而能教人者，无之。故君子不出家而成教

---

① 踰（yú）：同"逾"，越过、超过的意思。

于国。孝者，所以事君也；弟①者，所以事长也；慈者，所以使众也。

——《礼记·大学》

释义 SHIYI

之所以说治理国家必须先管理好自己的家庭和家族，是因为不能管教好家人而能管教好别人的人，是没有的。所以，有修养的人在家里就受到了治理国家方面的教育。对父母的孝敬可以用于侍奉君主，服务单位，对兄长的恭敬可以用于侍奉官长，回报社会，对子女的慈爱可以用于管理民众和下属。

一方面国和家的关系是血肉相连、密不可分的；另一方面，《大学》的这一章反复强调以身作则，要求"君子有诸己，而后求诸人；无诸己，而后非诸人"，即"品德高尚的人，总是自己先做到，然后才要求别人做到；自己先不这样做，然后才要求别人不这样做"。

这些思想并不因为社会时代的变迁而失去光彩。它既是对"欲治其国者"的告诫，值得推荐给当政为官的人作为座右铭；也是对儒学"道"原则的阐发，可广泛应用于生活的各个方面，作为我们立身处世、待人接物的有益参照。

三

人有恒言，皆曰天下、国、家。天下之本在国，国之本在家，家之本在身。

——［战国］孟子《孟子·离娄上》

释义 SHIYI

人们有句老话，都说："天下、国、家。"天下的基础在于国，国的基础在于家，家的基础在于个人。

孟子从阐述天下、国家、个人的关系出发，强调了个体的素质对家、国，对天下的重要性。家、国、天下，是由一个一个的个体组成的，没有一个一个的人，就没有家、国、天下可言。

孟子强调了家庭管理的好坏直接关涉到国家统治秩序及社会的稳定发展。家庭是社会组织机构的细胞，"细胞"出了问题，不仅影响一个家庭的发展，而且还关乎社风民风，乃至民族和国家的命运。当今现实生活中，有的家庭家教严、家风正，涵养了良好的修养、家风文化；有的家庭却疏于家教、家风污浊，酿成悲剧。

---

① 弟：通"悌（tì）"，指弟弟敬爱哥哥。

四

临患不忘国,忠也;思难不越官,信也;图国忘死,贞也;谋主三者,义也。

——[春秋]左丘明《左传·昭公元年》

释义 SHIYI

面临祸患而不忘国家,这是忠心的表现;想到危难而不放弃职守,这是诚意的体现;为了国家的利益而置生死于度外,这是坚贞的表现。计谋以这三者为主体,这是行为合于道义的体现。

此中名句"临患不忘国,忠也"的大意是:面对灾祸和忧患,时刻不忘自己的国家,这就是忠。在悠久的历史长河中,伟大的中华民族熔铸了以爱国主义为核心的传统美德,并激励着千千万万仁人志士为国为民前仆后继、尽忠竭力。

五

为人臣者主耳①忘身,国耳忘家,公耳忘私,利不苟就,害不苟去,唯义所在。

——[西汉]贾谊《治安策》

释义 SHIYI

节选自《治安策》:"遇之有礼,故群臣自憙②;婴以廉耻,故人矜节行。上设廉礼义以遇其臣,而臣不以节行报其上者,则非人类也。故化成俗定,则为人臣者主耳忘身,国耳忘家,公耳忘私,利不苟就,害不苟去,唯义所在。"

大意是:君主对群臣以礼相待,群臣就会自我激动,君主以廉耻约束臣子,人们就会重视气节品行。如果君主以廉耻、礼义对待臣子,而臣子却不用气节品行报答君主,那么他就不是正常的人了。这种习俗蔚成风气,那么做臣子的就会只为君主而不顾自己,只为国家而不顾家庭,只考虑大家的利益而不顾个人私利,见到有利益而不轻易沾取,见到危险也不轻易回避,全都按礼义的要求办事。

其中"国耳忘家,公耳忘私"意为为了国事而忘记家事,为了公事而忘记私事,形容一心为公为国。

① 耳:同"而"。
② 憙(xǐ):激动。

六

烈士之爱国也如家，奉君也如亲，则不忠之事，不为其罪矣。仁人之视人也如己，待疏也犹密，则不恕之怨，不为其责矣。

——［东晋］葛洪《抱朴子①·广譬②》

释义 SHIYI

有壮志的人热爱祖国就像爱自己家一样，侍奉君主就像侍奉双亲一样，那么他们待人不能尽心竭力，不算是他们的罪过。有仁德的人看待别人就像看自己一样，对待疏远的人就像亲人一样，那么他们不原谅并批评别人，不算是他们的不足。

其中"烈士之爱国也如家"，意为有抱负、有作为的人爱他的国家就像爱自己的家一样。这句话清楚地表达了仁人志士对祖国的忠诚、热爱之情和责任感。其实，我们每一个人都应关注祖国的命运、热爱自己的祖国，以为国效力为己任，因为对整个国家来说，我们每一个人都是不可或缺的一分子，都是这个大家庭里面的一员。

七

苟利国家，不求富贵。

——《礼记·儒行》

先国家之急而后私仇也。

——［西汉］司马迁《史记·廉颇蔺相如列传》

常思奋不顾身，而殉国家之急。

——［西汉］司马迁《报任安书》

释义 SHIYI

"苟利国家，不求富贵"大意是：只要对国家有利，就不去计较个人的得失。这表现了崇高的爱国主义思想和不追逐个人利益的品德，与明代张居正所言"苟利社稷，生死以之"表达了同样的爱国情怀。

---

① 《抱朴子》：此书不但提出儒道双修、互为融合的主张，还提出了许多关于美学与艺术的新见解，对南北朝以及后世文学的发展，影响颇深。

② 譬：读pì。

"先国家之急而后私仇也"大意是：将国家的危难放在前面，而将个人的私怨搁在后面。这表达了在国家面前，不计个人得失的高尚情操。

"常思奋不顾身，而殉国家之急"大意是：一个人，为了国家、民族的事业，可以将个人得失置之度外，甚至不顾自己的生命。其意在于强调，我们每一个人都应该具有为国献身的高尚情操。

八

克勤于邦，克俭于家。

——《尚书·虞书·大禹谟①》

一官诚易了，报国何时毕？

——[北宋]欧阳修《班班林间鸠②寄内》

风声雨声读书声声声入耳，家事国事天下事事事关心。

——[明]顾宪成

"克勤于邦，克俭于家"大意是：能为国家大事不辞辛劳，居家生活简朴。我国自古以来就以勤俭作为修身治国治家的美德。古人认为能否克勤克俭是关系着国家强弱、存亡的大事，鼓励人们竭尽职守，勤奋工作，提倡节约，反对浪费。当然在现代文明的今天，物质极大丰富，人们不可能无视生活的享受，但前提是不铺张浪费。

"一官诚易了，报国何时毕"大意是：区区一官的事，实在容易办，但我报效国家的雄心壮志什么时候能够实现呢？形容将士志在报国的宽阔胸襟。

"风声雨声读书声声声入耳，家事国事天下事事事关心"大意是：风声、雨声、读书声要听进心里，家事、国事、天下事都要关心。明末顾宪成题之于东林书院，其意在于强调，读书与关心国家大事都很重要。

九

天下兴亡，匹夫有责。

——[清]顾炎武《日知录·正始》

祖国如有难，汝应作前锋。

---

① 谟：读 mó。
② 鸠：读 jiū。

——陈毅《示丹淮①》

有关国家书常读，无益身心事莫为。

——徐特立赠王汉秋联

  SHIYI

"天下兴亡，匹夫有责"大意是：国家的兴盛与衰亡，每一个老百姓都有义不容辞的责任。

我们每个人都要为振兴国家和民族而努力。

"祖国如有难，汝应作前锋"出自《示丹淮》，在这首诗中，陈毅元帅用共产主义的人生观、世界观教育后代，要他们学成之后报答人民的养育之恩，告诫他们祖国有难，应首当其冲。

这样的爱国情怀着实让人感动。

"有关国家书常读，无益身心事莫为"，这是老一辈无产阶级革命家徐特立于1938年题赠湖南湘潭青年书店店员王汉秋的一副励志联。在今天，此联仍可作为广泛适用的格言联。

受儒家"修身、齐家、治国、平天下"思想长久熏陶，中国传统读书人无论穷通贵贱，都有一种心忧天下的情怀。这种情怀，是中华民族历尽艰辛磨难却百折不屈的一种内核和力量。

十

封侯非我意，但愿海波平。

——［明］戚继光《韬钤②深处》

苟利国家生死以，岂因祸福避趋之？

——［清］林则徐《赴戍登程口占示家人》

拼将十万头颅血，须把乾坤力挽回。

——［近代］秋瑾《黄海舟中日人索句并见日俄战争地图》

---

① 丹淮：陈丹淮，男，汉族，中国伟大的军事家、革命家陈毅之子。
② 韬钤（qián）：中国古代兵书《六韬》及《玉钤篇》的合称，亦指用兵谋略。

释义 SHIYI

"封侯非我意，但愿海波平"出自《韬钤深处》："小筑暂高枕，忧时旧有盟。呼樽来揖客，挥麈坐谈兵。云护牙签满，星含宝剑横。封侯非我意，但愿海波平。"

其大意是：我自己在小楼之上可以享受一时的高枕无忧的生活，只不过担忧现在的邻居——倭奴，侵扰海疆的事情。要是有志同道合的好友来了，就赶紧拿出酒杯，斟满酒，掸净浮尘，坐下共同探讨抗敌大计。又是兵书又是宝剑，每天读书习武都到很晚，只是想随时为国杀敌。但这并不是为了将来立功封侯，而只是希望百姓过上安居乐业的日子。

这两句诗表现出戚继光不甘心碌碌无为、渴望建功立业、为边疆的安宁奉献一生的气概。

"苟利国家生死以，岂因祸福避趋之"出自《赴戍登程口占示家人》，大意：只要对国家民族有利，即使牺牲性命亦心甘情愿，绝不会因为自己可能受到灾祸而躲避。诗句表现了作者以国事为重、不顾个人安危的高贵品质。

"拼将十万头颅血，须把乾坤力挽回"出自《黄海舟中日人索句并见日俄战争地图》，意为就算十万将士抛头颅洒热血，也要将这颠倒的乾坤大地挽救回正轨。这两句诗表现了作者的爱国热情。

十一

捐躯赴国难，视死忽如归！

——［三国］曹植《白马篇》

闲居非吾志，甘心赴国忧。

——［三国］曹植《杂诗七首·其五》

离家自是寻常事，报国惭无尺寸功。

——［明］于谦《春日客怀》

一寸丹心图报国，两行清泪为思亲。

——［明］于谦《立春日感怀》

释义 SHIYI

"捐躯赴国难，视死忽如归"出自《白马篇》，大意是：为国家解危难奋勇献身，把死亡看得像回家一样平常。寄托了诗人捐躯为国、视死如归的崇高精神境界，以及为国家建功立业的渴望和憧憬。

"闲居非吾志，甘心赴国忧"出自《杂诗七首（其五）》，大意是：无所事事地闲居不是我的志向，只要能为国家解除忧患，就是赴难捐躯，我也心甘情愿。抒发了诗人甘心赴国难、为国建功的雄心壮志。

"离家自是寻常事，报国惭无尺寸功"出自《春日客怀》，大意是：离家本来是很平常的事，惭愧的是为国家所做甚少。表现了作者积极进取、忠心报国的精神。

"一寸丹心图报国，两行清泪为思亲"出自《立春日感怀》，大意是：我一颗赤心渴望着报效国家，身在他乡，思念亲人又不禁使我双眼泪流成行。这两句诗写出了作者的感情波澜，表现了作者以国事为重而常常忍受思亲痛苦的情状。"丹心"，赤诚的心。"一寸"对"两行"，"丹心"对"清泪"，"图"对"为"，"报国"对"思亲"，很形象地表达出作者为了国事羁留戍边、思念亲人的家国情怀。

十二

青海长云暗雪山，孤城遥望玉门关。
黄沙百战穿金甲，不破①楼兰终不还。

——［唐］王昌龄《从军行七首·其四》

释义 SHIYI

青海湖上乌云密布，遮得连绵雪山一片黯淡。边塞古城，玉门雄关，远隔千里，遥遥相望。守边将士身经百战，铠甲磨穿，壮志不灭，不打败进犯之敌，誓不返回家乡。

诗歌前两句为情景交融的环境描写，后两句"黄沙百战穿金甲，不破楼兰终不还"则由环境描写转为直接抒情。

"黄沙百战穿金甲"一句概括力极强，戍边时间之漫长，战事之频繁，战斗之艰苦，敌军之强悍，边地之荒凉，都于此七字中概括无遗。金甲尽管磨穿，但将士的报国壮志却并没有被销磨，而是在大漠风沙的磨炼中变得更加坚定。

"不破楼兰终不还"，则是身经百战的将士们豪壮的誓言。上一句把战斗之艰苦、战事之频繁越写得突出，这一句便越显得铿锵有力、掷地有声。

十三

国破山河在，城春草木深。

---

① 破：一作"斩"。

感时花溅泪,恨别鸟惊心。

烽火连三月,家书抵万金。

白头搔更短,浑欲不胜簪。

——[唐] 杜甫①《春望》

释义 SHIYI

长安沦陷,国家破碎,只有山河依旧;春天来了,人烟稀少的长安城里草木茂密。感于战败的时局,看到花开而潸然泪下,内心惆怅怨恨,听到鸟鸣而心惊胆战。

连绵的战火已经延续了一个春天,家书难得,一封抵得上万两黄金。

愁绪缠绕,搔头思考,白发越搔越短,简直要不能插簪了。

此诗由开篇描绘国都萧索的景色,到眼观春花而泪流,耳闻鸟鸣而怨恨,再写战事持续了很久,以至于家里音信全无,最后写到自己的哀怨和衰老。诗歌内蕴环环相生、层层递进,创造了一个能够引发人们共鸣的思想境界和艺术境界,反映了作者热爱国家、期待安定的美好愿望。

十四

怒发冲冠,凭栏处,潇潇雨歇。抬望眼,仰天长啸,壮怀激烈。三十功名尘与土,八千里路云和月。莫等闲,白了少年头,空悲切。

靖康耻,犹未雪;臣子恨,何时灭?驾长车,踏破贺兰山缺,壮志饥餐胡虏肉,笑谈渴饮匈奴血。待从头,收拾旧山河,朝天阙②。

——[南宋] 岳飞《满江红》

释义 SHIYI

我愤怒得头发竖了起来,帽子被顶起来,独自登高凭栏远眺,骤急的风雨刚刚停歇。抬头远望天空,禁不住仰天长啸,一片报国之情充满心怀。三十多年来虽已建立一些功名,但如同尘土般微不足道,日夜转战南北,征途八千里,经过多少风云人生。

---

① 杜甫(712—770),字子美,自号少陵野老,世称"杜工部""杜少陵"等,汉族,河南府巩县(今河南省巩义市)人,唐代伟大的现实主义诗人。杜甫被世人尊为"诗圣",其诗被称为"诗史"。杜甫与李白合称"李杜",为了跟另外两位诗人李商隐与杜牧即"小李杜"区别开来,杜甫与李白又合称"大李杜"。他忧国忧民,人格高尚。他的1400余首诗被保留了下来,诗艺精湛,在中国古典诗歌中备受推崇,影响深远。759—766年曾居成都,后世有杜甫草堂纪念。

② 朝天阙(què):朝见皇帝。天阙:本指宫殿前的楼观,此指皇帝生活的地方。

有志男儿,要抓紧时间为国建功立业,不要随意将青春消磨,等年老时徒自悲伤。

靖康之变的耻辱,至今仍然没有被洗雪;国家臣子的愤恨,何时才能泯灭!我要驾着战车向敌人进攻,连贺兰山也要踏为平地。我满怀壮志,打仗饿了就吃敌人的肉,谈笑渴了就喝敌人的血。待我重新收复旧日山河,再带着捷报向国家报告胜利的消息!

这是一首传诵千古的爱国名篇,激励过无数爱国志士。

"三十功名尘与土,八千里路云和月",三十年来奔波忙碌,所得到的功名有如尘土;转战疆场,八千里路的追逐驰骋,眼中看到的,只是那天上的云与月。诗句虽然是描写军旅生活的艰苦,却给我们以深刻的人生哲理启示。

"莫等闲,白了少年头,空悲切",我们应该像岳飞那样,视功名如尘土,只争朝夕,将全部生命和精力用在为国家谋强盛、为民众谋幸福的事业上。

十五

死去元知万事空,但悲不见九州同。
王师北定中原日,家祭无忘告乃翁。

——[南宋] 陆游《示儿》

释义 SHIYI

原本知道死去之后就什么也没有了,只是感到悲伤,没能见到国家统一。

当大宋军队收复了中原失地的那一天,你们举行家祭时不要忘了告诉我!

这首诗是陆游的绝笔。他在弥留之际,还是念念不忘被霸占着的中原领土,热切地盼望着祖国的重新统一,因此他特地写这首诗作为遗嘱,谆谆告诫自己的儿子。从这里我们可以领会到诗人的爱国激情是何等的执着、深沉、热烈、真挚!这样的爱国情怀,引起了千百年来无数人的共鸣,使读之者无不为之泣涕。

十六

何处望神州?满眼风光北固楼。千古兴亡多少事?悠悠。不尽长江滚滚流。
年少万兜鍪①,坐断东南战未休。天下英雄谁敌手?曹刘。生子当如孙仲谋。

——[南宋] 辛弃疾《南乡子·登京口北固亭有怀》

---

① 兜(dōu)鍪(móu):犹言千军万马。兜鍪,头盔,这里代指士兵。

什么地方可以看见中原呢？在北固楼上，满眼都是美好的风光。从古到今，有多少国家兴亡大事呢？不知道，年代太长了。只有长江的水滚滚东流，奔流不息。

当年孙权在青年时代，已带领了千军万马，他能占据东南，坚持抗战，没有向敌人低头和屈服过。天下英雄谁是孙权的敌手呢？只有曹操和刘备而已。这样也就难怪曹操说："生子当如孙仲谋。"

作者通过对古代英雄人物的歌颂，表达了渴望像古代英雄人物那样金戈铁马，收拾旧山河，为国效力的壮烈情怀。全词饱含着浓浓的爱国情怀，但也流露出作者报国无门的无限感慨。

十七

辛苦遭逢起一经，干戈寥落四周星。
山河破碎风飘絮，身世浮沉雨打萍。
惶恐滩头说惶恐，零丁洋里叹零丁。
人生自古谁无死？留取丹心照汗青。

——［南宋］文天祥《过零丁洋》①

回想我早年由科举入仕历尽千辛万苦，如今战火消歇已经过四年的艰苦岁月。

国家危在旦夕似那狂风中的柳絮，自己一生坎坷如雨中浮萍，漂泊无根，时起时沉。

惶恐滩的惨败让我至今依然惶恐，可叹我零丁洋里身陷元虏自此孤苦无依。

自古以来，人终不免一死！倘若能为国尽忠，死后仍可光照千秋，青史留名。

此诗饱含沉痛悲凉之情，既叹国运又叹自身，把家国之恨、艰危之困渲染到极致。尤其是最后两句，"人生自古谁无死，留取丹心照汗青"，由悲而壮、由郁而扬，慷慨激昂、掷地有声，影响了一代又一代爱国志士和广大民众。

---

① 《过零丁洋》：见于文天祥《文山先生全集》，当作于1279年（宋祥兴二年）。1278年（宋祥兴元年），文天祥在广东海丰北五坡岭兵败被俘，押到船上，次年过零丁洋时作此诗。随后又被押解至崖山，张弘范逼迫他写信招降固守崖山的张世杰、陆秀夫等人，文天祥不从，写此诗以明志，表达了自己的爱国豪情。

十八

寸寸山河寸寸金，侉离①分裂力谁任。
杜鹃再拜忧天泪，精卫无穷填海心。

——［清］黄遵宪《赠梁任父同年》

每一寸的山河，我们都把它当成一寸黄金般去珍惜，可惜国家却任列强肆意瓜分。杜鹃再次流下忧心的眼泪，要求君王体恤人民，而我们要学习精卫填海的精神，不把东海填平誓不罢休。

《赠梁任父同年》是清代黄遵宪于1896年书赠梁启超的诗作之一。面对腐败的大清一而再，再而三的割地赔款，尤其是甲午海战又输给东瀛小国，而且签订了《马关条约》，再次割地，内心的悲愤情感促使黄遵宪写下这首传世名篇。腐败的大清政府一味地割让黄金般的国土，作者空有忧天之泪却无力回天，但是他相信，拥有精卫填海般恒心的中华民族一定会有收复国土的那一天。

十九

灵台②无计逃神矢③，风雨如磐④暗故园。
寄意寒星荃不察⑤，我以我血荐轩辕⑥。

——鲁迅《自题小像》

我怎么做也不能从心中割舍游子对祖国故土的眷恋，祖国故乡在风雨飘摇的浓重黑暗之中。把希望寄托于民众，但民众还没有觉醒，他们对我的希望还不能理解；我

---

① 侉（kuǎ）离：分割。
② 灵台：指心，古人认为心有灵台，能容纳各种智慧。
③ 矢：爱神之箭。鲁迅在这里，是把中了爱神丘比特的神箭比喻为自己对祖国对人民的热爱和对当时帝国主义的憎恨感情。
④ 风雨如磐（pán）：磐，大石头。形容风雨极大。风雨如磐，比喻国家和民族灾难的深重。
⑤ 荃（quán）不察：荃，香草名，古时比喻国君，这里借喻祖国和人民。不察，不理解。
⑥ 轩辕：即黄帝，是古代传说中的氏族部落酋长。这里是用"轩辕"代祖国。

把我的一腔热血报效我的祖国，誓为中华民族的解放而牺牲。

"我以我血荐轩辕"，这是鲁迅对祖国、对人民发出的庄严誓言：决心为祖国、为人民而献身，甘洒热血写春秋。这句诗表现了青年时代的鲁迅强烈的爱国主义精神和反帝反封建的革命英雄气概，现在常用来表示为了民族复兴而鞠躬尽瘁的坚强决心。

二十

我们中华民族有同自己的敌人血战到底的气概，有在自力更生的基础上光复旧物的决心，有自立于世界民族之林的能力。

——毛泽东

我们爱我们的民族，这是我们自信心的泉源。

——周恩来

"我们中华民族有同自己的敌人血战到底的气概，有在自力更生的基础上光复旧物的决心，有自立于世界民族之林的能力"，出自《论反对日本帝国主义的策略》。毛主席讲话，坚定而刚毅，自信而豪迈，说明中华民族非常优秀，富有强大而神奇的创造力。中华民族是一个善于创造奇迹的民族，过去我们创造了世界顶级文明，如今我们同样可以引领世界，走向更加繁荣的新文明。

"我们爱我们的民族，这是我们自信心的泉源"，出自1949年4月周恩来《关于和平谈判问题的报告》。只有热爱自己的国家和民族，才能有自信心，才能有为祖国、为民族而献身的精神。中华民族的爱国情操，是在中华民族悠久历史文化的基础上产生与发展起来的，它源于对养育自己的故土、家乡、民族的深挚热爱。

2019年3月22日，习近平总书记在意大利进行国事访问，当意大利众议长菲科问他当选中国国家主席是什么心情时，习近平总书记说："……我将无我，不负人民。"

诚然，爱国是一个人对自己祖国的一种诚挚的热爱与深厚的情感，作为中华儿女，我们必须自觉维护国家利益，时刻以振兴中华为己任。

第二章 社 稷

二十一

大道之行也，天下为公。选贤与能，讲信修睦。故人不独亲其亲，不独子其子，使老有所终，壮有所用，幼有所长，矜①寡孤独废疾者皆有所养。男有分，女有归。货恶其弃于地也，不必藏于己；力恶其不出于身也，不必为己。是故谋闭而不兴，盗窃乱贼而不作，故外户而不闭。是谓大同。

——《礼记·礼运》

 释 义 SHIYI

在大道施行的时候，天下是人们所共有的。把品德高尚的人、能干的人选拔出来，讲求诚信，培养和睦气氛。所以人不只是敬爱自己的父母，不只是疼爱自己的子女，要使老年人能终其天年，中年人能为社会效力，幼童能顺利地成长，使老而无妻的人、老而无夫的人、幼年丧父的孩子、老而无子的人、残疾人都能得到供养。男子有职务，女子有归宿。反对把财物弃置于地的浪费行为，但并非据为己有；人们都愿意为公众之事竭尽全力，而不一定为自己谋私利。因此奸邪之谋不会发生，盗窃、造反和害人的事情不发生。所以外出大门都不用关，这叫作理想社会。

天下大同是儒家理想，人人友爱互助、家家安居乐业，没有差异没有战争，体现着人们对未来社会的美好憧憬，更体现着中华优秀传统文化的深刻内涵。"天下为公"的"大同"社会理想，是两千多年前的古代圣贤留给全人类的思想财富。

---

① 矜（guān）：同"鳏"，老而无妻的人。

二十二

四方所归，心行者也。……未之见而亲焉，可以往矣；久而不忘焉，可以来矣。日月不明，天不易也；山高而不见，地不易也。言而不可复者，君不言也；行而不可再者，君不行也。凡言而不可复，行而不可再者，有国者之大禁也。

——［春秋］管仲《管子·形势》

 释义 SHIYI

只有真心实意地修德施道，四面八方的民众才会归附。……对于还没有见面就有了亲近之心的君主，民众就会来投奔他；对于令人久久不能忘怀的君主，民众就会归附他。日月有不明的时候，但天不会变；山高有看不见的时候，但地不会变。说起话来，那种只说一次而不可再说的错话，本就不应该说；做起事来，那种只做一次而不可再做的错事，本就不应该做。凡是重复那些不可再说的言论和那些不可再做的事情，都是一国之君的最大禁忌。

"未之见而亲焉，可以往矣；久而不忘焉，可以来矣"，习近平总书记在开罗阿拉伯国家联盟总部的演讲中引用这句话时，舍弃其历史语境下的含义，赋予其新的内涵。"未之见而亲焉"，没见面就产生了亲近感，这里指超越空间；"久而不忘焉"，时间再久也不会忘怀，这里指超越时间。超越了时空的友谊，就可以使国家之间、民族之间的关系更加融洽。习近平总书记借此表达了中国人民和阿拉伯人民穿越时空的传统友谊。

二十三

天下之人皆相爱，强不执弱，众不劫寡，富不侮贫，贵不傲贱，诈不欺愚。

——［春秋］墨子《墨子·兼爱》

 释义 SHIYI

天下人都相互爱护，强者就不会控制弱者，众者就不会强迫寡者，富者就不会欺侮贫者，尊贵者就不会傲视卑微者，狡诈者就不会欺骗愚笨者。

墨子主张"兼相爱，交相利"。他认为，人们不分贵贱，都要互爱互利，这样社会上就不会出现以强凌弱、以贵欺贱、以智诈愚的现象。国君要爱护有功的贤臣，慈父要爱护孝顺的儿子。人们处在贫困的时候不要怨恨，处在富有的时候要讲究仁义，对活着的人要仁爱，对死去的人要哀痛，这样社会就会走向大同。墨子的伦理思想是广大劳动人民要求平等、反抗压迫、呼唤自由的心声。

二十四

为贤之道将奈何？曰：有力者疾以助人，有财者勉以分人，有道者劝以教人。

——［春秋］墨子《墨子·尚贤下》

做贤人的道理是怎样的呢？是这样的：有力量的人尽力帮助他人，有财物的人努力将财物分享给他人，懂道理的人鼓励教育他人。

世人对贤人的考量，不仅仅强调其能力的出众，还要以道德品质的优劣作为衡量标准，他不仅要有能力照顾自己，还要有热心帮助别人。

二十五

子路问君子。子曰："修己以敬。"曰："如斯而已乎？"曰："修己以安人①。"曰："如斯而已乎？"曰："修己以安百姓②。修己以安百姓，尧舜其犹病③诸④？"

——［春秋］《论语·宪问》

子路问什么叫君子。孔子说："修养自己，保持严肃恭敬的态度。"子路说："这样就够了吗？"孔子说："修养自己，使周围的人们安乐。"子路说："这样就够了吗？"孔子说："修养自己，使所有百姓都安乐。修养自己使所有百姓都安乐，尧舜都担心很难完全做到吧？"

孔子认为，修养自己是君子立身处世和管理政事的关键所在，只有这样做，才可以使老百姓都得到安乐，所以孔子的修身，更重要的在于治国平天下。

---

① 安人：使自己身边的人安乐。
② 安百姓：使老百姓安乐。
③ 病：难，不易。
④ 诸：代词，相当于"之"，这里指修己以安百姓，作宾语。

二十六

惟事事，乃其有备，有备无患。

——《尚书·说命中》

居安思危。思则有备，有备无患。

——［春秋］左丘明《左传·襄公十一年》

"惟事事，乃其有备，有备无患"大意是：做每件事都应有准备，有准备才会无祸患。

"居安思危。思则有备，有备无患"大意是：生活安宁时要考虑危险的到来，考虑到了危险就会有所准备，事先有了准备就可以避免祸患。

现在，我国经济快速平衡发展，综合国力逐渐增强，然而"国富"不等于"国强"，如果国防不巩固，即使生产发展了，也有可能毁于一旦。因此，我们没有理由放松警惕，而应居安思危，永远保持清醒的头脑。

二十七

士穷不失义，达不离道。穷不失义，故士得已焉；达不离道，故民不失望焉。古之人，得志，泽加于民；不得志，修身见于世。穷则独善其身，达则兼善天下。

——［战国］孟子《孟子·尽心上》

士人穷困时不缺失仁义，显达时不背离道德。穷困时不缺失仁义，所以能安详自得；显达时不背离道德，所以百姓才会不失所望。古时候的人，得志时恩惠施于百姓，不得志时就修养身心立身于世。总结为："穷则独善其身，达则兼善天下。"后人又改"兼善"为"兼济"，意思是，不得志时要修养好自身，得志时要努力让天下人都能受益。

"穷则独善其身，达则兼善天下"精练地表达了儒者入世与出世的政治选择和人生态度，成为从古至今众多知识分子立身处世的座右铭。这既蕴含了士人进退仕隐的矛盾心态，也彰显了儒学通权达变的思想、精神、气度。

二十八

居天下之广居，立天下之正位，行天下之大道。得志，与民由之；不得志，独行其道。富贵不能淫，贫贱不能移，威武不能屈，此之谓大丈夫。

——［战国］孟子《孟子·滕文公下》

"居天下之广居，立天下之正位，行天下之大道"，朱熹《四书集注》云："广居，仁也；正位，礼也；大道，义也。"仁、礼、义是儒家重要的道德规范，也是大丈夫的理想人格。这句话的意思是：大丈夫应该住在天下最宽广的住所——"仁"里，站在天下最正当的位置——"礼"上，走在天下最光明的大道——"义"上。

习近平总书记曾引用孟子这句话，阐释了中国对中东的政策举措。无论是推动"一带一路"建设，还是构建人类命运共同体，抑或是国家间的交往，中国都如传统文化中的"君子"和"大丈夫"一般，编织互利共赢的合作伙伴网络，坚定构建互利合作格局，承担国际责任义务，扩大同各国的利益交会点，推动形成人类命运共同体。

"得志，与民由之；不得志，独行其道。富贵不能淫，贫贱不能移，威武不能屈，此之谓大丈夫"大意是：能实现理想时，就同人民一起走这条正道；不能实现理想时，就独自行走在这条正道上。富贵不能使他的思想迷惑，贫贱不能使他的操守动摇，威武不能使他的意志屈服，这才叫作有志气有作为的大丈夫。

二十九

天时不如地利，地利不如人和。……得道者多助，失道者寡助。寡助之至，亲戚畔之。多助之至，天下顺之。以天下之所顺，攻亲戚之所畔，故君子有不战，战必胜矣。

——［战国］孟子《孟子·公孙丑下》

有利于作战的天气、时令，比不上有利于作战的地理形势，有利于作战的地理形势，比不上作战中的人心所向、内部团结。……能行"仁政"的君王，帮助支持他的人就多，不施行"仁政"的君主，支持帮助他的人就少。支持帮助他的人少到了极点，连亲属也会背叛他；支持帮助他的人多到了极点，天下所有人都会归顺他。凭着天下人都归顺他的条件，去攻打那连亲属都反对背叛的君王，要么不战斗，（如果）战斗就一定会取得胜利。

"天时不如地利，地利不如人和"大意是：适宜作战的时令、气候不如有利于作战的地形重要，有利于作战的地形不如齐心协力、上下团结重要，强调人心向背对事业成败的关键作用。

2014年3月23日，在对荷兰进行国事访问并出席第三届核安全峰会之际，习近平总书记在荷兰《新鹿特丹商业报》发表署名文章，文章引用"天时不如地利，地利不如人和"，指出当今世界需要发展，发展需要和平。中国人民同各国人民一样，既要争取和平的国际环境发展自己，又要通过自身的发展维护和促进世界和平。

三十

志合者，不以山海为远；道乖者，不以咫尺为近。故有跋涉而游集，亦或密迩①而不接。

——［东晋］葛洪《抱朴子·外篇·博喻》

志同道合的人，即使山海阻隔也不觉得遥远；志向不同的人，即使咫尺之间也不觉得很近。因此有些人虽然相距遥远，却跋山涉水前去相见；也有人虽然近在眼前却不相往来，形同陌路。

一般来说，空间距离的远近影响人际关系的建立，但真正决定人际关系亲密程度的，是心理上的距离。如果彼此心灵相通、志趣相合，即使远在天边，也如同近在眼前，故而"志合者，不以山海为远；道乖者，不以咫尺为近"。

三十一

嗟夫！予尝求古仁人之心，或异二者之为，何哉？不以物喜，不以己悲，居庙堂之高则忧其民，处江湖之远则忧其君。是进亦忧，退亦忧。然则何时而乐耶？其必曰"先天下之忧而忧，后天下之乐而乐"乎！

——［北宋］范仲淹《岳阳楼记》

---

① 密迩（ěr）：近在眼前。

释义 SHIYI

唉！我曾经探求古时品德高尚的人的思想感情，或许不同于以上两种人的心情，这是为什么呢？是由于不因外物好坏和自己得失而或喜或悲。在朝廷里做高官就应当心系百姓，处在僻远的江湖间也不能忘记关注国家安危。这样来说在朝廷做官也担忧，在僻远的江湖也担忧。既然这样，那么他们什么时候才会感到快乐呢？他们一定会说："在天下人忧之前先忧，在天下人乐之后才乐。"

"先天下之忧而忧，后天下之乐而乐"是范仲淹一生行为的准则。孟子说："穷则独善其身，达则兼善天下。"这已成为封建时代许多士大夫的人生信条。范仲淹写这篇文章的时候正贬官在外，"处江湖之远"，他原本可以采取独善其身的态度，落得清闲快乐，可是他仍然以天下为己任，这是难能可贵的。

习近平总书记2014年10月15日在文艺工作座谈会上的讲话引用了范仲淹的这句名言，赞扬那些具有爱国主义主题和拥有家国情怀的作品对中华儿女的感召作用。

三十二

人君以至诚为道，以至仁为德。守此二言，终身不易，尧舜之主也。至诚之外，更行他道，皆为非德；至仁之外，更作他德，皆为非德。

——［北宋］苏轼①《上初即位论治道二首·道德》

释义 SHIYI

《上初即位论治道二首》包括《道德》和《刑政》两篇。在《道德》篇中，苏轼开宗明义，提出君主应以"至诚""至仁"作为自身的道德规范，即以诚实守信当作自己的原则底线，以包容的心当作自己的德行。不断提升自身道德修养。终生持守，成为尧舜那样的圣君明王。并称："至诚之外，更行他道，皆为非道；至仁之外，更作他德，皆为非德。"

---

① 苏轼（1037年1月8日—1101年8月24日），字子瞻、和仲，号铁冠道人、东坡居士，世称苏东坡、苏仙，汉族，眉州眉山（今四川省眉山市）人，祖籍河北栾城，北宋著名文学家、书法家、画家、历史治水名人。苏轼是北宋中期文坛领袖，在诗、词、散文、书、画等方面取得很高成就。文纵横恣肆；诗题材广阔，清新豪健，善用夸张比喻，独具风格，与黄庭坚并称"苏黄"；词开豪放一派，与辛弃疾同是豪放派代表，并称"苏辛"；散文著述宏富，豪放自如，与欧阳修并称"欧苏"，为"唐宋八大家"之一。苏轼善书，"宋四家"之一；擅长文人画，尤擅墨竹、怪石、枯木等。作品有《东坡七集》《东坡易传》《东坡乐府》《潇湘竹石图卷》《古木怪石图卷》等。

何谓至诚？苏轼认为："上自大臣，下至小民，内自亲戚，外至四夷，皆推赤心以待之，不可以丝毫伪也。"而"至仁"则是"视臣如手足，视民如赤子，戢①兵，省刑，时使，薄敛，行此六事而已矣"。只有这样，才可以"主逸而国安"。

2016年11月21日习近平总书记在秘鲁国会演讲时说道："中国人历来'以至诚为道，以至仁为德'，'仁者，以天地万物为一体'，中国一贯主张世界各国共同努力，建立平等相待、互商互谅的伙伴关系，公道正义、共建共享的安全格局，开放创新、包容互惠的发展前景，和而不同、兼收并蓄的文明交流，尊崇自然、绿色发展的生态体系。"

习近平总书记引述"以至诚为道，以至仁为德"和"仁者，以天地万物为一体"，充分体现出仁者爱人、以天下为己任的中国传统文化精髓。

三十三

有人者出，不以一己之利为利，而使天下受其利；不以一己之害为害，而使天下释其害；此其人之勤劳必千万于天下之人。

——［明末清初］黄宗羲《明夷代访录·原君》②

释义 SHIYI

有仁人志士出来，不以自己的利益为利益，而要让天下人获得利益；他不以自己的祸害为祸害，而要让天下人免除祸害。这个人的辛勤劳苦，必定是天下人的千倍万倍。

当时社会刚刚经历了一场阶级矛盾和民族矛盾相交织的历史大动荡：明王朝覆灭，农民大起义失败，以及清政权建立。作为亡国遗臣的黄宗羲，力图追究这场社会大悲剧的原因，《原君》以及《明夷待访录》中其他文章，便是这种探求的结果。

三十四

天下宁有不好逸乐者，但逸乐过节则不可。故君子者勤修不敢惰，制欲不敢纵，节乐不敢极，惜福不敢侈，守分不敢僭③，是以身安而泽长也。

——［清］《康熙教子庭训格言》

---

① 戢（jí）：本义为收藏兵器，此处引申为收敛、止息。
② 《原君》是《明夷待访录》的首篇，成书于康熙二年（1663）。
③ 僭（jiàn）：超越本分。

释义

天下哪有不喜欢安逸、舒适的人？但是安逸、舒适超越了一定的限度是不可以的。所以，君子勤奋学习，遵守道德规范，不敢有一点懈怠；节制自己的欲望，不敢有一点放纵；节制自己的欢乐，不敢有一点过分；珍惜自己的福报，不敢随意奢侈；恪守自己的本分，不超越自己的职权。只有这样，才能安身于社会，享受长久恩泽。

作为一个社会人，不可以随心所欲，应洁身自好，并胸怀天下。

三十五

故今日之责任，不在他人，而全在我少年。少年智则国智，少年富则国富；少年强则国强，少年独立则国独立；少年自由则国自由，少年进步则国进步；少年胜于欧洲，则国胜于欧洲；少年雄于地球，则国雄于地球。红日初升，其道大光。河出伏流，一泻汪洋。潜龙腾渊，鳞爪飞扬。乳虎啸谷，百兽震惶。鹰隼①试翼，风尘翕②张。奇花初胎，矞③矞皇皇。干将发硎④，有作其芒。天戴其苍，地履其黄。纵有千古，横有八荒。前途似海，来日方长。美哉我少年中国，与天不老！壮哉我中国少年，与国无疆！

——梁启超《少年中国说》⑤

释义

所以说今天的责任，不在别人身上，全在我们少年身上。少年聪明国家就聪明，少年富裕国家就富裕；少年强大国家就强大，少年独立国家就独立；少年自由国家就自由，少年进步国家就进步；少年胜过欧洲，国家就胜过欧洲；少年称雄于世界，国家就称雄于世界。红日刚刚升起，道路充满霞光；黄河从地下冒出来，汹涌奔泻浩浩荡荡；潜龙从深渊中腾跃而起，它的鳞爪舞动飞扬；小老虎在山谷吼叫，所有的野兽都害怕惊慌，雄鹰隼鸟振翅欲飞，风和尘土高卷飞扬；奇花刚开始孕起蓓蕾，灿烂明

---

① 鹰隼（sǔn）试翼：雄鹰隼鸟振翅欲飞。
② 翕（xī）：闭合，收拢，可表示合、聚、和顺的意思，另外也可指鸟类躯部背面和两翼表面的总称。
③ 矞（yù）：通"霱"，云的色彩。
④ 硎（xíng）：磨。
⑤ 《少年中国说》写于1900年，作者梁启超流亡日本之时。为了驳斥帝国主义分子的无耻谰言，唤起人民的爱国热情，激起民族的自尊心和自信心，梁启超适时地写出《少年中国说》。

丽茂盛茁壮；干将剑新磨，闪射出光芒。头顶着苍天，脚踏着大地。从纵的时间看有悠久的历史，从横的空间看有辽阔的疆域。前途像海一般宽广，未来的日子无限远长。美丽啊我的少年中国，将与天地共存不老！雄壮啊我的中国少年，将与祖国万寿无疆！

三十六

君子敬而无失，与人恭而有礼。四海之内，皆兄弟也。

——［春秋］《论语·颜渊》

亲仁善邻，国之宝也。

——［春秋］左丘明《左传·隐公六年》

兴天下之利，除天下之害。

——［春秋］墨子《墨子·尚同中》

释义 SHIYI

"君子敬而无失，与人恭而有礼。四海之内，皆兄弟也"大意是：君子办事慎重而无差错，对人恭敬而有礼貌，天下的人就都成了兄弟了。

"亲仁善邻，国之宝也"大意是：亲近仁义，与邻国友好相处，这是立国的法宝。

关于"亲仁善邻"，《管子》中也有深刻的见解。《管子·形势解》强调"明主内行其法度，外行其理义。故邻国亲之，与国信之。有患，则邻国忧之；有难，则邻国救之。""明主之使远者来，而近者亲也，为之在心。"

"兴天下之利，除天下之害"大意是：凡是于天下人有利的事就去干，帮助它兴办起来；凡是对天下人有害的事，就把它除掉。

三十七

长太息以掩涕兮，哀民生之多艰。

——［战国］屈原《离骚》

天下之治乱，不在一姓之兴亡，而在万民之忧乐。

——［明末清初］黄宗羲《明夷待访录·原臣》

古语云："见人之得，如己之得；见人之失，如己之失。"如是存心，天必佑之。

——［清］《康熙教子庭训格言》

"长太息以掩涕兮，哀民生之多艰"大意是：我长叹一声啊，止不住那眼泪流了下来，我是在哀叹那人民的生活是多么的艰难！

虽然屈原是楚国贵族，且身为士大夫，但他深感人民的痛苦处境，忧国忧民。

"天下之治乱，不在一姓之兴亡，而在万民之忧乐"大意是：判断天下是安定还是混乱，不是以一姓的兴亡为标准，而以万民的忧愁和快乐为标准。

"古语云：'见人之得，如己之得；见人之失，如己之失。'如是存心，天必佑之"大意是："古人说过：'看到别人有所得，就如同自己有所得；看到别人有所失，就如同自己有所失。'"存有这种心思的人，上天一定会保佑他。

三十八

染于苍则苍，染于黄则黄。

——［春秋］墨子《墨子·所染》

和羹之美，在于合异。

——《三国志·魏书·夏侯玄传》

一花独放不是春，百花齐放春满园。

——［明］《古今贤文》

"染于苍则苍，染于黄则黄"大意是：（丝）染了青颜料就变成青色，染了黄颜料就变成黄色。

墨子以染丝为喻，说明天子、诸侯、大夫、士必须正确选择自己的亲信和朋友，以取得良好的熏陶和积极的影响。因为关系着事业的成败、国家的兴亡，所以国君对此必须谨慎。墨子之喻也说明了大环境的重要性。

"和羹之美，在于合异"大意是：羹汤的美味在于味道之间的调和。

人们经常以"和羹之美，在于合异"为喻，主张官职设置等要彼此协调、配合。

"一枝独放不是春，百花齐放春满园"大意是：一枝单独开放的花朵不能代表春天的到来，只有百花竞艳才是人间春色。

这句民谚之所以广为流传，是因为饱含哲理：第一，阐述了整体和部分的辩证关系，"一花"是部分，"百花"是整体，部分的功能是较小的，要以整体发展带动部分发展；第二，体现了联系的观点，联系具有普遍性，"一花"和"百花"是相互联系的，如用到文化上，就要尊重文化的多样性；第三，说明了事物是客观的和发展变化的，"百花齐放"是必然的，因此要顺应历史潮流。

三十九

桃李不言，下自成蹊。

——民谚

得其大者，可以兼其小。

——［北宋］欧阳修《易或问》

计利当计天下利，求名应求万世名。

——于右任题赠蒋经国对联

SHIYI

"桃李不言，下自成蹊"为民间谚语，大意是：桃树、李树不说话，但它们有花朵和果实，人们在树下赏花摘果，便走成了一条小路。说明只要为人忠诚，品德高尚，用不着自我宣介，自然会感动别人，受到人们敬仰。

"得其大者，可以兼其小"大意是：做任何事情都要从大处着眼，只有掌握了根本的大道理，才可以兼及旁枝末节；反向行之，则是舍本逐末，只能陷于琐碎而难明大方向。

"计利当计天下利，求名应求万世名"是国民党元老于右任题赠蒋经国的一副对联。这14个字，后来成为蒋经国的座右铭。

这副对联深刻诠释了"名""利"的内涵，反映了儒家积极入世的名利观。关于"名"与"利"，明朝人庄元臣在《叔苴子·外编》中说："人之好名者，其等有三：有好闾阎之名者，有好士大夫之名者，有好圣贤之名者，同为名而品第殊矣。惟利亦然，有好目睫之利者，好终身之利者，好子孙数十世之利者。好闾阎之名与目睫之利者，众人也；好士大夫之名与终身之利者，君子也；好圣贤之名与子孙数十世之利者，圣贤也。人之所异者，惟其所好名利者，有远近大小之不同而已矣。"

2013年，习近平总书记在《携手建设中国—东盟命运共同体——在印度尼西亚国会的演讲》一文中引用了此对联。

四十

安得广厦千万间，大庇天下寒士俱欢颜！风雨不动安如山。

——［唐］杜甫《茅屋为秋风所破歌》

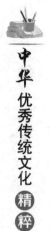

安得万里裘，盖裹周四垠。稳暖皆如我，天下无寒人。

——［唐］白居易《新制布裘》

但愿苍生俱饱暖，不辞辛苦出山林。

——［明］于谦《咏煤炭》

释义 SHIYI

"安得广厦千万间，大庇天下寒士俱欢颜！风雨不动安如山"大意是：如何能得到千万间宽敞高大的房子，普遍地庇护天下间贫寒的读书人，让他们开颜欢笑！安稳得像是山一样。

杜甫以切身的体验，推己及人，设想大庇天下寒士的万间广厦。诗句表现了诗人许身社稷的博大胸怀。

"安得万里裘，盖裹周四垠。稳暖皆如我，天下无寒人"大意是：哪里有长达万里的大袍，把四方全都覆盖，无边无垠，使每个人都像我一样安稳温暖，天下再没有受寒挨冻的人。

"安得万里裘，盖裹周四垠。稳暖皆如我，天下无寒人"，与"安得广厦千万间，大庇天下寒士俱欢颜，风雨不动安如山"如出一辙，它表明，两位伟大诗人的博爱情怀都是一致的。两人都是面对自我处境的一种超越，只不过杜甫并未愁苦于个人饥寒、白居易并未沉溺于个人饱暖而已，皆为难能可贵。诗人心中念念不忘、重重忧虑的都是天下百姓。

"但愿苍生俱饱暖，不辞辛苦出山林"出自于谦《咏煤炭》。作者以煤炭自喻，托物言志，抒发了甘为国家"鞠躬尽瘁、死而后已"的抱负和情怀。这是作者为民效力愿望的真诚袒露。

四十一

城阙辅三秦，风烟望五津。
与君离别意，同是宦游人。
海内存知己，天涯若比邻。
无为在歧路，儿女共沾巾。

——［唐］王勃《杜少府之任蜀州》

释义 SHIYI

《杜少府之任蜀州》是"初唐四杰"之首王勃的一首送别诗。其颈联"海内存知己，天涯若比邻"，一般认为受到了曹植《赠白马王彪》"丈夫志四海，万里犹比邻"的启发，但高度概括，已成千古传诵的名句。

"海内存知己，天涯若比邻"大意是：四海之内有了知己，即使远在天边，也像邻居一样近。"海内"极言其广，"天涯"极言其远，而"比邻"又极言其近，几相对照，反差极大。而诗人用"存知己"作为串联的纽带，让人觉得，正因极广、极远，才越发显得贴近。这正印证了王国维的那句"有境界则自成高格，自有名句"。

四十二

岱宗夫如何？齐鲁青未了。
造化钟神秀，阴阳割昏晓。
荡胸生层云，决眦①入归鸟。
会当凌绝顶，一览众山小。

——［唐］杜甫《望岳》

泰山到底怎么样？在齐鲁大地上，那苍翠的美好山色没有尽头。

大自然把神奇秀丽的景象全都汇聚于泰山，山南和山北的天色被分割为一明一暗两部分。

冉冉升起的云霞荡涤我的心灵，睁大眼睛追踪那暮归的鸟儿隐入山林，眼角好像要裂开一样。

当你登上泰山之巅，放眼望去，周围的群山是那样的矮小。

此诗一、二句写泰山山脉绵延辽阔，三、四句写泰山雄峻磅礴，五、六句细写群峰云生、归鸟入谷的景象，七、八句想象登山所见壮阔景象、抒发理想抱负。这首诗通过描绘泰山雄伟磅礴的景象，热情赞美了泰山高大巍峨的气势和神奇秀丽的景色，流露出了对祖国山河的热爱之情，表达了诗人不怕困难、敢攀顶峰、俯视一切的雄心和气概，以及卓然独立、兼济天下的豪情壮志。

四十三

浩渺行无极，扬帆但信风。

---

① 决眦（zì）：眦：眼角。眼角（几乎）要裂开。这是由于极力张大眼睛远望归鸟入山所致。

云山过海半，乡树入舟中。
波定遥天出，沙平远岸穷。
离心寄何处，目击曙霞东。

——［唐］尚颜《送朴山人归新罗》

释义

这首诗生动地描绘了海上历程风光，表达了诗人对友人的深情厚谊。首联"浩渺行无极，扬帆但信风"，大意是：广阔无垠的大海没有尽头，扬起风帆向着目的地御风而行。这是作者预想的一幅气势恢宏的海景画卷，这风是顺风、好风、利风，承载了诗人对友人的美好祝愿。接下来中间两联，诗人想象着在一路好风的相送下，友人千里航程一路景。尾联"离心寄何处，目击曙霞东"，写诗人离别后的怀念之情：当友人归去，天各一方，只有向东方太阳升起的地方（指友人的故乡）遥望祝福。诗歌借景托情，借眼前之景寄万里不尽之情。

"浩渺行无极，扬帆但信风"格局宏大，习近平总书记曾引用此句，表达在亚太这片广阔的水域中，各个国家奋力扬帆前行的壮阔局面；也深深体现了以习近平同志为核心的党中央在外交方面的一些原则：弘扬平等互信、包容互鉴、合作共赢的精神，推动更加积极主动的开放战略，扩大同各方利益汇合点。这让中国外交内涵更加丰富，格局更加宽广。

四十四

夜夜燃薪暖絮衾，禺中一饭直千金。
身为野老已无责，路有流民终动心。

——［南宋］陆游《春日杂兴》

位卑未敢忘忧国，事定犹须待阖棺。

——［南宋］陆游《病起书怀》

释义

"夜夜燃薪暖絮衾，禺中一饭直千金。身为野老已无责，路有流民终动心"出自陆游《春日杂兴》，大意是：每天晚上烧柴取暖，在近中午之时吃一顿饭价值千金（吃了上顿没下顿，只能饱一顿饿一顿）。身为一个不在朝廷已在民间的老人已经没有为官的责任了，但看到路边流亡的平民百姓也为之而痛心。

陆游身为一位"退士""野老"，却体恤民生疾苦，是因为他具有爱国爱民的思想，且至死不渝，无论是居庙堂之高、还是处江湖之远，他都忧国忧民。

"位卑未敢忘忧国，事定犹须待阖棺"出自陆游《病起书怀》："病骨支离纱帽宽，孤臣万里客江干。位卑未敢忘忧国，事定犹须待阖棺。天地神灵扶庙社，京华父老望和銮。出师一表通今古，夜半挑灯更细看。"诗人想到自己一生屡遭挫折，壮志难酬，而年已老大，自然有着深深的慨叹和感伤；但他在诗中说一个人盖棺方能定论，表明诗人对前途仍然充满着希望。其中"位卑未敢忘忧国"一句成了后世许多忧国忧民的寒素之士用以自警自励的名言。

"位卑未敢忘忧国"，同顾炎武的"天下兴亡，匹夫有责"意思相近，虽然自己地位低微，但是从没忘掉忧国忧民的责任，它的主旨就是热爱祖国。

四十五

衙斋卧听萧萧竹，疑是民间疾苦声。
些小吾曹州县吏，一枝一叶总关情。

——［清］郑燮①《潍县署中画竹呈年伯包大中丞括》

释义

这首诗巧妙地以竹声作引，托物取喻。

首句"衙斋卧听萧萧竹"，写自己在衙署书房内休息，听到窗外风吹竹叶之声。一个"听"字，凸显了作者忧心如焚、夜不成寐的心境。

次句"疑是民间疾苦声"，由自然界的风竹之声联想到百姓啼饥号寒的疾苦。一个"疑"字，道出了作者的爱民之心与勤政之意。

第三句"些小吾曹州县吏"，是说我们只是小小的州县官。些小：微小。吾曹：我辈，指自己和包括。

末句"一枝一叶总关情"，"一枝一叶"表面咏竹，暗喻民间疾苦，既照应了风竹画和诗题，又寄寓了作者深厚的情感：天下百姓的冷暖安危时刻牵动着我们的心！

---

① 燮：读 xiè。

第三章 民　本

四十六

皇祖有训，民可近，不可下。民惟邦本，本固邦宁。

——《尚书·五子之歌》

祖先早就传下训诫，人民是用来亲近的，不能轻视与低看。人民才是国家的根基，根基牢固，国家才能安定。

历数中国的王朝更迭可以看出，政治腐败、横征暴敛、民不聊生，往往是王朝更迭的主要原因。得民心者得天下，失民心者失天下，这是颠扑不破的历史真理。为政者应敬畏民众，敬畏民众赋予的权力。

四十七

圣人恒无心①，以百姓心为心。

善者，吾善之；不善者，吾亦善之，德②善。

信者，吾信之；不信者，吾亦信之，德信。

圣人在天下，歙歙焉③，为天下浑其心④。百姓皆注其耳目，圣人皆孩之⑤。

——［春秋］《道德经·第四十九章》

---

① 恒无心：一本作"无常心"，意为长久保持无私心。
② 德：通"得"，得到，获得。
③ 歙（xī）歙焉：歙，收敛，收其私心，包容一切。歙歙焉，和合的样子。
④ 浑其心：使人心思化归于浑朴。
⑤ 圣人皆孩之：圣人使百姓们都回复到婴孩般纯真质朴的状态。

释义

圣人常常是没有私心的，以百姓的心为自己的心。

对于善良的人，我善待他；对于不善良的人，我也善待他，这样就可以得到善良了，从而使人人向善。

对于守信的人，我信任他；对不守信的人，我也信任他，这样可以得到诚信了，从而使人人守信。

有道的圣人在其位，收敛自己的欲意，使天下的人归于浑朴。百姓们都专注于自己的耳目聪明，有道的人使他们都回到婴孩般纯真质朴的状态。

四十八

六马之乖离，必于四达之交衢①；万民之叛道，必于君上之失政。上者尊严而危，民者卑贱而神。爱之则存，恶之则亡。长民者必明此之要。

——［春秋］《孔子家语·入官》

释义

拉车的六匹马分散乱跑，一定是在四通八达的交叉路口；百姓造反，必定是因为君王政治措施的错误。在上者虽然尊严却是有危险的，民众虽然卑贱却是有神力的。民众热爱你，你就能存在；民众厌恶你，你就要灭亡。治理民众的人必须明了这个道理的重要。

孔子在回答子张所问如何做官这一问题时，郑重地指出，为官当以身作则、选贤任能、重民爱民、取信于民，这些思想堪称精辟，极具现实意义。

四十九

目贵明，耳贵聪，心贵智。以天下之目视，则无不见也；以天下之耳听，则无不闻也；以天下之心虑，则无不知也。辐凑并进，则明不塞矣。

——［春秋］管仲《管子·九守·主明》

---

① 交衢（qú）：道路交错的地方。

释义 SHIYI

眼睛贵在明辨事物，耳朵贵在听觉灵敏，头脑贵在思维敏捷。站在天下人的角度观察，就没有看不见的；站在天下人的角度倾听，就没有听不到的；站在天下人的角度思考，就没有不理解的。集中天下人的聪明智慧于一体，判断是非的明辨力就不会被蒙蔽了。

众人拾柴火焰高。一个人的力量是有限的，当政者只有依靠民众的力量，方能看得远、想得深，做成常人不能做之事。执政者若刚愎自用、独断专行，只能导致国家灭亡。

此外，《易传》所言"二人同心，其利断金"，《吕氏春秋》所言"万人操弓，共射其一招，招无不中"，讲的都是"团结就是力量"。

习近平总书记在庆祝中国人民政治协商会议成立65周年大会上的讲话中引用了这句古语，体现了"广开言路、博采众谋"的协商民主原则。所谓"人心齐，泰山移"，只要齐心协力、坚持不懈，就没有解决不了的难题。

五十

道①千乘②之国，敬事而信，节用而爱人③，使民以时。

——《论语·学而》

释义 SHIYI

孔子说："治理拥有一千辆兵车的国家，应该恭敬谨慎地对待政事，并且讲究信用；节省费用，并且爱护人民；征用民力要尊重农时，不要耽误耕种、收获的时间。"

这段话反映了孔子的政治主张。他提出了五条关于治理国家的基本原则：敬事、取信于民、节用、爱人、使民以时，即要求国家管理者严肃认真地办理各方面事务，恪守信用，节约用度，爱护人民，役使百姓应注意不误农时。宋代理学家朱熹在《论语集注》中说："言治国之要，此五者，亦务本之意。"在孔子生活的时代，西周初年建立的宗法分封制度瓦解，各个诸侯国都欲争霸天下，彼此之间战争不断，给人民带

---

① 道：通"导"，引导之意，此处译为治理。
② 千乘（shèng）之国：乘，古代用四匹马拉的兵车。春秋时期，打仗使用兵车，故车辆数目的多少往往标志着这个国家的强弱。千乘之国，即代指大国。
③ 爱人：古代"人"的含义有广义与狭义之分。广义的"人"，指一切人；狭义的"人"，仅指士大夫以上各个阶层的人。

来无休止的苦痛。孔子感叹乱世之中民生之疾苦，建议执政者要以仁道治国，具体来说就是执政者要敬其事，对人民有公信力，爱护民众，节约经费，让人民服劳役要在农闲之时。直到今天，孔子这种具有民本思想的政治主张还闪耀着光芒。

五十一

齐宣王见孟子于雪宫。王曰："贤者亦有此乐乎？"孟子对曰："有。人不得，则非其上矣。不得而非其上者，非也；为民上而不与民同乐者，亦非也。乐民之乐者，民亦乐其乐；忧民之忧者，民亦忧其忧。乐以天下，忧以天下，然而不王者，未之有也。"

——［战国］孟子《孟子·梁惠王下》

齐宣王在他的住所里接见孟子。齐宣王问："道德高尚的人也有这种快乐吗？"孟子回答说："有。百姓如果得不到这种快乐，他们就会埋怨国君。得不到这种快乐，就批评国君这是不对的；而作为一国之主的国君，有这种快乐不能与百姓一起享受，也是不对的。国君以百姓的快乐为快乐，百姓也会以国君的快乐为自己的快乐；国君以百姓的忧愁为忧愁，百姓也会以国君的忧愁为忧愁。以天下人的快乐为快乐，以天下人的忧愁为忧愁，这样还不能够使天下归服，是没有过的事情。"

以上为孟子与齐宣王的对话。

"乐民之乐者，民亦乐其乐；忧民之忧者，民亦忧其忧"是孟子民本思想的重要观点。

孟子认为民众是国家的主体，君主要想保证邦固国宁，就必须得民心顺民意，与民同乐，这样才能得到民众的拥护爱戴。孟子此类表述还有："古之人与民偕乐，故能乐也。今王与百姓同乐，则王①矣。"与民同乐也是孟子仁政思想的一个组成部分。正是基于这种认识，孟子告诫统治者在思想上要以民为本，要重民、爱民；在军事上要避免战争，要安民、救民；在经济上要制民之产，要富民、利民。

北宋范仲淹《岳阳楼记》中的名句"先天下之忧而忧，后天下之乐而乐"正是对孟子思想的继承与发扬。

---

① 王：读 wàng。

五十二

叔向问晏①子曰:"意孰为高?行孰为厚?"对曰:"意莫高于爱民,行莫厚于乐民。"又问曰:"意孰为下?行孰为贱?"对曰:"意莫下于刻民,行莫贱于害身也。"

——[战国至秦]《晏子春秋·内篇·问下》

释义

叔向向晏子请教:"什么样的品德才是高尚的?什么样的行为才是宽厚的?"晏子回答:"没有比爱护百姓更高尚的品德,没有比让百姓快乐更宽厚的行为。"又问:"什么样的品德是低劣的?什么样的行为是卑贱的?"晏子答:"没有比苛待百姓更低劣的品德,没有比祸害百姓更卑贱的行为。"

晏子所言深刻地阐释了为官者应尽的职责。为官者的正己爱民,从来都是一种备受推崇的为官风范;而残民以逞的行为,从来都是受到世人反对和抨击的。

五十三

政之所兴,在顺民心,政之所废,在逆民心。民恶忧劳,我佚乐之;民恶贫贱,我富贵之;民恶危坠,我存安之;民恶灭绝,我生育之。……故从其四欲,则远者自亲;行其四恶,则近者叛之。故知予之为取者,政之宝也。

——[春秋]管仲《管子·牧民·四顺》

释义

管子指出,政权的成败在于人心的顺逆。政令能够推行,在于顺应民心;政令所以废弛,在于违逆民心。接着列举了民之"四恶"与"四欲",提出从其"四欲"则亲、行其"四恶"则叛的论断,主张要"四顺"。

所谓四恶即"恶忧劳""恶贫贱""恶危坠""恶灭绝"。管子对人性分析得十分透彻,他看到了百姓厌恶忧患劳苦、贫困低贱、危险灾祸、家族灭绝,而渴望"佚乐""富贵""存安""生育"。管子认为"牧民"之道在于"四顺",即顺应百姓的这四种愿望,使其安逸快乐、富足显贵、生存安定、生育繁息。能满足百姓的"四欲",疏远的人会自动亲近归附;若使百姓陷入"四恶"的境地,亲近的人也会背叛逃离。

---

① 晏:读 yàn。

五十四

夫民者，万世之本也，不可欺。凡居于上位者，简士苦民者是谓愚，敬士爱民者是谓智。夫愚智者，士民命之也。故夫民者，大族也，民不可不畏也。

——［西汉］贾谊《新书·大政上》

释义

百姓，是万世的根本，不可欺侮。一切处于社会上层的人，对读书人傲慢，对百姓刻薄就是愚蠢的；敬重读书人，爱护百姓就是聪明的。君主是愚蠢还是聪明，是由百姓决定的。所以百姓是最大族类，对百姓不能不敬畏。

老百姓是天，老百姓是地，老百姓是万世的根本。

五十五

武王问于太公曰："治国之道若何？"太公对曰："治国之道，爱民而已。"曰："爱民若何？"曰："利之而勿害，成之勿败，生之勿杀，与之勿夺，乐之勿苦，喜之勿怒。此治国之道，使民之义也，爱之而已矣。……故善为国①者遇②民，如父母之爱子，兄之爱弟，闻其饥寒为之哀，见其劳苦为之悲。"

——［西汉］刘向《说苑·政理》

释义

周武王问姜太公："治理国家的方法是什么？"姜太公回答说："治理国家的方法，就是怎么去爱子民罢了。"周武王说："怎么样爱子民？"姜太公说："给子民利益不加害他们，让他们成功而非失败，让他们活下去而不要杀害他们，给予他们而不是抢夺他们的东西，给予他们快乐而不是痛苦，对他们和颜悦色而不要怒目相向。这就是治理国家的方法，让百姓有合宜的道德、行为，怜爱他们罢了。……所以，善于治国的人对待民众，就像父母对待自己的孩子、兄长爱护自己的兄弟一样；听到他们遭受饥寒，为之感到哀伤；见到他们劳苦的状态，为之感到伤悲。"

爱民是刘向民本思想的主要内容，他说："良君将赏善而除民患，爱民如子，盖之

---

① 为国：治理国家。
② 遇：对待。

如天，容之若地。"（《新序·杂事一》）他主张治国者应像天地一样庇护包容他的子民，这就是成语"爱民如子"的由来。

五十六

天下国家一体也，君为元首，臣为股肱，民为手足。下有忧民，则上不尽乐；下有饥民，则上不备膳；下有寒民，则上不具服。故足寒伤心，民寒伤国。

——［东汉］荀悦《申鉴·政体》

释义 SHIYI

君、臣、民是相互联系的有机统一体，用人的头部、大腿胳膊和手脚来比喻国家的构成。下面有愁苦的百姓，那么处于上层的人就不能尽情快乐；下面有饥饿的百姓，那么处于上层的人就不能尽情用膳；下面有挨冻的百姓，那么处于上层的人就不能衣冠体面。脚底受寒，会伤及心脏；民众贫困，会动摇国本。

荀悦强调，人民的安危苦乐直接关系国家的兴衰存亡，重视民众，善待民众，对于国家的强盛具有重要意义。

五十七

圣人之治天下，利民之事，丝发必兴；厉民之事，毫末必去。

——［清］万斯大《周官辨非·天官》

释义 SHIYI

圣人治理天下所用之道，凡是于民有利的事情，再小也要推行；于民有害的事情，再小也必须革除。

万斯大把"利民"作为执政治国的价值标准，具有民本思想的积极意义。

万斯大的老师、明清之际的思想家黄宗羲倡导："不以一己之利为利，而使天下受其利；不以一己之害为害，而使天下释其害。"清代中后期的钱泳主张："天下事有利于民者，则当厚其本，深其源；有害于民者，则当拔其本，塞其源。"万斯大的"利民"思想起到了承前启后的作用。中国传统民本主义中的利民思想随着时代的发展不断深化，并逐渐展现其本身所应具有的价值。

五十八

夫天地之大,黎元为本;邦国之贵,元首为先。治乱无常,兴亡有运。

——[唐]房玄龄《晋书·宣帝纪·制曰》

天地江山之大,以民为本;国家的尊贵显赫,以君主为先。国家繁荣与衰落无常,而兴亡与国运有关。

"天地之大,黎元为本"体现了唐太宗以民为本的治国思想。他认为,"舟所以比人君,水所以比黎庶。水能载舟,亦能覆舟""凡事皆须务本,国以人为本,人以衣食为本""为君之道,必须先存百姓。若损百姓以奉其身,犹割股以啖腹,腹饱而身毙。"

五十九

传曰:"君者,舟也;庶人者,水也。水则载舟,水则覆舟。"此之谓也。故君人者,欲安,则莫若平政爱民矣;欲荣,则莫若隆礼敬士矣;欲立功名,则莫若尚贤使能矣,是君人者之大节也。

——[战国]荀子《荀子·哀公》

话说:"君主,是船;平民百姓是水。水能承载船只,也能倾覆船只。"说的就是这个意思。当君王的想要获得安宁,那么最好勤于政事爱护百姓;想要获得繁荣,那么最好用隆重的礼节对待士子;想要获得功名,那么最好尊崇和任用贤能的人,这是关系到统治者安危存亡的大事。

表示事物用之得当则有利,反之必有弊害。

六十

凡治国之道,必先富民。民富则易治也,民贫则难治也。奚以知其然也?民富则安乡重家,安乡重家则敬上畏罪,敬上畏罪则易治也。民贫则危乡轻家,危乡轻家则敢陵上犯禁,陵上犯禁则难治也。故治国常富,而乱国常贫。是以善为国者,必先富民,然后治之。

——[春秋]管仲《管子·治国》

释义 SHIYI

但凡治理国家的方法，必须首先使百姓富裕起来。百姓富裕就容易统治，百姓贫穷就难以统治。凭什么知道是这样的呢？百姓富裕就能安心地生活在家乡并且重视自己的产业，安心地生活在家乡并重视自己的产业就能尊敬官吏，害怕犯罪，如果百姓尊敬官吏害怕犯罪就容易统治。百姓贫穷就不安心生活在家乡，并且轻视自家的产业，就敢于冒犯上级违犯法令，如果百姓敢冒犯官吏违犯法令就难以统治了。所以太平无事的国家中（百姓）长久富裕，动乱多事的国家中（百姓）长久贫穷。因此，善于治理国家的人，必须先使百姓富裕起来，然后（才能）统治他们。

《管子》认为："凡治国之道，必先富民。"大凡治理国家，一定要先使百姓富裕起来。《管子》通过阐释"民富则易治""民贫则难治"，得出了"善为国者，必先富民，然后治之"的结论。

治国必先富民，富民然后强国。管子认识到民众的重要性，认识到富民对于增强国家实力的巨大作用。正是由于抓住了治国之本，齐国很快强盛起来，齐桓公才能"九合诸侯，一匡天下"。

六十一

仓廪实则知礼节，衣食足则知荣辱。

——［春秋］管仲《管子·牧民》

释义 SHIYI

仓库储备充实，老百姓才能懂得礼节，衣食丰足，老百姓才能分辨荣辱。

管仲所说的"仓廪实则知礼节，衣食足则知荣辱"也成为齐国自强求富的指导思想。人民生活富裕，府库财富充盈，礼仪就能得到发扬，政令才能畅通无阻。孔子也有同样的观点，据《论语·子路》记载，孔子到卫国去，看到那里人口众多，便赞叹道："庶矣哉！"弟子冉有问："既庶矣，又何加焉？"意思是：人已经够多了，还能做些什么呢？孔子回答："富之。"可见富民的重要性。

六十二

夫为国者以富民为本，以正学为基。民富乃可教，学正乃得义。

——［东汉］王符《潜夫论·务本》

国家的统治者应该制定使百姓富裕的政策,并把这一政策作为国家之根本政策,还应该以正确的学习内容作为统治基础。因为百姓富裕了才可以推行教化,以正确的思想来教化才可以使其获得仁义的观念。

富民政策与加强全民教育,是古代先贤们总结出来的行之有效的统治思想。

"获得感",是中国现在的热词。中国的所有改革,都以民众的获得感为重要导向。"为国者以富民为本",这里的富民,不只局限于让人们富裕,也包括让人们幸福,让人们有"获得感"。与之最相关、最直观的一个治理词汇是:精准扶贫。从梁家河知青到国家领导人,习近平总书记深切感受到老百姓对摆脱贫困的渴望,他说"扶贫始终是我工作的一个重要内容,我花的精力最多"。中国将全面建成小康社会,摆脱贫困,是治国安邦的大事,正所谓"天下之治乱,不在一姓之兴亡,而在万民之忧乐"。

"富民"之论也道出了加强全民教育从而提升全民素养的重要性。

六十三

道之以政,齐之以刑,民免而无耻;道之以德,齐之以礼,有耻且格。

——[春秋]《论语·为政》

用政令来治理百姓,用刑法来整顿他们,百姓只求能免于犯罪受惩罚,却没有廉耻之心;用道德引导百姓,用礼制去同化他们,百姓不仅会有羞耻之心,而且有归服之心。

"道之以德",用道德来教导人民,并"齐之以礼"。"礼"用今天的话来说就是规矩,人民的思想言行都要合乎规矩。有了规矩,百姓才会"有耻且格"。百姓有了规矩可循可蹈,方能知过改过,口服心服。

孔子认为,刑罚只能使人避免犯罪,不能使人懂得犯罪可耻的道理,而道德教化比刑罚要高明得多。这反映了道德在治理国家时有不同于法制的特点。

六十四

天视自我民视,天听自我民听。

——《尚书·泰誓中》

天矜于民，民之所欲，天必从之。

——《尚书·泰誓上》

得众则得国，失众则失国。

——《礼记·大学》

释　义 SHIYI

"天视自我民视，天听自我民听"出自《尚书·泰誓中》，大意是：上天所看到的来自我们老百姓所看到的，上天所听到的来自我们老百姓所听到的。天视、天听：古人认为天有意志和知觉，可以视听。

"天视自我民视，天听自我民听"是中国古代"民本主义"政治思想的经典表述。

人类社会的组成是一个整体。人类社会是不断新生与进化的有机生命，是这社会里的每一个个体的意志集合。天意即是民意，天之意志即是民之意志的体现。

"天矜于民，民之所欲，天必从之"出自《尚书·泰誓上》，大意是：上天怜悯民众，能顺应民心所向所求。意谓"天从人愿"，民意不可违背。

"得众则得国，失众则失国"出自《礼记·大学》，大意是：得到民心就能得到国家，失去民心就会失去国家。强调了民众的重要性。

六十五

民齐者强，民不齐者弱。

——[战国] 荀子《荀子·议兵》

众庶成强，增积成山。

——[西汉] 刘向《战国策·东周策》

国以民为本，社稷亦为民而立。

——[南宋] 朱熹《四书集注》

释　义 SHIYI

"民齐者强，民不齐者弱"出自《荀子·议兵》，大意是：民众齐心协力，国力就会变得强大；民众心不齐、力不协，国力就会变得衰弱。

可见，荀子很早就认识到了民众的重要作用。

"众庶成强，增积成山"出自《战国策·东周策》，大意是：众多平民聚在一起可以很强大，很多土累积在一起可以堆成山。

不要忽视平民的力量。成功需要注意条件的积聚。

"国以民为本,社稷亦为民而立"出自《四书集注》,大意是:国家以人民为根本,也是为人民而设立。

强调了国家要以人民为根本。

六十六

政之急者,莫大乎使民富且寿也。

——[春秋]《孔子家语·贤君》

为人臣者,以富乐民为功,以贫苦民为罪。

——[西汉]贾谊《新书·大政上》

去民之患,如除腹心之疾。

——[北宋]苏辙《上皇帝书》

释 义 SHIYI

"政之急者,莫大乎使民富且寿也"出自《孔子家语·贤君》,大意是:政务当中,最急需要做的事情,没有比使百姓富裕起来并且活得长寿更重要的了。

说明当权者应为人民谋利益,使人民富足。

"为人臣者,以富乐民为功,以贫苦民为罪"出自贾谊《新书·大政上》,大意是:身为大臣,应该把让民众富裕、快乐当作自己的责任,把民众的贫穷和苦难当成自己的罪过。

这实际上是贾谊的政绩观,很值得当代的党员干部借鉴。为官从政要为民办实事办好事,切实解决人民的疾苦,帮助人民脱贫致富,过上幸福快乐的生活。

"去民之患,如除腹心之疾"出自苏辙《上皇帝书》,大意是:清除百姓的祸患如同去除自己心腹的病痛一样。"腹心"即肚腹和心脏,都是人体重要器官,比喻要害或中心部分。

苏辙的学问以儒学为主,深受孟子思想影响。其"去民之患,如除腹心之疾"的观点受到了孟子民本思想的影响。孟子提出"乐民之乐,忧民之忧",主张君主要把百姓的忧乐当作自己的忧乐。苏辙向宋神宗提出这一观点,意在让皇帝推己及人,与民同忧,设身处地为百姓着想。同时他把百姓疾苦提升到"腹心之疾"的高度,说明"去民之患"刻不容缓,不可稍懈。

六十七

国以民为本,强由民力,财由民出。

——［三国］陈寿《三国志·吴书·陆逊传》

为政之道，以顺民心为本，以厚民生为本，以安而不扰为本。

——［北宋］程颐《代吕公著应诏上神宗皇帝书》

致①理之要②，惟在于安民，安民之道，在察其疾苦。

——［明］张居正《请蠲③积逋以安民生疏》

释义 SHIYI

"国以民为本，强由民力，财由民出"出自陈寿《三国志·吴书·陆逊传》，大意是：国家以人民为根本，国家强盛取决于民力，国家财富来自人民。

强调以人为本。

"为政之道，以顺民心为本，以厚民生为本，以安而不扰为本"出自程颐《代吕公著应诏上神宗皇帝书》，大意是：执政的道理，以顺应民心为根本，以使百姓生活充裕为根本，以使百姓安定不受侵扰为根本。

说的是执政的根本要义在于顺应民心，保障民生，让百姓安居乐业。

"致理之要，惟在于安民，安民之道，在察其疾苦"出自张居正《请蠲积逋以安民生疏》，大意是：实现国家安定的关键，就在于使百姓安居乐业；而要让百姓安居乐业，就必须体察他们的疾苦。

张居正的这一观点继承并发展了儒家民本主义思想。

六十八

全心全意为人民服务。

——毛泽东

我是中国人民的儿子，我深情地爱着我的祖国和人民。

——邓小平

释义 SHIYI

"全心全意为人民服务"是中国共产党的宗旨，是毛主席提出来的。1944年9月8日，毛主席发表了著名演讲《为人民服务》。他系统阐述了为人民服务思想：一是为人

---

① 致：达到，实现。
② 要：关键。
③ 蠲：读 juān。

民服务要树立正确的生死观；二是为人民服务要正确对待批评；三是为人民服务要搞好团结。1944年10月4日，毛主席指出："为人民服务，不能是半心半意，不能是三心二意，一定要全心全意。"1945年4月24日，毛主席在党的七大报告上正式提出"全心全意为人民服务"，并将其作为党的宗旨。

党的七大将"全心全意为人民服务"的宗旨写入了1945年通过的《中国共产党章程》。七大党章"总纲"中明确规定："中国共产党人必须具有全心全意为中国人民服务的精神，必须与工人群众、农民群众及其他革命人民建立广泛的联系，并经常注意巩固与扩大这种联系。每一个党员都必须理解党的利益与人民利益的一致性，对党负责与对人民负责的一致性。"

"我是中国人民的儿子，我深情地爱着我的祖国和人民"出自《邓小平文集》。这朴实而又饱含深情的话语，表达了邓小平对祖国和人民的无限忠诚和热爱，是邓小平一生人格情怀的真实写照。

2021年2月20日，习近平总书记在党史学习教育动员大会讲话时强调："江山就是人民，人民就是江山。"他强调指出，我们党的百年历史，就是一部践行党的初心使命的历史，就是一部党与人民心连心、同呼吸、共命运的历史。事实上，历史已充分证明，江山就是人民，人民就是江山，人心向背关系党的生死存亡。赢得人民信任，得到人民支持，党就能够克服任何困难，就能够无往而不胜。

第二篇
为 人 篇

"人之初，性本善。性相近，习相远……"国人的启蒙教育多始于习诵《三字经》《弟子规》。人性本善，但一个人成长的环境以及后天的学习同样会影响甚至改变其人生轨迹。这就是我们强调立德树人、好学自强的原因。

"大学之道，在明明德，在亲民，在止于至善。"十年树木，百年树人。教育的根本在于引导学生做好"为人"功课，即修身养性、博学笃行、上下求索等。中华优秀传统文化宝库为学生的"为人"提供了丰富的典范。

"为人篇"由立德、为学、自强三章组成，从涵养德性、求学问道、自强不息三个维度展开，精选中华优秀传统文化中的名篇名段名句73节，并予以阐释，以期读者能以仁者先贤为榜样，以德为先，敏而好学，锤炼品格，谦谨自躬，笃行不倦，上下求索。

第一章 立 德

六十九

大学之道,在明明德,在亲①民,在止于至善。

知止而后有定;定而后能静;静而后能安;安而后能虑;虑而后能得。物有本末②,事有终始。知所先后,则近道矣。

——《礼记·大学》

释义

大学的宗旨在于弘扬光明正大的品德,在于使人弃旧图新,在于使人达到最完善的境界。知道应达到的境界才能够志向坚定;志向坚定才能够镇静不躁;镇静不躁才能够心安理得;心安理得才能够思虑周详;思虑周详才能够有所收获。每样东西都有根本有枝末,每件事情都有开始有终结。明白了这本末始终的道理,就接近事物发展的规律了。

《大学》《论语》《孟子》《中庸》是儒家四部经典,《大学》为"四书之首"。而《大学》中最重要的,又是首章。"明德""亲民""止于至善"为《大学》"三纲"。

2014年5月4日,习近平总书记在北京大学师生座谈会上讲话时强调了"大学之道"的核心价值:"古人说:'大学之道,在明明德,在亲民,在止于至善。'核心价值观,其实就是一种德,既是个人的德,也是一种大德,就是国家的德、社会的德。国无德不兴,人无德不立。如果一个民族、一个国家没有共同的核心价值观,莫衷一是,行无依归,那这个民族、这个国家就无法前进。"

① 亲(xīn):通"新",使弃旧图新。
② 本,本义指树根,这里指重要的事;末,本义指树梢,这里指不重要的事。

七十

古之欲明明德于天下者,先治其国;欲治其国者,先齐其家;欲齐其家者,先修其身;欲修其身者,先正其心;欲正其心者,先诚其意;欲诚其意者,先致其知;致知在格物。物格而后知至,知至而后意诚,意诚而后心正,心正而后身修,身修而后家齐,家齐而后国治,国治而后天下平。

自天子以至于庶人,壹是皆以修身为本。其本乱,而末治者,否矣。其所厚者薄,而其所薄者厚,未之有也。

——《礼记·大学》

 SHIYI

古代那些要想在天下弘扬光明正大品德的人,先要治理好自己的国家;要想治理好自己的国家,先要管理好自己的家庭和家族;要想管理好自己的家庭和家族,先要修养自身的品性;要想修养自身的品性,先要端正自己的心思;要想端正自己的心思,先要使自己的意念真诚;要想使自己的意念真诚,先要使自己获得知识;获得知识的途径在于认识、研究万事万物。通过对万事万物的认识、研究后才能获得知识;获得知识后意念才能真诚;意念真诚后心思才能端正;心思端正后才能修养品性;品性修养后才能管理好家庭和家族;管理好家庭和家族后才能治理好国家;治理好国家后天下才能太平。

上自国家元首,下至平民百姓,人人都要以修养品性为根本。若这个根本被扰乱了,家庭、家族、国家、天下要治理好是不可能的。不分轻重缓急,本末倒置却想做好事情,这也同样是不可能的!

"格物""致知""诚意""正心""修身""齐家""治国""平天下"是《大学》中的"八目",这"八目"是《大学》的核心思想,《大学》后面的章节都是在阐释这"八目",阐释如何通过"八目"的修行,达到"三纲"的最高境界。

七十一

积善之家,必有余庆;积不善之家,必有余殃。

——《易传·文言传》

善不积,不足以成名;恶不积,不足以灭身。

——《易传·系辞传下》

释义 SHIYI

"积善之家，必有余庆；积不善之家，必有余殃"出自《易传·文言传》，大意是：修善积德的个人和家庭，必然有更多的吉庆，会给子孙后代留下福荫；作恶坏德的，必多祸殃，会给子孙后代留下灾祸。

家风好，就能家道兴盛、和顺美满；家风差，难免殃及子孙、贻害社会。而好的家风，做人第一就是"德"，行事第一就是"善"。知道趋吉避凶，知道断恶修善，这是圣贤人的教化，这叫作教育。

所以古人常以忠厚传家，诗书继世，以礼教于子孙，催其上进，使其向善，这是真正地为后世着想。

"善不积，不足以成名；恶不积，不足以灭身"出自《易传·系辞传下》，大意是：人的善行如果不积累，就不能成就一生的名声；人的恶行如果不积累，就不会遭到杀身之祸。

这里强调，善积少成多就会成为大善，积恶成多最终会酿成大祸。所以，要勿以善小而不为，勿以恶小而为之。

相传周文王姬昌推演而作《周易》，孔子为《周易》作说明和补充而成《易传》。

七十二

其身正，不令而行；其身不正，虽令不从。

——［春秋］《论语·子路》

释义 SHIYI

当政者本身言行端正，不用发号施令，大家自然起身效法，政令将会畅行无阻；如果当政者本身言行不正，虽下命令，大家也不会服从遵守。

当领导的人责任最大，因为他宣布的任何政策法令，都必须自己先遵照执行。如果领导者本身行得正，办一切事都合规矩，自然能得民众的拥护，不用下命令，大家也会依照去实行，所以说"不令而行"。

用习近平总书记的话来说就是"打铁还需自身硬"。习近平总书记用通俗的语言概括了自身过硬素质的重要性，同时也指出了当前道德教育之所以不得力的一个重要原因，那就是我们把道德教育变成了"说教"，认为需要教育的是下属、是普通百姓。事实上，"以身教者从，以言教者讼"（《后汉书》）。用行动教育人，别人才会跟着做，用空话教育别人,只能导致争吵。如果领导者本身行得不正,即便屡下命令,民众也不会服从。

七十三

为政以德,譬如北辰,居其所而众星共之。

———[春秋]《论语·为政》

君子之德风,小人之德草,草上之风必偃。

———[春秋]《论语·颜渊》

远人不服,则修文德以来之。既来之,则安之。

———[春秋]《论语·季氏》

 SHIYI

"为政以德,譬如北辰,居其所而众星共之"出自《论语·为政》,其大意是:以道德治理国家,就像北极星一样处在一定的位置,所有的星辰都会围绕着它。

这句话体现出孔子以德治国的思想,其意在于强调道德对政治生活的决定作用,主张以道德教化为治国的原则,同时表明,儒家治国的基本原则是德治,而非严刑峻法。

"君子之德风,小人之德草,草上之风必偃"出自《论语·颜渊》,其大意是:君子的德行好比是风,小人的德行好比是草,风吹在草上,草就必定跟着倒。

强调了领导做好垂范表率的重要性。

"远人不服,则修文德以来之。既来之,则安之"出自《论语·季氏》,大意是:边远的人不归服,就修饬文德招徕他们。既招徕了,就使他们安定下来。

主张以文教德化来争取人心。

孔子认为,一个国家的政治统一,应该主要依靠文德,而不是武力,主张以礼来治国、以德来行政。

七十四

好而知其恶,恶而知其美者,天下鲜①矣!

———《礼记·大学》

---

① 鲜(xiǎn):少。

故孝、弟①、忠、顺之行立，而后可以为人。

——《礼记·冠义》

大德不官，大道不器，大信不约，大时不齐。

——《礼记·学记》

释义 SHIYI

"好而知其恶，恶而知其美者，天下鲜矣"出自《礼记·大学》，大意是：喜欢一个人又能明白他的坏处，讨厌一个人又能明白他的好处的人，天下少有啊。

强调要客观、公正，不以自己的主观好恶评人论事，这样的才是一个正直的人。

"故孝、弟、忠、顺之行立，而后可以为人"出自《礼记·冠义》，大意是：一个人做到了对父母孝顺，对兄弟姐妹友爱，对国君忠诚，对长辈顺从，才能被称为真正的人。

"大德不官，大道不器，大信不约，大时不齐"出自《礼记·学记》，大意是：德行很高的人，不限于只担任某种官职；普遍的规律，不仅仅适用于某一事物；有大诚信的人，用不着他发誓后才信任他；天有四季变化，无须划一，也会守时。

七十五

德不孤，必有邻。

君子怀德，小人怀土；君子怀刑，小人怀惠。

——[春秋]《论语·里仁》

授有德，则国安。

——[春秋]管子《管子·牧民》

释义 SHIYI

"德不孤，必有邻"出自《论语·里仁》，大意是：有道德的人是不会孤单的，一定有志同道合的人来和他相伴。

"君子怀德，小人怀土；君子怀刑，小人怀惠"出自《论语·里仁》，大意是：君子考虑的是德行，小人考虑的是利益；君子心中想的是法，小人心中想的是侥幸。

孔子认为君子有"怀德""怀刑"之心，他们时常记挂着道德礼仪，心中所想的只有仁德和善良，行事的时候考虑得比较周到，所有的一切都力求合理，担心自己的

---

① 弟（tì）：通假字，通"悌"，指兄弟姊妹间友爱。

行为违反国家法律和社会规范。

而小人存"怀土""怀惠"之心，他们心中想的只有自身的那点私利，对一些小恩小惠和个人的利益十分在意，很少有人去关心道德的修养，很少顾及事情的后果和他人的感受。为了获得一些利益，即使是作奸犯科，他们也在所不惜。

"授有德，则国安"出自《管子·牧民》，大意是：授职于有德之人，国家就安定。

社会应当重视德行，选择人才也应该以德为先。只有这样的人，才能聚人心，才能维护更广大人民群众的最根本利益。

七十六

君子有九思：视思明，听思聪，色思温，貌思恭，言思忠，事思敬，疑思问，忿①思难，见得思义。

见善如不及，见不善如探汤。

——［春秋］《论语·季氏》

孔子说："君子有九种思虑：看的时候要想想看清楚了没有；听的时候要想想听明白了没有；待人的脸色要想想是否温和；对人的态度要想想是否恭敬；说话要想想是否忠诚；做事要想想是否认真；有了疑问要想想怎样向人请教；遇事发怒时要想想后果；有利可得时要想想是否正当。"

这九种思虑与"非礼勿视，非礼勿听，非礼勿言，非礼勿动"（《论语·颜渊》）一样，都是规范一个人言行的，在一定程度上也可以说是儒教的清规戒律。

"见善如不及，见不善如探汤"出自《论语·季氏》，大意是：看到别人好的地方，自己赶紧想学习，怕来不及去学；看到坏的事情，就像手伸到滚开的水里一样，马上缩手。指学善应该很迫切，避恶应该很坚决。

习近平总书记2014年1月14日在中国共产党第十八届中央纪律检查委员会第三次全体会议上强调指出，要让每一个干部牢记"手莫伸，伸手必被捉"的道理。"见善如不及，见不善如探汤"无疑能给党的领导干部以深深启示：要心存敬畏，不要心存侥幸。

---

① 忿（fèn）：生气。

七十七

饭疏食,饮水,曲肱①而枕之,乐亦在其中矣。不义而富且贵,于我如浮云。

——[春秋]《论语·述而》

释义

孔子说:"吃粗粮,喝清水,弯起胳膊当枕头,这其中也有乐趣。而通过干不正当的事得来的富贵,对于我来说就像浮云一般。"

这是孔子对于人生快乐的理解,再次申明了自己坚持以仁义为主的理想。孔子提倡"安贫",是为了"乐道",认为"饭疏食,饮水,曲肱而枕之"的生活对于有理想的人来讲,可以说是乐在其中的。同时,他还提出,不义的富贵荣华,如天上的浮云一般,自己是不会追求的。

七十八

见贤思齐焉,见不贤而内自省也。

——[春秋]《论语·里仁》

内省不疚,夫何忧何惧!

——[春秋]《论语·颜渊》

释义

"见贤思齐焉,见不贤而内自省也"出自《论语·里仁》,大意是:几个人在一起,其中必有人是可以学习的能者,选择他的长处学习,看见没有德行的人,自己就要反省是否有和他一样的错误。强调要谦虚,要学人长处,也要以人为鉴。

"内省不疚,夫何忧何惧!"出自《论语·颜渊》,大意是:如果反省后,发现自己问心无愧,那还有什么忧愁和恐惧呢?

以上经典言论重在强调自我觉察、自我反省的重要性。

---

① 肱(gōng):胳膊上从肩到肘的部分,也泛指胳膊。

七十九

君子成人之美,不成人之恶;小人反是。

——［春秋］《论语·颜渊》

君子求诸己,小人求诸人。
君子矜①而不争,群而不党。

——［春秋］《论语·卫灵公》

释义 SHIYI

"君子成人之美,不成人之恶;小人反是"出自《论语·颜渊》,大意是:君子成全别人的好事,而不促成别人的坏事。小人则与此相反。这里说的是个人修养的问题,一个君子看到朋友、同事任何的好事,都愿意帮助他完成,坏事就要加以劝阻,使他不能完成。而小人却恰恰相反,就喜欢帮着人家一起干坏事。

"君子求诸己,小人求诸人"出自《论语·卫灵公》,大意是:君子要求的是自己,小人要求的是别人。指具有君子品行的人,遇到问题先从自身找原因,而那些小人,出现麻烦总是想方设法推卸责任,撇清自己,从不会去反思自己,从自身找原因。

"君子矜而不争,群而不党"出自《论语·卫灵公》,大意是:君子庄重而不与别人争执,合群而不结党营私。这句话说的是,君子无论和什么人交往都能一视同仁,从不拉帮结派。这其实从反面批判了拉帮结派、结党营私等不良社会风气,这对于我们今天营造良好工作环境、构建和谐社会无疑具有指导意义。

八十

有德者必有言,有言者不必有德。仁者必有勇,勇者不必有仁。

——［春秋］《论语·宪问》

君子不以言举人,不以人废言。
志士仁人,无求生以害仁,有杀身以成仁。

——［春秋］《论语·卫灵公》

---

① 矜(jīn):自尊,庄重。

释义 SHIYI

"有德者必有言,有言者不必有德。仁者必有勇,勇者不必有仁"出自《论语·宪问》,大意是:有德行的人一定有善言,有善言的人却不一定有德行。有仁德的人必然勇敢,但勇敢的人不一定有仁德。

"君子不以言举人,不以人废言"出自《论语·卫灵公》,大意是:君子不因别人的话说得好就提拔他,也不因别人有缺点就废弃他的正确意见。

"志士仁人,无求生以害仁,有杀身以成仁"出自《论语·卫灵公》,大意是:志士仁人决不为了自己活命而做出损害仁义的事情,而是宁可牺牲自己的性命来成全仁。

这里探讨的是"德"与"言"、"仁"与"勇"的关系。在儒家文化中,"德"与"仁"内涵相近,"为政以德"即"为政以仁","德"通常也称为"仁德"。"言"与"智"相通,智者多言,言者必有智,智者必有言,智者不失言,一言既出,即知是否为智。《中庸》说:"知、仁、勇三者,天下之达德也。""仁"乃"全德"之谓也,"仁德"包含勇德、智德。仁者高于智者,智者高于勇者,也就是说勇不如智,智不如仁,仁者比勇者又高出一等境界。

八十一

躬自厚而薄责于人,则远怨矣。

——[春秋]《论语·卫灵公》

成事不说,遂事不谏,既往不咎。

——[春秋]《论语·八佾①》

过也,人皆见之;更②也,人皆仰之。

——[春秋]《论语·子张》

释义 SHIYI

"躬自厚而薄责于人,则远怨矣"出自《论语·卫灵公》,大意是:严厉地责备自己而宽容地对待别人,就可以远离别人的怨恨了。干活抢重的、有过失主动承担主要责任是"躬自厚",对别人多谅解多宽容,是"薄责于人",这样的话,就不会互相怨恨。这是教我们反身而诚,责备别人要以宽厚存心,要求自己要以严格检点。

---

① 佾(yì):是古代乐舞的行列。
② 更(gēng):更改。

"成事不说,遂事不谏,既往不咎"出自《论语·八佾》,大意是:已经做过的事就不用再提了,已经做了的事就不要再劝谏了,已经过去的事也不必再追究得失与责任。说话是一门艺术,也是一门学问,是一个人情商的外现。会说话的人,话不一定多,能恰如其分才是最重要的。要知道什么时候该说话,更要知道什么时候不该说话。

"过也,人皆见之;更也,人皆仰之"出自《论语·子张》,大意是:有过错时,人人都看得见;改正的时候,人人都仰望着。人的可贵之处,不在于不犯错误,而是在于有了错误能够正视,并且认真改正,就会赢得更多人的钦佩和拥护。敢于直面问题、勇于修正错误,是中国共产党的显著特点和优势。正如习近平总书记在"不忘初心、牢记使命"主题教育总结大会上的讲话中指出,"必须以正视问题的勇气和刀刃向内的自觉不断推进党的自我革命""敢于直面问题、勇于修正错误,是我们党的显著特点和优势"。

八十二

见素抱朴,少私寡欲。

——[春秋]老子《道德经·第十九章》

知足不辱,知止不殆①,可以长久。

——[春秋]老子《道德经·第四十四章》

事随心,心随欲。欲无度者,其心无度。心无度者,则其所为不可知矣。

——[战国]吕不韦《吕氏春秋·观表》

释义 SHIYI

"见素抱朴,少私寡欲"出自《道德经·第十九章》,大意是:保持纯洁朴实的本性,减少私欲杂念。老子提出:道是德的"体",德是道的"用"。"见素抱朴、少私寡欲、绝学无忧"是老子提出的治国的三项具体措施。

"知足不辱,知止不殆,可以长久"出自《道德经·第四十四章》,大意是:懂得满足,就不会受到屈辱;懂得适可而止,就不会遇见危险;这样才可以保持住长久的平安。

"事随心,心随欲。欲无度者,其心无度。心无度者,则其所为不可知矣"出自《吕氏春秋·观表》,大意是:事从心出,心随欲来。欲望没有限度的人,心也是没有限度的。一旦人的心没有限度,那么他的所作所为也就难以预料了。如果不从心欲的

---

① 殆(dài):同"怠",懈怠。

细微处观察事物,我们往往会被事物的表象所欺骗。纵横古今中外,详细考察事情的成败得失,就会发现:事情的发展往往是被人的心意、欲望所控制的。

八十三

泰山不让土壤,故能成其大;河海不择细流,故能就其深。

——[秦]李斯《谏逐客书》

良药苦口利于病,忠言逆耳利于行。

——[汉]《孔子家语·六行》

释义 SHIYI

"泰山不让土壤,故能成其大;河海不择细流,故能就其深"出自《谏逐客书》,大意是:泰山之所以有这样的高度,正是因为不拒绝渺小的土壤,堆砌而成的;江河之所以有这样的深度,正是因为不拒绝细微的溪流,汇流而成的。

"良药苦口利于病,忠言逆耳利于行"出自《孔子家语·六行》,大意是:良药多数是带苦味的,却有利于治病;而教人从善的语言多数是不太动听的,但有利于人们改正缺点。劝导君子应该虚心接受别人的意见和批评,教育人们要勇于接受批评。

这一组言论诠释了海纳百川、兼听并容的重要性。

八十四

高山仰止,景①行行止。

——[西汉]司马迁《史记·孔子世家》

得不为喜,去不为恨。

——[西汉]司马迁《史记·日者列传》

人弃我取,人取我与。

——[西汉]司马迁《史记·货殖②列传》

释义 SHIYI

"高山仰止,景行行止"原出自《诗经》,大意是:赞颂品行才学像高山一样,要

---

① 景(yǐng):通假字,通"影",像影子一样。
② 货殖:古代指经营商业和工矿业的人,泛指经商之人。

人仰视，而让人不禁以他的举止作为行为准则。后来司马迁《史记·孔子世家》专门引以赞美孔子："《诗》有之：'高山仰止，景行行止。'虽不能至，然心向往之。"

"得不为喜，去不为恨"出自《史记·日者列传》，大意是：得到不过分欢喜（骄傲），失去不过分沮丧、遗憾。

"人弃我取，人取我与"出自《史记·货殖列传》，原指商人廉价收买滞销物品，待涨价卖出以获取厚利；后用来表示自己的志趣、见地与他人不同，也指不与他人争抢，别人索取的需求的我就给予，是一种无私的精神。

八十五

德不优者，不能怀远，才不大者，不能博见。

——［东汉］王充《论衡·别通篇》

能容小人，方成君子。

——［明］冯梦龙《增广智囊补》

遇方便时行方便，得饶人处且饶人。

——［明］吴承恩《西游记》

 SHIYI

"德不优者，不能怀远，才不大者，不能博见"出自《论衡·别通篇》，大意是：品德不优秀的人，不会胸怀远大理想；才能不大的人，不会具有渊博的见识。

"能容小人，方成君子"出自《增广智囊补》，大意是：要有容得小人、礼对君子的气量。对待心术不正的小人，要做到远离他们很容易，但难的是不去憎恶他们；对待品德高尚的君子，要做到尊敬他们很容易，但难的是时刻保持基本的礼貌。

"遇方便时行方便，得饶人处且饶人"出自《西游记》，大意是：在自己方便的时候就帮助向你求助的人，应该饶恕别人的时候就饶恕别人。

这一组言论主要强调的是要学会宽厚待人，要有胸怀气度。

八十六

欲望不可以放纵，追求不可以太完满。

——［西晋］陈寿《三国志·魏书·王昶①传》

---

① 昶：读 chǎng。

一不敬，则私欲万端生焉，害人此为大。

——［北宋］程颢①、程颐②《二程粹言·论道篇》

事不三思终有悔，人能百忍自无忧。

——［明］冯梦龙《醒世恒言》

释义 SHIYI

"欲望不可以放纵，追求不可以太完满"出自《三国志·魏书·王昶传》，大意是：人要控制自己的欲望，尤其是物质生活的追求不可以放纵。

"一不敬，则私欲万端生焉，害人此为大"出自《二程粹言·论道篇》，大意是：自己稍不谨慎，就会产生许多私心杂念，这是最害人的了。

"事不三思终有悔，人能百忍自无忧"出自《醒世恒言》，大意是：为人处世，既要周密思虑，又要善于忍耐，周密思虑不会有后悔事，善于忍耐不会招惹祸患。

这一组言论强调的是，人必须控制欲望，为人行事当谨慎小心。

八十七

德者事业之基，未有基不固而栋宇坚久者。

处世让一步为高，退步即进步的张本；待人宽一分是福，利人是利己的根基。

我有功于人不可念，而过则不可不念；人有恩于我不可忘，而怨则不可不忘。

——［明］洪应明《菜根谭·概论》

释义 SHIYI

高尚的品德是事业成功的基础，基础不稳固，高楼大厦就不能坚固持久。

为人处世，多让一步的才是高人，退让是为将来的进步做准备。对待别人宽厚真诚是福气，使别人得利才是自己得利的基础。

自己帮助了别人不要记在心上，但自己对别人的过错却要记住；别人对自己的恩惠不能忘记，别人做了对不起我的事情必须忘记。

这三句都出自《菜根谭·概论》，都强调了高尚品德、对人宽厚的重要性。

---

① 颢：读 hào。
② 颐：读 yí。

八十八

种树者必培其根,种德者必养其心。

——[明]王阳明《传习录》

将相顶头堪走马,公侯肚里好撑船。

——[明]《增广贤文》

释义 SHIYI

"种树者必培其根,种德者必养其心"出自《传习录》,大意是:要想培育一棵大树,要从树根培育。旨在强调育人当从德行开始。

"将相顶头堪走马,公侯肚里好撑船"出自《增广贤文》,大意是:做将相的,头上可以让人跑马;做王公诸侯的,肚子里能撑得开一艘船。这两句话借用廉颇与蔺相如"将相和"典故,说明人的度量大,性格脾气好,能够容忍别人犯错误,那么人生在世没有什么不能解决的矛盾。

八十九

凡事当留余地,得意不宜再往。

——[明末清初]朱柏庐《治家格言》

己有能,勿自私;人有能,勿轻訾①。

——[清]李毓②秀《弟子规》

释义 SHIYI

"凡事当留余地,得意不宜再往"出自《治家格言》,大意是:做事要留有余地,过于满意顺利的事不应再做第二次,以免出现麻烦和意外。强调做人做事要有边界、有尺度。

"己有能,勿自私;人有能,勿轻訾"出自《弟子规》,大意是:你有能力可以服务大众,就不要自私自利,舍不得付出。对于他人的才华,应当学习欣赏赞叹,而不要嫉妒、毁谤。

---

① 訾(zǐ):说人坏话。
② 毓:读 yù。

九十

一丝一粒，我之名节；一厘一毫，民之脂膏。宽一分，民受赐不止一分。取一文，我为人不值一文。谁云交际之常，廉耻实伤，倘非不义之财，此物何来？

——［清］张伯行《却赠檄①文》

释义

一丝一粒虽小，却牵涉我的名节；一厘一毫虽微，却都是民脂民膏。对百姓宽待一分，那么百姓所得就不止一分；向百姓多索取一文，那么我的为人便一文不值。

张伯行是清朝理学家，曾被康熙皇帝誉为天下第一清官。张伯行在福建巡抚任上，为了杜绝接踵而来的送礼者，撰写了这篇《却赠檄文》，张贴于居所院门及巡抚衙门，以示廉洁奉公的做人原则与道德操守。

2014年3月18日，习近平总书记在河南省兰考县委常委扩大会议上讲话时引用了这段文字。他指出，在改革开放和发展社会主义市场经济的条件下，我们党脱离群众的危险比过去大大增加，这就是党的十八大强调全党要经受住"四大考验"、防止"四种危险"的目的所在。

九十一

气忌盛，心忌满，才忌露。

尖酸语称快一时，当之者终身怨恨。

——［清］曾国藩《曾国藩家训》

释义

"气忌盛，心忌满，才忌露"出自《曾国藩家训》，大意是：脾气切忌旺盛，心志切忌满足，才情切忌显露。

"尖酸语称快一时，当之者终身怨恨"出自《曾国藩家训》，大意是：尖酸刻薄、爱说寒碜人的话只能图一时之快，被你讥讽之人可能会终生对你不满，你很可能会因此而结下一个一辈子的冤家。

---

① 檄（xí）：古代用于征召、晓谕的政府公告，或声讨、揭发罪行等的文书。

第二章 为 学

九十二

凡学之道：严师为难。师严然后道尊，道尊然后民知敬学。是故君之所以不臣于其臣者二：当其为尸，则弗臣也；当其为师，则弗臣也。大学之礼，虽诏于天子无北面，所以尊师也。

——《礼记·学记》

释义

在从师求学方面，尊敬教师是最难的。因为尊师才能重道，重道才能使人重视学习。所以君主在两种情况下是不以对待臣子的态度对待臣子的：一是当臣子在祭祀中是主祭者的时候，不以对待臣子的态度对待他；一是当臣子担任教师的时候，也不以对待臣子的态度对待他。按照大学的礼节，即使教授的对象是天子，教师也不面朝北而处卑位，这是尊师的做法。

这段话强调的是尊师重道的重要性。2018年9月10日，习近平在全国教育大会上指出："全党全社会要弘扬尊师重教的社会风尚，努力提高教师政治地位、社会地位、职业地位，让广大教师享有应有的社会声望，在教书育人岗位上为党和人民事业作出新的更大的贡献。"这让无数教育工作者倍感欣慰、深受鼓舞。

九十三

玉不琢，不成器；人不学，不知道。是故古之王者建国君民，教学为先。《兑①

---

① 兑（duì）：说。因此，《兑命》也叫《说命》。

命》曰："念终始典于学。"其此之谓乎！

虽有佳肴，弗食不知其旨也；虽有至道，弗学不知其善也。是故学然后知不足，教然后知困。知不足然后能自反也，知困然后能自强也。故曰：教学相长也。《兑命》曰："学学半。"其此之谓乎！

——《礼记·学记》

玉石不经过琢磨，就不能用来做器物；人不通过学习，就不懂得道理。因此，古代的君王建立国家，治理民众，都把教育当作首要的事情。《兑命》中说："自始至终想着学习。"大概说的就是这个道理吧！

即使有美味的食物，不品尝，不知道它的甘美；即使有最好的道理，不学习也不会了解它的好处。所以，通过学习才知道（自己的）不足，通过教人才知道有不懂的地方。知道了不足，这样以后才能反省自己；知道了不懂的地方，这样以后才能自我勉励。所以说教和学是互相促进，共同提高的。《兑命》说："教人是学习的一半。"大概说的就是这个道理吧！

以上言论强调教育与学习的重要性。

九十四

人之学也，或失则多，或失则寡，或失则易，或失则止。此四者，心之莫同也。知其心然后能救其失也。

记问之学，不足以为人师，必也听语乎！力不能问，然后语之。

良冶之子，必学为裘；良弓之子，必学为箕；始驾马者反之，车在马前。君子察于此三者，可以有志于学矣。

关于学习，有人贪多而不求甚解，有人知道一些就满足了，有人认为太容易，生起轻忽之心，不认真学习，有人自我设限，不求进步。这四种情况的产生，是因为心理状态不同。知道了他们的心理状态，以后才能补救他们的过失。这里探讨了学习容易出现的四种问题。

只凭记忆力掌握书本上的各种知识，这种人不够资格当教师。当教师的人，一定要善于听取学生的问题，并能够予以解说。没有提问的能力时，教师加以开导。所谓"记问之学"，用我们今天的话说，就是读死书，死读书，是我们不提倡的。教师要善于倾听、启发，善于帮助学生找到他的困惑、问题，然后有针对性地帮助指导。

优秀的冶匠的儿子，一定是先学习缝制皮衣；好的射手的儿子，一定是先学会用竹条编制器具。对于刚学驾车的小马来说，就拴在车的后面，大马在前面拉车，小马拴在后面跟着跑。君子领会这三点，就可以立定以学为本的志向了。比喻学习一定要由浅入深，而营造学习氛围也至关重要。

九十五

为学日益，为道日损，损之又损，以至于无为。

——［春秋］老子《道德经·第四十八章》

释义 SHIYI

求知要不断地增加，求道却要不断地减少，越来越少，最后达到无为的境地。

老子认为学习知识，是做加法，而学道，是做减法。

做学问，要先博后渊，博采众长，才能相互印证，在批判和自我反思的基础上，在某些领域精进深入，由博至深。

道，就是存在于天地万物之中各种自然规律的总称。每天减损有害的东西（欲望），最后达到无为（无欲则刚，本心通明）的状态，然后无为而无不为（凭本心做事，不为外物所扰）。

老子思想的核心即道生万物，自然无为，返璞归真。

九十六

朝闻道，夕死可矣。

——［春秋］《论语·里仁》

君子食无求饱，居无求安，敏于事而慎于言，就有道而正焉。可谓好学也已。

——［春秋］《论语·学而》

释义 SHIYI

"朝闻道，夕死可矣"出自《论语·里仁》。这里的"道"指的是宇宙间的一切法则、道理。领悟了生活的真谛、宇宙中的真理，纵然朝闻夕死，亦会觉得心满意足，不虚此生，否则纵然高寿八百年，不得闻道，亦枉然为人。

"君子食无求饱，居无求安。敏于事而慎于言，就有道而正焉。可谓好学也已"出自《论语·学而》，大意是：君子不追求饮食上的饱足，不追求居住上的舒适，努力勤快地做事而且谨慎地说话，又能主动地向志向行为高尚的人请求教导指正。这样就可以称得上是好学的人了。

孔子认为，君子应高度重视求学问道，为学应该具有正确的态度。如何正确处理"生活"与"学习"的关系？孔子认为，首先要做到安贫乐道。如果一个人有志于学并以此为乐，他就不会看重物质追求。反之，如果过于追求物质上的安饱，便容易陷于物欲而失去为学之志。其次学习中要处理好"敏事""慎言""择师""正己"之间的关系，在学习中要练好"内功"，多学习多钻研方可厚积薄发。再次，要向品德高尚、学识渊博的老师求教，借助"外力"提升自己。

九十七

生而知之者，上也；学而知之者，次也；困而学之，又其次也；困而不学，民斯为下矣。

——[春秋]《论语·季氏》

我非生而知之者，好古，敏以求之者也。

——[春秋]《论语·述而》

释义 SHIYI

"生而知之者，上也；学而知之者，次也；困而学之，又其次也；困而不学，民斯为下矣"出自《论语·季氏》，大意是：生来就知道的，是上等人；通过学习才知道的，是次一等的人；遇到困难才学习的，是又次一等的人；遇到困难仍然不学习的，是最下等的人了！

"我非生而知之者，好古，敏以求之者也"出自《论语·述而》，大意是：我并不是生下来就有知识的人，由于喜好古代文化，所以勤奋敏捷去求取知识，才有了今天的积累。

大多数人都要依靠后天努力学习来获取知识。孔子被后世读书人尊称为"圣人"，但孔子并非生而知之，其博学多知源于他对知识学问的好奇与渴求。因此，我们要向前辈学习，向老师请教，求学于书本典籍，求教于社会实践。

九十八

吾十有五而志于学，三十而立，四十而不惑，五十而知天命，六十而耳顺，七十而从心所欲，不逾矩。

——［春秋］《论语·为政》

释义

孔子说："我十五岁就立志学习，三十岁就能有所成就，四十岁遇到事情不再感到困惑，五十岁就知道哪些是不能为人力支配的事情而乐知天命，六十岁时能听得进各种不同的意见，七十岁可以随心所欲（收放自如）却又不超出规矩。"

人的一生需要不断学习以达到思行合一的最高境界。人的道德修养是一个循序渐进的过程，不是一朝一夕的事。道德的最高境界是，自觉遵守道德规范，思想和言行高度融合。

九十九

学而不思则罔①，思而不学则殆②。

——［春秋］《论语·为政》

不愤不启，不悱③不发，举一隅④不以三隅反，则不复也。

——［春秋］《论语·述而》

释义

"学而不思则罔，思而不学则殆"出自《论语·为政》，大意是：只一味地读书学习而不主动思考问题，就会迷惑而无所得；只空想却不去学习钻研、积累知识，也会陷入困境而无所获。强调必须把学习和思考结合起来。

2013年3月1日，习近平总书记出席中央党校建校80周年庆祝大会暨2013年春季学期开学典礼并发表重要讲话。他在讲话中指出，学习和思考、学习和实践是相辅相成的，正所谓"学而不思则罔，思而不学则殆"。你脑子里装着问题了，想解决问题了，想把问题解决好了，就会去学习，就会自觉去学习。

"不愤不启，不悱不发，举一隅不以三隅反，则不复也"出自《论语·述而》，大意是：教导学生，不到他冥思苦想仍不得其解的时候，不去开导他；不到他想说却说不出来的时候，不去启发他。给他指出一个方面，如果他不能由此推知其他三个方面，

---

① 罔（wǎng）：通"惘"，迷惘，没有收获。
② 殆：疑惑。
③ 悱（fěi）：指想说而说不出的样子。
④ 隅（yú）：角落，亦泛指事物的一个方面。

就不再教他了。

这是孔子的启发教育之道。"不愤不启"强调教育要掌握时机,"不悱不发"强调教育要因势利导,"举一隅不以三隅反,则不复也"则强调教育要循序渐进。

一百

三人行,必有我师焉,择其善者而从之,其不善者而改之。

——[春秋]《论语·述而》

敏而好学,不耻下问。

——[春秋]《论语·公冶长》

知而好问,然后能才。

——[战国]荀子《荀子·儒效》

释义 SHIYI

"三人行,必有我师焉,择其善者而从之,其不善者而改之"出自《论语·述而》,大意是:别人的言行举止,必定有值得我学习的地方。选择别人的优点学习,看到别人的缺点,反省自身有没有同样的缺点,如果有,加以改正。

"敏而好学,不耻下问"出自《论语·公冶长》,大意是:不以向地位、学问比自己低的人请教为耻,做到谦虚好学。

"知而好问,然后能才"出自《荀子·儒效》,大意是:聪明而又虚心请教,然后才能够成才。

以上言论强调的是,要善于向他人请教,要谦虚好学、不耻下问,以取长补短、提升自己。

一百零一

知之者不如好之者;好之者不如乐之者。

——[春秋]《论语·雍也》

默而识之,学而不厌,诲人不倦,何有于我哉!

——[春秋]《论语·述而》

温故而知新,可以为师矣。

——[春秋]《论语·为政》

释义 SHIYI

"知之者不如好之者；好之者不如乐之者"出自《论语·雍也》，大意是：对于学习，了解怎么学习的人，不如喜爱学习的人；喜爱学习的人，又不如以学习为乐的人。比喻学习知识或本领，知道它的人不如爱好它的人接受得快，爱好它的人不如以此为乐的人接受得快。

"默而识之，学而不厌，诲人不倦，何有于我哉"出自《论语·述而》，大意是：把所学的知识默默地记在心中，勤奋学习而不满足，教导别人而不倦怠，这些事我做到了多少呢？

默而识之，与其说是学习的方法，毋宁说是严谨的态度，对所学所历，需要的是一种默然的宁静，而非哗众取宠。

学而不厌是自然的事情，一旦体验到了学习的乐趣，一旦在学习中打开了五彩缤纷的世界，乐必然在其中，岂会生厌？

至于诲人不倦，坚韧不拔地教诲别人，一是将重要的知识、道理传授，二是始终相信学生会有开窍的一天，会有所收获。

"温故而知新，可以为师矣"出自《论语·为政》，大意是：温习旧知识从而得知新的理解与体会，凭借这一点就可以成为老师了。说明人们的新知识、新学问往往都是在过去所学知识的基础上发展而来的。

所谓"前事不忘，后事之师"，说的就是过去的事足以作为未来的老师。当然还有一个前提，那就是能从中获得"新知"，而新知的获得大多时候是建立在反复琢磨的基础上的。

一百零二

学如不及，犹恐失之。

——［春秋］《论语·泰伯》

学不精勤，不如不学。

——［唐］令狐德棻①等《周书·李贤列传》

释义 SHIYI

"学如不及，犹恐失之"出自《论语·泰伯》，大意是：学习（就像追赶什么似

---

① 棻：读 fēn。

的）生怕赶不上，学到了还唯恐会丢失了。

在这里，孔子主要谈论的是学习态度问题。他觉得真正有志于学的人，应当有着唯恐学不到、唯恐学不会的紧迫感，有着主动进取的学习态度。

事实上，学习也确实是一种追赶，既要有勤奋的学习劲头，也要有探寻新知的迫切心情。对于好学的人而言，学习是没有止境的，他们永远都不会觉得满足。

"学不精勤，不如不学"出自《周书·李贤列传》，大意是：学习既要精深又要勤勉，如果总流于一知半解，不如干脆不学。这是邻人劝勉后来成为北周大将军的李贤学习的名句。李贤从师受业，略观大旨，不求甚解，邻人便以此句劝其认真学习。这一名句旨在强调，治学要严谨，学习要钻研，切忌一知半解、浅尝辄止。

一百零三

人之患在好为人师。

——［战国］孟子《孟子·离娄上》

人告之以有过，则喜；禹闻善言，则拜。

——［战国］孟子《孟子·公孙丑上》

 释　义 SHIYI

"人之患在好为人师"出自《孟子·离娄上》，大意是：与人相处中的忌讳，就是喜欢做别人的老师。

人的毛病在于喜欢做别人的老师。这句话反过来说就是，没有人喜欢被别人说教。"好为人师"的人，让人不舒服的地方往往在于不懂装懂，反复地说教，或者是习惯于将自己的看法观点强加于人。

好为人师可能是人的一种本性。每个人似乎都愿意在他人面前表现自己的长处，以示比别人强，从而让自己的虚荣心得到满足。殊不知，好为人师者在自觉与不自觉之中表现出了"我比你强"的自以为是。实际上，人人都是井底之蛙，因为我们所看到、所经历的，只不过是我们头顶上那一片天空，所以我们一定要保持谦虚的胸怀。

"人告之以有过，则喜；禹闻善言，则拜"出自《孟子·公孙丑上》，大意是：别人指出他的过错，他就高兴；禹听到不同的意见后，向他人下拜。

这是成语"闻过则喜"的出处。人正确认识自己的途径有自我观察、与他人的比较、他人对自己的态度、评价及集体评价等。从他人处得到反馈、评价，是非常重要的认识自我的方式。更重要的是，在得到他人的评价和反馈后，能采纳有意义有价值的部分，及时修正自己的缺点和不足。

一百零四

弈之为数，小数也；不专心致志，则不得也。

——［战国］孟子《孟子·告子上》

善学者尽其理，善行者究其难。

——［战国］荀子《荀子·大略》

君子之学也，入乎耳，着乎心，布乎四体，形乎动静。端而言，蝡①而动，一可以为法则。

——［战国］荀子《荀子·劝学》

读书有三到，心眼口，信皆要。

——［清］李毓秀《弟子规·余力学文》

释义 SHIYI

"弈之为数，小数也；不专心致志，则不得也"出自《孟子·告子上》，大意是：下棋也是数（计算）的一种，而且是浅易（平常）的；如果不专心致志地学的话，也是学不好的。强调学习要专心。

"善学者尽其理，善行者究其难"出自《荀子·大略》，大意是：善于学习的人彻底搞通事物的道理，善于做事的人彻底克服工作中的困难。这两句话从事和理两方面来说明人应该具有正确的学习态度。2017年1月18日习近平总书记在联合国日内瓦总部发表题为《共同构建人类命运共同体》的演讲时引用了这句话。他认为，构建人类命运共同体是一个美好的目标，也是一个需要一代又一代人接力跑才能实现的目标。

"君子之学也，入乎耳，着乎心，布乎四体，形乎动静。端而言，蝡而动，一可以为法则"出自《荀子·劝学》，大意是：君子作学问，是把所学的听入耳中，记在心中，融会贯通到整个身心，表现在一举一动上，即使是极细小的言行，都可以作为别人效法的榜样。荀子认为，真正有效的学习应该是多种感官积极参与，内化于心，外化于行的。

"读书有三到，心眼口，信皆要"出自《弟子规·余力学文》，大意是：读书的方法要注重三到：眼到、口到、心到。

以上言论旨在强调，读书要专注，专注才能够深入领会文章的意思，专注方能收到事半功倍的读书效果。

---

① 蝡（rú）：同"蠕"，蠕动。

一百零五

青,取之于蓝,而青于蓝;冰,水为之,而寒于水。木直中绳,𫐓①以为轮,其曲中规。虽有槁暴②,不复挺者,𫐓使之然也。故木受绳则直,金就砺则利,君子博学而日参省③乎己,则知明而行无过矣。

吾尝终日而思矣,不如须臾之所学也;吾尝跂④而望矣,不如登高之博见也。登高而招,臂非加长也,而见者远;顺风而呼,声非加疾也,而闻者彰。假舆马者,非利足也,而致千里;假舟楫⑤者,非能水也,而绝江河。君子生非异也,善假于物也。

—— [战国] 荀子《荀子·劝学》

释义 SHIYI

君子说:学习是不可以停止的。靛青是从蓝草里提取的,可是比蓝草的颜色更深;冰是水凝结而成的,却比水还要寒冷。木材直得符合拉直的墨绳,用烤的工艺把它制成车轮,(那么)木材的弯度(就)合乎圆的标准了,即使再干枯了,(木材)也不会再挺直,是因为加工使它成为这样的。所以木材用墨线量过,再经辅具加工就能取直,刀剑等金属制品在磨刀石上磨过就能变得锋利。君子广泛地学习,而且每天检查反省自己,那么他就会聪明机智,而行为就不会有过错了。

我曾经整天思考,却不如片刻的时间学习的东西多;我曾经提起脚后跟眺望,却不如登上高处看的范围广。登上高处招手,手臂并没有加长,但人们在远处也能看见;顺着风向呼喊,声音并没有增大,但听的人都听得清楚。借助车马的人,不是脚走得快,却能到达千里之外;借助船只的人,不是善于游泳,却能横渡江河。君子的资质(同一般人)没有不同,只是善于借助外物罢了。

荀子的这两段话重点论述后天的学习对人成长的重要性。荀子认为,人非天生而知,要通过后天的学习、反省、训练、打磨,才能增长见识、开阔视野,从而不断提升自己的能力与水平。

---

① 𫐓(róu):通"揉",使东西弯曲。
② 槁暴(gǎo pù):指风吹日晒而干枯。
③ 省(xǐng):反省。
④ 跂(qí):意为提起脚后跟。
⑤ 楫(jí):桨。

一百零六

有弗①学,学之弗能,弗措也。有弗问,问之弗知,弗措也。有弗思,思之弗得,弗措也。有弗辨,辨之弗明,弗措也。有弗行,行之弗笃,弗指也。

或生而知之;或学而知之;或困而知之:及其知之,一也。

好学近乎知。力行近乎仁。知耻近乎勇。

——[战国]子思《礼记·中庸》

释义 SHIYI

要么不学,学了没有学会绝不罢休。要么不问,问了没有懂得绝不罢休。要么不想,想了没有想通绝不罢休。要么不分辨,分辨了没有明确绝不罢休。要么不实行,实行了没有成效绝不罢休。

有的人生来就知道(知识、道理),有的人通过学习才知道,有的人要遇到困难后才知道,但只要他们最终都知道了,也就是一样的了。

爱好学习就接近"智",努力实行就接近"仁",知道羞耻就接近"勇"。

以上言论强调,学习态度必须端正。学就要学会,就要弄懂弄通。知识、道理的获得可以通过多种途径实现,可以源于自己的领悟,可以来自书本学习,可以源于大师的教导,可以来自亲身实践,只要最终你明白了,有收获,就很好。

一百零七

不能则学,疑则问。

——[西汉]戴德《大戴礼记·曾子制言上》

人才有高下,知物由学。学之乃知,不问不识。

——[东汉]王充《论衡·实知》

释义 SHIYI

"不能则学,疑则问"出自《大戴礼记·曾子制言上》,大意是:不知道的做不到的就去学习,有疑问的就要请教。

"人才有高下,知物由学。学之乃知,不问不识"出自王充《论衡·实知》,大意

---

① 弗(fú):不。

是：人才的好坏有高下之分，学习才知道事物的道理。只有学习才能懂得世间的道理，如果耻于向人求教，许多东西就会永不知晓。

这两则名句都强调了学习及求教的重要性。

一百零八

学以治之，思以精之，朋友以磨之，名誉以崇之，不倦以终之，可谓好学也已矣。

——［西汉］扬雄《法言·学行》

好学深思，心知其意。

——［西汉］司马迁《史记·五帝本纪》

读书须用意，一字值千金。

——［明］《增广贤文》

世上无难事，只怕不专心。

——［明］《增广贤文》

 释 义 SHIYI

"学以治之，思以精之，朋友以磨之，名誉以崇之，不倦以终之，可谓好学也已矣"出自《法言·学行》，大意是：学习中加以整理，反复思考以求精当，和朋友讨论切磋，爱惜自己崇高的名誉，孜孜不倦，有始有终，这就是良好的治学态度。

"好学深思，心知其意"出自《史记·五帝本纪》，大意是：喜好学习并能深入地思考，心中领会其中的意义。

"读书须用意，一字值千金"出自《增广贤文》，大意是：想文采出众、一字千金，就得在读书时下一番苦功夫。

"世上无难事，只怕不专心"出自《增广贤文》，大意是：世界上没有什么困难的事情，只要有心人专心地去做。

一百零九

不学自知，不问自晓，古今行事，未之有也。

——［东汉］王充《论衡·实知》

天下未有不学而成者也。

——［隋］《中说·礼乐》

人学始知道，不学亦徒然。

——［明］《增广贤文》

释义 SHIYI

"不学自知，不问自晓，古今行事，未之有也"出自《论衡·实知》，大意是：不用学习天生就知道，不用求教于人什么都明白，自古至今，这样的事从未有过啊。

"天下未有不学而成者也"出自《中说·礼乐》，大意是：天下没有不通过学习而取得成就的人。

"人学始知道，不学亦徒然"出自《增广贤文》，大意是：人只有通过学习才会明白事理，不学什么也不明白。

以上言论强调了学习的重要性。

一百一十

积学以储宝，酌理以富才。

——［南北朝］刘勰①《文心雕龙·神思》

观天下书未遍，不得妄下雌黄。

——［南北朝］颜之推《颜氏家训·勉学》

释义 SHIYI

"积学以储宝，酌理以富才"出自《文心雕龙·神思》，大意是：努力积累知识，认真研究事理以发展自己的才能。

"观天下书未遍，不得妄下雌黄"出自《颜氏家训·勉学》，大意是：没有读遍天下的书，就不能妄下结论。指知识不渊博，评议往往发生错误。

一百一十一

粗缯②大布裹生涯，腹有诗书气自华。

厌伴老儒烹瓠③叶，强随举子踏槐花。

---

① 勰：xié。
② 缯（zēng）：古代对丝织物的总称。
③ 瓠（hù）：一年生攀缘草本植物，葫芦的变种。

囊空不办寻春马，眼乱行看择婿车。

得意犹堪夸世俗，诏黄新湿字如鸦。

——［北宋］苏轼《和董传留别》

生活当中身上包裹着粗衣劣布，胸中有学问气质自然光彩夺人。

不喜欢陪伴着老儒一起清谈过"烹瓠叶"那样的苦日子，决定随从举子们参加科举考试。

口袋里没有钱不置办那"看花"的马，却有机会被"择婿车"包围，让自己眼花缭乱。

中举仍然可以向世俗之人夸耀，诏书上如鸦的黑字新写着你的名字。

这是宋代著名文学家、政治家、书法家苏轼的一首七律。苏轼在陕西做官时认识一位寒门学子董传，他非常看好他，在离开陕西赴京城前写下这首诗，诗中称赞董传好学的品质，并预祝他金榜题名。

其中"腹有诗书气自华"一句广为流传，它准确地阐述了读书与修养的关系。读书不仅可以扩大一个人的知识眼界，更能够提高一个人的精神修养，养成高雅脱俗的气质。

一百一十二

能下人，故其心虚，其心虚，故所取广。所取广，故其人愈高。

——［明］李贽《焚书·杂议》

世事洞明皆学问，人情练达即文章。

——［清］曹雪芹《红楼梦》

"能下人，故其心虚，其心虚，故所取广。所取广，故其人愈高"出自《焚书·杂议》，大意是：一个人能够居人之下，才能虚心；能够虚心了，才能广泛地获得；广泛地获得多了，才能水平更高。讲的是做人要谦虚、虚心，才能有进步。

"世事洞明皆学问，人情练达即文章"出自《红楼梦》，大意是：把世间的事弄懂了处处都有学问，把人情世故摸透了处处都是文章。可见为人处世是一门人生的必修课。

一百一十三

为学无间断,如流水行云,日进而不已也。

——[清]王永彬《围炉夜话·第十四则》

知往日所往之非,则学日进矣;见世人可取者多,则德日进矣。

——[清]王永彬《围炉夜话·第五六则》

释义 SHIYI

"为学无间断,如流水行云,日进而不已也"大意是:做学问一定不可间断,要像不息的流水和飘浮的行云,永远不停地前进。

"知往日所往之非,则学日进矣;见世人可取者多,则德日进矣"大意是:知道自己过去有做得不对的地方,那么学问就能日渐充实;看到他人可学习的地方很多,自己的道德也必定能逐日增进。

这两则语录均出自《围炉夜话》,阐述了"学不可以已"的道理。

一百一十四

读书无论资性高低,但能勤学好问,凡事思一个所以然,自有义理贯通之日。

——[清]王永彬《围炉夜话·第十七则》

为学不外静敬二字,教人先去骄惰二字。

——[清]王永彬《围炉夜话·第一四八则》

释义 SHIYI

"读书无论资性高低,但能勤学好问,凡事思一个所以然,自有义理贯通之日"大意是:读书不论资质是高还是低,只要能够用功,不断地学习,遇有疑难之处肯向人请教,任何事都把它想个透彻,为什么会如此,终有一天能够通晓书中的道理,无所滞碍。

"为学不外静敬二字,教人先去骄惰二字"大意是:求学问不外乎"静"和"敬"两个字。教导他人,首先要让他去掉"骄"和"惰"两个毛病。

这两则语录均出自《围炉夜话》,阐述了求学问知之道:静心求学,恭敬好问,勤于思考,不自满,不骄傲,不懒惰。

一百一十五

学则智，不学则愚；学则治，不学则乱。

自古圣贤盛德大业，未有不由学而成者也。

——［清］黄宗羲《明儒学案·甘泉学案·侍郎许敬菴①先生孚远》

释义 SHIYI

学习了才会有智慧，不学习就会愚钝；学习了就会有条理，不学习则会导致混乱。从古至今的贤德的大人物没有不学习而成功的。

---

① 菴：读 ān。

第三章 自　　强

一百一十六

天行健，君子以自强不息。

——［周］《易经·乾卦》

地势坤，君子以厚德载物。

——［周］《易经·坤卦》

居上位而不骄，在下位而不忧。故乾坤因其时而惕，虽危无咎矣。

——［周］《易经·乾卦》

释义 SHIYI

天（即自然）的运动刚强劲健，相应于此，君子处事，应像天一样，自我力求进步，刚毅坚卓，发愤图强，永不停息。

大地的气势厚实和顺，君子应增厚美德，容载万物。

身居高位而不骄傲，屈居人下而不忧愁。所以说自强不息而又随时反省，虽面临危险而无灾祸。

《易经》强调，人应"与天地合其德"，"人道"应符合"天道"，从而生发出"天行健，君子以自强不息"这一千古名言。

"自强不息"作为《易经》所倡导的人生之道，主要包括两层意思：第一层意思是"刚健"。"刚健"即刚强、雄健，它为《易经》所推重，频繁地出现在书中各处，如"刚健而文明""刚健而不陷""动而健，刚中而应""健而巽，刚中而志行""刚健笃实，辉光日新"，等等。必须指出的是，《易经》所提倡的"刚健"，并不是指那种没有限度的刚强。根据其"极则反"的思想，刚强过头就容易折断，因而"刚健"应是适度的、恰到好处的，亦即它所强调的"刚中""刚健中正"。第二层意思是不懈奋斗。《易经》认为，天地万物生生不息，甚至枯杨都可以"生梯""生华"（《易经·大过》）。《易经》以六十四卦象征万事万物，并揭示这样一个道理：自然与社会是一个不断发展变化、永无止境的开放系统，人也需要不断进取，即便身处困境，也当不懈努力。

"厚德载物"，指的是深厚的品德修养能像大地一样承载万物、容纳百川，道德高尚者能承担重大任务。厚德载物，德之修为，是人之认知，也是人生哲学。

一百一十七

不患人之不己知，患其不能也。

——［春秋］《论语·宪问》

冉求曰："非不说子之道，力不足也。"
子曰："力不足者，中道而废。今女①画。"

——［春秋］《论语·雍也》

释义

不怕别人不理解我，只怕自己没有能力。

人常为自己怀才不遇愤愤不平，总会喋喋不休地埋怨时运不济。天天感叹自己没有遇见伯乐，不如踏踏实实地找出自己的不足，不断丰富自己，不断提高自己。当下一个机会来临的时候，我们能够当之无愧。

孔子的弟子冉求说："不是我不喜欢您的学说，是我力量不够。"孔子回答说："如果真的是力量不够，走到半道会再也走不动了。现在你却没有开步走（就画地自限了）。"这里孔子批评冉求为自己的退缩在找借口，这个借口乍一听似乎还有点道理，但其实只不过是对自己不思进取的一种开脱。

人们在决定是否做一件事时，往往会有几种考虑：有的人看这件事能不能做成，这是从事情的结果而论断；有的人看这件事该不该做，这是从事情的过程而论断。很显然，就"求道"这件事而言，冉求是看结果而做决定，而孔子看的则是过程。任何事情，不去做则永远处于一个假想的阶段，只有做了，才真正验证了假想的正确与否，正所谓"实践是检验真理的唯一标准"。

有时候，人们在做事前打算的时候，往往忽略了一个重要的因素：坚持。其实有了坚持，事前的力量分析就有了变数，原有的力量就可能会被放大，我们原来认为做

---

① 女（rǔ）：通"汝"，你。

不成的事，可能就会有想不到的结果，正所谓"水滴石穿"和"愚公移山"。

一百一十八

一年之计，莫如树谷；十年之计，莫如树木；终身之计，莫如树人。

——［春秋］管子《管子·权修》

事者，生于虑，成于务，失于傲。

——［春秋］管子《管子·乘马》

释义 SHIYI

"一年之计，莫如树谷；十年之计，莫如树木；终身之计，莫如树人"出自《管子·权修》，大意是：能够一年获得的是粮食，能够十年获得的是树木，能够一百年获得的是人才。既阐明了人才培养的重要性，也揭示出人才养成的不易。

2014年6月9日，习近平总书记出席中国科学院第十七次院士大会、中国工程院第十二次院士大会并发表重要讲话。他引用"一年之计，莫如树谷；十年之计，莫如树木；终身之计，莫如树人"指出，要把人才资源开发放在科技创新最优先的位置，改革人才培养、引进、使用等机制，努力造就一批世界水平的科学家、科技领军人才、工程师和高水平创新团队，注重培养一线创新人才和青年科技人才。

"事者，生于虑，成于务，失于傲"出自《管子·乘马》，大意是：事情总是产生于谋虑，成功于努力，失败于骄傲轻心。

管子以简洁朴素的语言阐述了谋事创业的诀窍：任何事业的成就皆源于周密考虑、努力实践、不断探索；伟大梦想不是等来、喊来的，而是拼出来、干出来的。

2018年12月18日，在庆祝改革开放40周年大会上，习近平总书记在讲话中引用了这句话。

一百一十九

舜发于畎①亩之中，傅说②举于版筑之间，胶鬲③举于鱼盐之中，管夷吾举于士，孙叔敖举于海，百里奚举于市。故天将降大任于斯人也，必先苦其心志，劳其筋骨，

---

① 畎（quǎn）：田间小沟。
② 说（yuè）：殷商时期卓越的政治家、军事家。
③ 鬲（gé）：胶鬲，殷末贤人。

饿其体肤，空乏其身，行拂乱其所为，所以动心忍性，曾①益其所不能。

人恒过，然后能改；困于心，衡于虑，而后作；征于色，发于声，而后喻。入则无法家拂士，出则无敌国外患者，国恒亡。然后知生于忧患而死于安乐也。

——［战国］孟子《孟子·告子下》

释义 SHIYI

舜从田野耕作之中被起用，傅说从筑墙的劳作之中被起用，胶鬲从贩鱼卖盐中被起用，管夷吾从狱官手里被救出来并受到任用，孙叔敖从海滨隐居的地方被起用，百里奚从奴隶集市里被赎买回来并被起用。所以上天要把重任降临在某人的身上，必定要先使他的内心痛苦，使他的筋骨劳累，使他经受饥饿之苦，以致肌肤消瘦，使他受贫困之苦，使他的每一行动都不如意，这样来使他的心灵受到震撼，使他的性情坚忍起来，增加他所不具备的能力。

人常常犯错，然后才能改正；内心忧困，思想阻塞，然后才能奋起；心绪显露在脸色上，表达在声音中，然后才能被人了解。一个国家，在内如果没有坚守法度的大臣和足以辅佐君王的贤士，在外没有与之匹敌的邻国和来自外国的祸患，就常常会有覆灭的危险。这样，就知道忧愁患害足以使人生存，安逸享乐足以使人灭亡的道理了。

人会因为自身所遭遇的困难而忧虑、痛苦、困惑，造成内心的压抑，也会在不断冲破这些心理压抑的尝试中，活跃了自己的思维，激发了自己的创造力。更重要的一点，人是有感情的，又是社会性的，人有痛苦、有忧虑，想发愤、想创造，必然表现在形色上，吐发在言辞中，期望得到理解与同情、启发与帮助。人就在这一切与忧患的斗争中，一方面求得了物质的生存可能，另一方面更求得了精神的生存，表现了人的活力、意志、情感、创造能力，一句话，表现了人"生"的价值。这，就是"生于忧患，死于安乐"的全部含义。

一百二十

自暴者，不可与有言也；自弃者，不可与有为也。言非礼义，谓之自暴；吾身不能居仁由义，谓之自弃也。

——［战国］孟子《孟子·离娄上》

虽有天下易生之物也，一日暴②之，十日寒之，未有能生者也。

——［战国］孟子《孟子·告子上》

---

① 曾（zēng）：通"增"，增加。
② 暴（pù）：通"曝"，曝晒。

释义

"自暴者，不可与有言也；自弃者，不可与有为也。言非礼义，谓之自暴；吾身不能居仁由义，谓之自弃也"出自《孟子·离娄上》，大意是：糟蹋自己的人，不能和他有善言；抛弃自己的人，不能和他干事业。言谈不符合礼义，这叫"自暴"；自身不能守仁行义，这叫"自弃"。

孟子认为，"自暴"的人，不可以与他多说，多说无益；"自弃"的人，不可与他共事，共也无成也。因为"自暴"与"自弃"违背了儒家"仁义"思想，所以孟子非常反对与这样的人交往谋事。这不妨看作是孟子交友识人的一种方法。行为符合道德礼义规范的，可以与之交往；其言谈举止不符合儒家"仁义"规范的，就不可与之交往。

"虽有天下易生之物也，一日暴之，十日寒之，未有能生者也"出自《孟子·告子上》，大意是：即使是自然界容易生长的生物，如果只经阳光温暖照射一天，却让它寒冻十天，也没有能存活的。成语"一暴十寒"就出自这句话。

一百二十一

以修身自强，则名配尧禹。

——［战国］荀子《荀子·修身》

人皆可尧舜，身自有乾坤。

——［南宋］陆游《书意》

释义

"以修身自强，则名配尧禹"出自《荀子·修身》，大意是：通过品德修养达到自强，则名声可与古代圣贤尧、禹齐名。

"人皆可尧舜，身自有乾坤"出自陆游《书意》，大意是：人人都可以成为像尧、舜那样的人，自己内有乾坤。

一百二十二

亦余心之所善兮，虽九死其犹未悔。

——［战国］屈原《离骚》

能胜强敌者，先自胜者也。

——［战国］商鞅《商君书·画策》

释义 SHIYI

"亦余心之所善兮，虽九死其犹未悔"出自《离骚》，大意是：为了自己的追求，纵死也无悔。表达了屈原为追求家国富强，坚持高洁品行而不怕千难万险、纵死也无悔的忠贞情怀，后来人们在表达坚持理想、为实现目标而奋斗时常引用这一名句。

2018年5月28日，习近平总书记出席中国科学院第十九次院士大会、中国工程院第十四次院士大会，在讲到矢志不移自主创新、坚定创新信心、着力增强自主创新能力时指出，创新从来都是九死一生，但我们必须有"亦余心之所善兮，虽九死其犹未悔"的豪情。

"能胜强敌者，先自胜者也"出自《商君书·画策》，大意是：战胜强大的敌人，必须先战胜自己。这句话告诉我们，做任何事情，都应该树立坚定的信心，不断战胜自己，努力超越自己，然后才能无往而不胜。

一百二十三

青青园中葵，朝露待日晞。
阳春布德泽，万物生光辉。
常恐秋节至，焜①黄华叶衰。
百川东到海，何时复西归。
少壮不努力，老大徒伤悲。

——［西汉］《乐府诗集·长歌行》

释义 SHIYI

园中的葵菜都郁郁葱葱，晶莹的朝露等待阳光照耀。
春天给大地普施阳光雨露，万物生机盎然欣欣向荣。
常恐那肃杀的秋天来到，树叶儿黄落百草也凋零。
百川奔腾着向东流入大海，何时才能重新返回西境？
年轻力壮的时候不奋发图强，到老来悲伤也没用了。

这是一首咏叹人生的歌。唱人生而从园中葵起调，这在写法上被称作"托物起兴"，即"先言他物以引起所咏之辞也"。然后诗歌由对宇宙的探寻转入对人生价值的思考，终于推出"少壮不努力，老大徒伤悲"这一发聋振聩的结论。

---

① 焜（kūn）：明亮。

自然界的万物有一个春华秋实的过程，人生也有一个少年努力、老有所成的过程。自然界的万物只要有阳光雨露，秋天自能结实；人却不同，没有自身努力是不能成功的。万物经秋变衰，却实现了生命的价值，因而不足伤悲；人则不然，因"少壮不努力"而老无所成，就等于空走世间一趟。大自然的生命节奏如此，人生也是这样。一个人如果不趁着大好时光努力奋斗，让青春白白地浪费，等到年老时后悔也来不及了。这首诗由眼前青春美景想到人生易逝，鼓励青年人要珍惜时光，出言警策，催人奋起。

一百二十四

此鸟不飞则已，一飞冲天；不鸣则已，一鸣惊人。
　　　　　　——［西汉］司马迁《史记·滑稽列传》
盛年不重来，一日难再晨。及时当勉励，岁月不待人。
　　　　　　——［魏晋］陶渊明《杂诗十二首·其一》
精诚所至，金石为开。
　　　　　　——［南北朝］范晔《后汉书·广陵思王荆传》

释义 SHIYI

"此鸟不飞则已，一飞冲天；不鸣则已，一鸣惊人"出自《史记·滑稽列传》，大意是：这种鸟不飞翔就罢了，要是飞翔便会冲向广阔的蓝天；不鸣叫就罢了，要是鸣叫就会使他人惊讶。积蓄力量，蓄势待发，准备工作做好了，必然能大显身手，惊艳世间。

"盛年不重来，一日难再晨。及时当勉励，岁月不待人"出自《杂诗十二首》，大意是：美好的青春岁月一旦过去便不会再来，一天之中永远看不到第二次日出。陶渊明告诉我们：光阴流逝，时不我待，珍惜时光，自强不息，奋斗不止。

"精诚所至，金石为开"出自《后汉书·广陵思王荆传》，大意是：人的诚心所到，能感动天地，使金石为之开裂。比喻只要专心诚意去做，什么疑难问题都能解决。

一百二十五

神龟虽寿，犹有竟时；
腾蛇乘雾，终为土灰。

老骥①伏枥，志在千里；
烈士暮年，壮心不已。
盈缩之期，不但在天；
养怡之福，可得永年。
幸甚至哉，歌以咏志。

——［东汉］曹操《龟虽寿》

释义

神龟虽能长寿，但也有死亡的时候。
腾蛇尽管能乘雾飞行，终究也会死亡化为土灰。
年老的千里马虽然伏在马槽旁，它的雄心壮志仍然是想要驰骋千里。
有远大抱负的人士到了晚年，奋发思进的雄心不会止息。
人的寿命长短，不只是由上天所决定的。
只要自己调养好身心，也可以益寿延年。
啊，庆幸得很！就用诗歌来表达内心的志向吧！

这首诗写于曹操北征乌桓胜利回师途中。此时，曹操已经五十三岁。虽然刚刚取得北征乌桓的胜利，踏上凯旋的归途，但想到一统中国的宏愿尚未实现，想到自己已届暮年，想到人生短促，时不我待，曹操内心不禁感慨万千。但是，曹操并不悲观，他仍以不断进取的精神激励自己建树功业。《龟虽寿》所表达的正是这样一个积极的人生主题。

一百二十六

花门楼前见秋草，岂能贫贱相看老。
一生大笑能几回，斗酒相逢须醉倒。

——［唐］岑参《凉州馆中与诸判官夜集》

释义

如今在花门楼前又见到秋草，哪能互相看着在贫贱中老下去呢？
人生一世能有几回开怀大笑，今日相逢斗酒人人必须痛饮醉倒。

岑参长于七言歌行，对边塞风光、军旅生活以及异域风情有亲切的感受，从而创

---

① 骥（jì）：好马。

作出大量边塞诗佳作。

这首诗中所说的凉州，治所在今甘肃武威，唐河西节度府设于此地。馆，客舍。从"河西幕府多故人，故人别来三五春"等诗句看，岑参此时在凉州作客。在凉州河西节度使幕府中，岑参常与朋友欢聚夜饮。

诗歌所描写的夜宴，兴会淋漓，豪气纵横。"花门楼前见秋草，岂能贫贱相看老"，这不是时光流逝中的叹老嗟卑，而是能掌握自己命运的豪情壮怀，它所表现的是奋发进取的人生态度。"一生大笑能几回"的"笑"，是一种对前途对生活充满信心的爽朗健康的笑。"须醉倒"，不是借酒浇愁，而是以酒助兴，这是一种豪迈乐观的醉。以酒助兴，兴浓欢悦，笑声爽朗，豪迈乐观，读者从人物的神态中，能感受到盛唐的时代脉搏。

一百二十七

人谁不顾老，老去有谁怜。
身瘦带频减，发稀冠自偏。
废书缘惜眼，多灸为随年。
经事还谙事，阅人如阅川。
细思皆幸矣，下此便翛①然。
莫道桑榆晚，为霞尚满天。

——［唐］刘禹锡《酬乐天咏老见示》

释义

人谁不害怕衰老，老了又有谁来怜惜？
身体日渐消瘦衣带也越收越紧，头发稀少戴正了的帽子也总是偏斜到一边。
不再看书是为了爱惜眼睛，经常用艾灸是因为年迈力衰诸病多缠。
经历过的世事多见识也就广，阅历人生如同积水成川一样。
细细想来老了也有好的一面，克服了对老的忧虑就会心情畅快无挂也无牵。
不要说日落时光照桑榆树端已近傍晚，它的霞光余晖照样可以映红满天。

刘禹锡和白居易晚年都患眼疾、足疾，看书、行动多有不便，从这点上说，他们是同病相怜了。面对这样的晚景，白居易产生了一种消极、悲观的情绪，并且写了《咏老赠梦得》一首给刘禹锡。刘禹锡读了白居易的诗，写了《酬乐天咏老见示》

---

① 翛（xiāo）：自由自在。

回赠。

作者认为，人到老年虽然有人瘦、发稀、视力减弱、多病等不利的一面，也还有处事经验丰富、懂得珍惜时间、自奋自励等有利的一面，对此如果细致全面地加以思考，就能树立正确的老年观，就能从嗟老叹老的情绪中解脱出来，从而让自己有所作为。全诗表达了刘禹锡对生死问题的清醒而乐观的认识，说明他在任何情况下都能用唯物的态度积极对待人生。"莫道桑榆晚，为霞尚满天"二句，深为人们赞赏，成为千古传诵的名句。

一百二十八

千淘万漉虽辛苦，吹尽狂沙始到金。
流水淘沙不暂停，前波未灭后波生。

——［唐］刘禹锡《浪淘沙·其八》

山积而高，泽积而长。

——［唐］刘禹锡《唐故监察御史赠尚书右仆射①王公神道碑铭》

释义

要经过千遍万遍的过滤，历尽千辛万苦，最终才能淘尽泥沙得到闪闪发光的黄金。

滚滚滔滔的流水淘洗着河沙，片刻也不停止，前面的波浪还未消失，后面的波浪又接着掀起。

刘禹锡认为，新生事物不断涌现，一批接着一批，时代不断向前发展，人生亦然。

山由累积而高，水由累积而长。

积累是量变的主要方式之一，勤于此，则山可高，水可长。学业、事业乃至国家间的互信也如此，都需要经过长期不断的积累，点滴努力，铸就成功。

《唐故监察御史赠尚书右仆射王公神道碑》为唐代诗人刘禹锡所撰。碑主王俊，字真长，享年55岁。碑文中有韵的部分为铭文。"山积而高，泽积而长"出自该碑铭文起首，采用了比兴手法。

2014年5月21日习近平总书记在亚洲相互协作与信任措施会议第四次峰会上的讲话中引用这一古语，阐述"一步一个脚印走"的"外交节奏"。

---

① 射（yè）：右仆射为官名。

一百二十九

我有迷魂招不得，雄鸡一声天下白。
少年心事当拏①云，谁念幽寒坐呜呃。

——［唐］李贺《致酒行》

  SHIYI

我是个执迷不悟的人，但听君一席话我茅塞顿开，犹如雄鸡一声啼叫，天下大亮。
少年人应当有凌云壮志，谁会怜惜你困顿独处，唉声叹气呢？

806年，李贺带着刚刚踏入社会的少年热情，满怀希望打算迎接进士科举考试，不料竟被人以避讳他的父亲"晋肃"的名讳为理由，剥夺了考试资格。这场意外的政治打击让困居异乡的李贺有感而发，创作了这首《致酒行》。诗歌情绪高亢，表现明快，别具一格。

一百三十

十年磨一剑，霜刃未曾试。
今日把示君，谁有不平事？

——［唐］贾岛《剑客》

  SHIYI

十年磨成一剑，剑刃寒光闪烁，只是还未试过锋芒。
如今将它取出，给您一看，谁有冤屈不平的事？

这首诗的具体创作时间不详。相传贾岛在韩愈的劝说下，参加了科举考试。他天真地以为，凭着自己的才学一定能考中，所以，并不把"八百举子"放在眼里。一入考场，他挥笔就写《病蝉》，诗中痛骂："什么黄雀、乌鸦，都一样想害蝉。"结果被认为是"无才之人，不得采用"，落了个"考场十恶"的坏名。贾岛心知是"吟病蝉之句"得罪了有权势的人，可又无可奈何，于是便创作了这首自喻诗。

这首诗托物抒怀，借咏剑抒发怀才不遇之情，以寄托自己的理想和抱负，表现了一种虽然身处困顿却自信"天生我材必有用"的强烈期待。

---

① 拏（ná）：同"拿"，掌握。

一百三十一

一轴烟花满口香,诸侯相见肯相忘。
未闻珪璧为人弃,莫倦江山去路长。
盈耳暮蝉催别骑①,数杯浮蚁②咽离肠。
眼前多少难甘事,自古男儿当自强。

——[唐]李咸用《送人》

释义 SHIYI

留别时花香阵阵,沁人心脾,视觉和嗅觉的深刻印象令人难忘,与之一起会被永远记住的是朋友相见难忘怀的友谊。

珪璧从来不会被世人所弃,朋友自然也不用为前程担忧。

暮蝉的鸣叫似乎在催促友人上路,数杯美酒下肚,化成了曲曲离肠。

不管要面对多少艰难,自古男人就应当自强有担当。

这是一首典型的唐代送别诗,具有唐诗特有的豪迈和大气。

一百三十二

自小多才学,平生志气高;
别人怀宝剑,我有笔如刀。
朝为田舍郎,暮登天子堂;
将相本无种,男儿当自强。

——[北宋]汪洙③《神童诗》

释义 SHIYI

从小就才学出众,志气高洁。
他人想着以武力征服世界,我有我的文笔在手。
只要学业出众,农家子弟也能登上皇家殿堂出仕。

---

① 骑(jì):马。
② 浮蚁:酒面上的浮沫。
③ 洙:读 zhū。

谁说王侯将相一定要靠家世？好男儿一定要自重自强，大家都有机会。

《神童诗》，蒙学经典之一。

汪洙，九岁能诗，号称汪神童。

一百三十三

人常咬得菜根，则百事可做。

——［南宋］吕本中《紫微诗话》

吃得苦中苦，方为人上人。

——［明］冯梦龙《警世通言·玉堂春落难逢夫》

释义 SHIYI

"人常咬得菜根，则百事可做"出自《紫微诗话》，大意是：如果人能经常吃最简陋的菜，还有什么事做不到呢？

"吃得苦中苦，方为人上人"出自《警世通言·玉堂春落难逢夫》，大意是：吃得了别人吃不了的苦，才能达到别人达不到的境界。

一百三十四

一日一钱，千日一千。绳锯木断，水滴石穿。

——［南宋］罗大经《鹤林玉露》

明日复明日，明日何其多？我生待明日，万事成蹉跎。

——［明］钱福《明日歌》

释义 SHIYI

"一日一钱，千日一千。绳锯木断，水滴石穿"出自《鹤林玉露》，大意是：一天存一块钱，一千天就存了一千块钱。绳子能把木头锯断，水能把石头滴穿。强调做事贵在持之以恒，坚持不懈；或者指小错不改，久而久之，将会酿成大祸。

"明日复明日，明日何其多？我生待明日，万事成蹉跎"出自《明日歌》，大意是：明天又一个明天，明天何等的多。我的一生都在等待明日，什么事情都没有进展。诗人反复告诫人们要珍惜时间，今日的事情今日做，不要拖到明天，不要蹉跎岁月。

一百三十五

天变不足畏,祖宗不足法,人言不足恤。

——[元]脱脱、阿鲁图《宋史·王安石列传》

人不自重,斯召侮矣;不自强,斯召辱矣。

——[明]薛应旂①《薛方山纪述·上篇》

释义 SHIYI

"天变不足畏,祖宗不足法,人言不足恤"出自《宋史·王安石列传》,大意是:天象的变化不必畏惧,祖宗的规矩不一定效法,人们的议论也不需要担心。

北宋的王安石是我国历史上著名的改革家,为了推行自己的改革主张,他强调要在思想上破除人们的守旧心理。这句话不仅简明扼要地表达了王安石变法的决心,而且表现出他变法的巨大勇气,从而成为许多改革者自我激励的豪言壮语。

"人不自重,斯召侮矣;不自强,斯召辱矣"出自《薛方山纪述·上篇》,大意是:人不能使自己的言行庄重,则会招致侮辱;不努力向上,则会招致耻辱。

一百三十六

天薄我以福,吾厚吾德以迓②之;天劳我以形,吾逸吾心以补之;天厄我以遇,吾亨吾道以通之。

——[明]洪应明《菜根谭》

释义 SHIYI

上天给我的福分少,我自己通过积累自己的德行来耕种福田;上天让我身体劳累,我自己通过内心闲逸来保养好自己;上天不能给我机遇,我自己通过求道(明白真理)来从中寻求。

此言论强调要以积极的人生观面对自己遇到的困境、苦楚,并努力为自己寻求出路。

---

① 旂:读 qí。
② 迓(yà):迎接。

一百三十七

白日不到处,青春恰自来。苔花如米小,也学牡丹开。

——[清]袁枚《苔》

下手处是自强不息,成就处是至诚无息。

——[清]金缨《格言联璧》

释义 SHIYI

"白日不到处,青春恰自来。苔花如米小,也学牡丹开"出自《苔》,大意是:春风阳光不到地方,青春照样萌动。哪怕那如米粒一般微小的苔花,丝毫也不自惭形秽,依然像那美丽高贵的牡丹一样,自豪地盛开。

相比牡丹,多寄生于阴暗潮湿之处的苔藓自是低等植物,可它也有自己的生命本能和生活意向,并不会因为环境恶劣而丧失生发的勇气。这是对生命力的礼赞!即使卑微如苔,凭着坚强的活力,也能突破环境的重重窒碍,焕发青春的光彩。

"下手处是自强不息,成就处是至诚无息"出自《格言联璧》,大意是:通过持之以恒的努力,具有不怕输、不服输的精神,才可以成就一个强大的自己;取得成绩后不骄傲自满,依然热情、真诚,才可保持事业之树常青。

一百三十八

但行之有恒,自如种树畜养,日见其大而不觉耳。
步步前行,日日不止,自有到期,不必计算远近而徒长吁短叹也。

——[清]曾国藩《曾国藩家书》

释义 SHIYI

要天天做,就像种树或者养小动物一样,你自己天天瞅着可能觉不出什么来,而实际上它在一天天地生长。

一步步往前走,一刻也不停止,就自有到达目的地的那一天。不要老是计算还有多远,而只知道发愁焦虑郁闷。

一百三十九

海纳百川，有容乃大；壁立千仞，无欲则刚。

——［清］林则徐

自强为天下健，志刚为大君之道。

——［清］康有为

释义 SHIYI

"海纳百川，有容乃大；壁立千仞，无欲则刚"是清末政治家林则徐任两广总督时在总督府衙题书的堂联，大意是：大海因为有宽广的度量才容纳了成百上千条河流；高山因为没有钩心斗角的凡世杂欲才如此的挺拔。

"自强为天下健，志刚为大君之道"是康有为的名言，大意是：公民要学为自强，国家才能够健康向上。坚强的意志，才是强大民族的生存之道，才是作为君主的治国之道。

一百四十

世界之运，由乱而进于平，胜败之原，由力而趋于智，故言自强于今日，以开民智为第一义。亡而存之，废而举之，愚而智之，弱而强之，条理万端，皆归本于学校。

——［清］梁启超《变法通议》

释义 SHIYI

世界的走势是由战乱走向和平，打仗胜败的原因是由武力转向智慧，所以说要自强就从今天开始，让人们的智慧得到开发是第一位的。消失的要让它重现，废除不用的要重新采用，愚昧的要让它变得有智慧，弱小的要变强大，总之这些都要以学校教育为本！

梁启超是中国近代史上著名的政治活动家、启蒙思想家、资产阶级宣传家、教育家、史学家和文学家，他倡导重视学校教育，开启民智，让国人自强、国家自强。

一百四十一

久有凌云志，重上井冈山。

千里来寻故地，旧貌变新颜。

到处莺歌燕舞，更有潺潺流水，高路入云端。

过了黄洋界，险处不须看。

风雷动，旌旗奋，是人寰①。

三十八年过去，弹指一挥间。

可上九天揽月，可下五洋捉鳖，谈笑凯歌还。

世上无难事，只要肯登攀。

——毛泽东《水调歌头·重上井冈山》

 释义 SHIYI

长久以来都抱有宏大的志向，今天再次登上井冈山。从千里之外来寻访这片旧地，哪里还有半分它昔日的容颜。到处都是莺啼燕飞的晚春新景，流水潺潺，高高的盘山公路直入云端。过了黄洋界隘口，就没有任何的险处可看了。

当年革命时期风雷激荡，红旗漫卷，这就是人世间。三十八年过去了，犹如弹指的一刹那。可以飞向长空摘月亮，也可以潜下深海捉鳖，谈笑间高奏凯歌还师。世上没有什么困难的事，只要肯下定决心去登攀。

这首词最早发表在《诗刊》一九七六年一月号。1927年10月，毛泽东率秋收起义部队上井冈山，开辟了工农武装割据道路，并沿着这条农村包围城市的道路取得了中国革命的胜利。1965年5月，毛泽东重上井冈山，感慨万千中写下了这首词中杰作。

上阕描述诗人重上井冈山的经过，叙事、写景、抒情融为一体，表达了诗人欢快的情绪和豪迈的气概。下阕诗人触景生情，回顾三十八年革命历程，融情于理，以发人深省、深刻的哲理总结诗篇。

---

① 寰（huán）：广大的地域。

第三篇
处 世 篇

《红楼梦》有言：世事洞明皆学问，人情练达即文章。然而世事如何洞明，人情如何练达？细说起来，这恐怕要比二十四史还要鸿篇巨制，比诸子百家更为众说纷纭。处世之道是一门博大精深的学问，但总有一条底线我们要坚守，总有一些准则，我们要履行。

孔子曾说过："人而无信，不知其可也。"维持文明社会运转的根基是诚信，诚信问题在现代社会已经涉及道德层面，并与我们的生活、工作等密切相关。古往今来，有很多正面的人和事，抒写了坚守诚信的美德，尾生抱柱、曾参杀猪、商鞅立木取信、魏文侯千金市马骨，得到了众多人的支持和赞誉，并对自己的事业发展起到了积极的促进作用。

仁爱精神是儒家文化的重要特色，其核心可以归结为孝悌与博爱。父母的关爱是人与人之间最初的"亲亲"之情，儒家的仁爱精神就是以此为道德的本始。但儒家文化同时认为，仅仅停留于"亲亲"之情是不够的，必须对之进行扩充，即孔子所说"吾道一以贯之"的行仁之方，即"忠恕"之道。就是这样的仁爱之心，让社会更加和谐发展，人与人之间更为友善亲密。

如果说诚信和仁爱是人在处世中对外界的应对之道，那么心存信念就是人对自己心态的最好坚持。信念包括志向、气节、坚韧等，有了它，人才真正为人，多少经天纬地的事业源于此，多少可歌可泣的人物出于此。信念是一盏指引心灵的明灯，正确的信念，能将陷入困境中的我们引入正确的途径，获得最后的成功。尤其当我们怀揣着梦想之时，就更该让内心的信念之灯常明，让它带领我们，穿越重重风浪，通往梦想港湾。

第一章 诚 信

一百四十二

人之所助者,信也。

——[西周]《易传·系辞上》

诚者,天之道也;思诚者,人之道也。

——[战国]孟子《孟子·离娄上》

"人之所助者,信也"出自《易传·系辞上》,大意是:人们愿意扶助的是笃守诚信的人。诚信是中华传统文化中的重要概念,其基本意义就是真诚、诚实、守信。诚信的人,将会获得他人的赞誉、社会的认同,从而使自己获得良好的声誉,做事更加便利。

"诚者,天之道也;思诚者,人之道也"出自《孟子·离娄上》,大意是:诚信是自然的规律,追求诚信是做人的规律。孟子认为宇宙万物都是真实存在的,没有虚假,真实是宇宙万物存在的基础,所以说诚是天之道,而追求诚信是做人的规律。孟子首先将"诚"扩大到天道,把"诚"看作是大自然的真实存在和客观性,在大自然中所发生的一切,都有它的本身的发展轨迹,那么人要顺应天道,追求诚信做人就是理所应当的了。

一百四十三

子禽问于子贡曰:"夫子至于是邦也,必闻其政,求之与①,抑②与之与?"子贡

---

① 与(yú):通"欤"。
② 抑(yì):表示选择,相当于或是、还是。

曰:"夫子温、良、恭、俭、让以得之。夫子之求之也,其诸异乎人之求之与?"

——[春秋]《论语·学而》

子禽问子贡说:"咱们的老师到了一个国家,都能够得知这个国家的政事,是夫子自己有心去求得的呢?还是别人主动告诉他的呢?"子贡说:"老师温和、善良、恭敬、节俭、谦逊,所以才得到这样的资格,这种资格也可以说是求得的,但他求的方法,或许与别人的求法不同吧?"

本段通过子禽与子贡的问答,从侧面反映出了孔子光辉的人格。子贡对孔子的评价中,带有学生对老师的敬仰之意,却也客观地道出了孔子修养境界的高低。看似简单的五个字,却是儒家做人做事的精要所在,孔子也是基于此才取信于各诸侯国的国君的。

一百四十四

吾日三省①吾身:为人谋而不忠乎?与朋友交而不信乎?传②不习乎?

——[春秋]《论语·学而》

我每天多次反省自己,为别人办事是不是尽心竭力了呢?同朋友交往是不是做到诚实可信了呢?老师传授给我的学业是不是复习了呢?

这三件事其实就是曾子每天修养自身与做学问的方法。曾子在孔子门下以注重修身著称,他提出了"反省自己"的修养方法,不断检查自己的言行,修养成完美的人格。曾子这样人格的人,尚且要讲反省,而且是日日反省,一是以反省修身方法,不断"时习之""日日新",不断提高自己的修为;二是他亲身力行,可谓为人表率,这样做又有谁不信服呢?

一百四十五

人而无信,不知其可也。

---

① 省(xǐng):检查自己的思想行为。
② 传(zhuàn):解释经义的文字、书籍。

——［春秋］《论语·为政》

人无忠信，不可立于世。

——［北宋］程颐《程颐文集》

不信之言，不诚之令，君子弗为也。臣言自古皆有死，人无信不立。

——［北宋］《新唐书·魏徵①传》

释义 SHIYI

"人而无信，不知其可也"出自《论语·为政》，大意是：一个人如果不讲信义，不知他怎么做人。人无信，不可行走世间。讲求信义，相互信任，可以说是人与人交往的"底线要求"。

"人无忠信，不可立于世"出自《程颐文集》，大意是：一个人如果不讲忠诚和信义，那么他将无法在世间立足。

"不信之言，不诚之令，君子弗为也。臣言自古皆有死，人无信不立"出自《新唐书·魏徵传》，大意是：对于那些不算数的话，不诚实的命令，君子是不去做的。我认为自古以来人人都会死去，但是人如果不讲信用，便不能在社会上立身。

在中国人的观念里，"信"是每个人的立身之本，立命之本。没有信誉的支撑，就没有人格的树立。一个言行诚实的人，能够自觉用真诚与信任作为后盾，才会无所畏惧地面对世界。

一百四十六

言必信，行必果。

——［春秋］《论语·子路》

志不强者智不达，言不信者行不果。

——［战国］墨子《墨子·修身》

丈夫一言许人，千金不易。

——［北宋］司马光《资治通鉴》

释义 SHIYI

"言必信，行必果"出自《论语·子路》，大意是：说出的话一定要足以有诚信，行动一定要有结果。

---

① 徵：读 zhēng。

"志不强者智不达，言不信者行不果"出自《墨子·修身》，大意是：意志不坚强的人，智慧也不通达，言语不诚实的人，做事也不会有成果。

"丈夫一言许人，千金不易"出自《资治通鉴》，大意是：大丈夫答应了别人一句承诺，用千金来收买也不会改变。

三句话都指出了说到就要做到。承诺给别人的事情，即使多么为难，多么不情愿，也必须算数。一个人的诚信是由他的言行一点点地建立起来的。如果一个人总是拍拍胸口就许下承诺，但之后就没有下文，更不用说行动和结果了，那谁会相信他人？

一百四十七

子贡问政。子曰："足食，足兵，民信之矣。"子贡曰："必不得已而去，于斯三者何先？"曰："去兵。"子贡曰："必不得已而去。于斯二者何先？"曰："去食。自古皆有死，民无信不立。"

——［春秋］《论语·颜渊》

子贡问怎样治理国家。孔子说，"使粮食充足，使军备充足，老百姓信任执政者。"子贡说："如果不得不去掉一项，那么在三项中会先去掉哪一项呢？"孔子说："去掉军备。"子贡说："如果不得不再去掉一项，那么这两项中去掉哪一项呢？"孔子说："去掉粮食。自古以来人总是要死的，如果老百姓对统治者不信任，那么这个国家就不能存在下去了。"

本段里孔子回答了子贡问政所连续提出的三个问题。孔子认为，治理一个国家，应当具备三个起码条件：食、兵、信。但这三者当中，信是最重要的。这体现了儒学的仁学思想。只有兵和食，而百姓对统治者不信任，那这样的国家也就不能存在下去了。

一百四十八

君子养心莫善于诚。

——［战国］荀况《荀子·不苟》

富润屋，德润身，心广体胖，故君子必诚其意。

——《礼记·大学》

所守者道义，所行者忠信，所惜者名节。

——［北宋］欧阳修《朋党论》

释义

"君子养心莫善于诚"出自《荀子·不苟》，大意是：君子陶冶思想性情，提高自己的道德修养，没有什么比诚心诚意更重要的了。荀子想借此告诉人们，一个人如果想要成为君子，就必须陶冶和提高自己的思想情操，而最好的方法就是诚心诚意地对待每一个人或每一件事，达到至诚的境界。

"富润屋，德润身，心广体胖，故君子必诚其意"出自《礼记·大学》，大意是：富有则装饰房屋，仁德则滋养身体，心里宽畅身体自然也安舒了，所以君子一定要使自己的意念诚挚。

有仁德的君子，做事光明正大，内心毫无愧疚，自然心胸坦然开朗、身体舒适健壮，这都是拥有诚意的结果。

"所守者道义，所行者忠信，所惜者名节"出自欧阳修《朋党论》，大意是：一个人所恪守的是道德和义理，所履行的是忠诚和信用，所珍惜的是名誉和气节。

这几句是欧阳修论君子交友的。他认为凭借道义、忠信和名节来修炼自身，君子就有了共同的道德规范，相助而得益。

一百四十九

唯天下至诚，为能经纶①天下之大经，立天下之大本，知天地之化育。

——《礼记·中庸》

释义

只有对天下百姓真诚，才能成为治理天下的崇高典范，才能树立天下的根本法则，掌握天地化育万物的深刻道理。

中国传统文化认为诚信是天道，是事物的正常规律，人遵守诚信也就是在效仿天道。"天人合一"指人应该与上天一样，做到真实无妄，没有过多的欲望与贪婪，才是一个人价值的体现。自古以来，得人心者得天下，如果丧失了人民的信任，人心自然而然地就会离散，虽有金城汤池、坚甲锐兵，不能自存。

---

① 经纶（lún）：比喻筹划治理国家大事。

一百五十

小信诚则大信立。

——［战国］韩非子《韩非子·外储说》

信不足，安有信。

——［战国］管仲《管子》

不信不立，不诚不行。

——［北宋］晁说之①

释义

"小信诚则大信立"出自《韩非子·外储说》，大意是：在小的事情上一直讲诚信，那么也会在大的方面树立威信。

"信不足，安有信"出自《管子》，大意是：平时做事诚信不足，别人怎么能信任你？

"不信不立，不诚不行"出自北宋的晁说之，大意是：不讲信用不能在世间立足，不讲真诚不能与人做事。

一个人甚至一个国家的形象是他长期待人处事所形成的结果。如果能从小事上注意诚信，那么在大的问题上也就能够建立信誉，商鞅的"徙木立信"与此有异曲同工之妙。诚信是为人之道，是立身处世之本。作为大学生，我们应该严格要求自己，说真话，做实事，继承中华民族优秀的传统美德，为实现伟大中国梦而奋斗！

一百五十一

诚信者，天下之结也。

——［战国］管仲《管子·枢言》

苟无礼义、忠信、诚悫②之心以莅之，虽固结之，民其不解乎？

——《礼记·檀弓》

---

① 晁说之（cháo yuè zhī）：北宋政治家、文学家。
② 悫（què）：诚实。

释义 SHIYI

"诚信者，天下之结也"出自《管子·枢言》，大意是：诚信是团结天下人的纽带。

"苟无礼义、忠信、诚悫之心以莅之，虽固结之，民其不解乎"出自《礼记·檀弓》，大意是：如果不用礼义、忠信及诚实之心对待百姓，即使百姓勉强结合，难道他们就不会离散了吗？

这两句话是说，诚信是社会成员团结且和睦相处的纽带。社会成员之间讲诚信，坦诚相待，可以减少交往中的各种猜疑，有效地减少社会生活中的各种矛盾和摩擦，大大降低社会的运行成本。总之，良好的信用关系能够促成良好的社会风气的形成，进一步增强社会的凝聚力和向心力，有助于形成稳定有序的社会结构，从而推动社会的全面进步，实现和谐社会。

一百五十二

言必先信，行必中正。

——《礼记·儒行》

凡人所以立身行正，应事接物，莫大乎诚敬。诚者何？不自欺、不妄之谓也。敬者何？不怠①慢、不放荡之谓也。

——[南宋]李道传《朱子语类》

修身之要：言忠信，行笃②敬，惩忿窒③欲，迁善改过。

——[南宋]朱熹《白鹿洞书院提示》

释义 SHIYI

"言必先信，行必中正"出自《礼记·儒行》，原文是"儒有居处齐难，其坐起恭敬，言必先信，行必中正"，大意是：儒生日常起居庄重小心，他们坐下站起都很恭敬，讲话必以诚信为先，行为必定中正不偏。

"凡人所以立身行正，应事接物，莫大乎诚敬。诚者何？不自欺、不妄之谓也。敬者何？不怠慢、不放荡之谓也"出自《朱子语类》，大意是：一般来说，一个人在社会上立身做事，对待各种事物（待人接物），没有比诚和敬更重要的事了。什么叫诚呢？

---

① 怠（dài）：懒散；松懈。
② 笃（dǔ）：专注。
③ 窒（zhì）：阻塞不通。

不自己欺骗自己，不做不该做的事情。什么是敬呢？不对人怠慢，不恣意放任自己的行为。

"修身之要：言忠信，行笃敬，惩忿窒欲，迁善改过"出自《白鹿洞书院提示》，大意是：修身的要点包括说话要忠诚、信实，行为要笃实、恭敬，惩戒忿恨，消除贪欲，向好处去做，把过错改掉。

以上言论都是关于人修身的内容。一个人要十分注重说话以诚信为先，行为中正不偏，才能被人信任、有信誉，成为一个靠得住的人。

一百五十三

不宝金玉，而忠信以为宝。

——《礼记·儒行》

夫信者，人君之大宝也。国保于民，民保于信。非信无以使民。

——［北宋］司马光《资治通鉴》

"不宝金玉，而忠信以为宝"出自《礼记·儒行》，大意是：金玉并不值得宝贵，忠信才值得宝贵。

"夫信者，人君之大宝也。国保于民，民保于信。非信无以使民"出自《资治通鉴》，大意是：诚信，是国君最大的宝贝。国家被百姓保护，百姓被诚信保护。不讲信誉无法使人民服从。

人人讲诚信是维系人类社会平稳运行的关键，没有诚信的社会将到处充斥着尔虞我诈、钩心斗角，社会成员之间彼此不信任、以邻为壑，和谐相处只能是"镜中花、水中月"。

一百五十四

诚则形，形则著，著则明，明则动，动则变，变则化。唯天下至诚为能化。

——《礼记·中庸》

君子自知自信，了然不惑。

——［北宋］张载《横渠易说·系辞》

释义

"诚则形，形则著，著则明，明则动，动则变，变则化。唯天下至诚为能化"出自《礼记·中庸》，大意是：做到了真诚就会表现出来，表现出来就会逐渐显著，显著了就会发扬光大，发扬光大就会感动他人，感动他人就会引起转变，引起转变就能化育万物。只有天下最真诚的人能化育万物。

"君子自知自信，了然不惑"出自《横渠易说·系辞》，大意是：君子清楚自己的主张，又有信心，就不会为一些外力所干扰，所迷惑。

一百五十五

自诚明，谓之性。自明诚，谓之教。诚则明矣，明则诚矣。

——《礼记·中庸》

精诚所至，金石为开。

——［西汉］王充《论衡·感虚篇》

释义

"自诚明，谓之性。自明诚，谓之教。诚则明矣，明则诚矣"出自《礼记·中庸》，大意是：由内心真诚而自然明白道理，这叫作天性。由明白道理后再做到真诚，这叫作教育。内心真诚就会明白道理，明白道理后也就会变得真诚。

人或者天生具备诚的道德，或者后天修养而具备诚的道德，虽然两者不同，但功用却相通，最终的结果都是一样的。

"精诚所至，金石为开"出自《论衡·感虚篇》，大意是：人的诚心所致，能感动天地，使金石为之开裂。比喻只要专心诚意去做，什么疑难问题都能解决。

一百五十六

弓先调而后求劲，马先驯而后求良，人先信而后求能。

——［西汉］刘安《淮南子》

诚者天之道，敬者人事之本，敬则诚。

——［北宋］陈灏①《河南程氏遗书》

---

① 灏：读 hào。

释义

"弓先调而后求劲,马先驯而后求良,人先信而后求能"出自《淮南子》,大意是:弓箭先调试而后追求力量,骏马先看是否驯服,而后看是否优良;人应当先看是否讲信用,然后再看他的能力如何。这句话说明了诚信是识人的第一准则,有才无德比无才无德更加危险,所以我们不管是自身修炼还是结交朋友,都要以讲求诚信为先。

"诚者天之道,敬者人事之本,敬则诚"出自《河南程氏遗书》,大意是:诚实无欺是自然界的本质,有恭敬的态度是成就事业的根本,做到了敬就是诚。陈澔认为,诚敬是安身立命之本,是立身立德的根本途径。对任何事,只要你怀着一种恭敬的态度去对待,就有了诚意,就能把事做好。

一百五十七

两心不可以得一人,一心可得百人。

——[西汉]刘安《淮南子·缪称训》

以诚感人者,人亦诚而应。

——[北宋]程颐《程颐文集》

释义

"两心不可以得一人,一心可得百人"出自《淮南子·缪称训》,大意是:三心二意得不到一个知心的朋友,真心实意可交结到众多良友。

"以诚感人者,人亦诚而应"出自《程颐文集》,大意是:用真诚感动别人,别人也会用真诚来回应。

信任是人与人关系的基础,人在社会上如果不讲信用,肯定没有人愿意与其交往,更不会赢得别人的信任。这个信任是两方面的,一方面要信任对方,另一方面要对对方讲诚信,也就是说出去的话要掷地有声,让别人也信任自己。

一百五十八

水倍源则川竭,人背信则名不达。

——[西汉]刘向《说苑·谈丛》

多虚不如少实,广种不如狭收。

——[南宋]陈旉①《农书·财力之宜》

诚则是人,伪则是禽兽。

——[清]黄宗羲《黄宗羲全集·孟子师说》

释义 SHIYI

"水倍源则川竭,人背信则名不达"出自《说苑·谈丛》,大意是:如果河水没有源头,山川就会枯竭;如果人不讲信义,那么名声就不会通达。这句话是在阐明信誉的作用,要求人们坚守信用,不要做毁信的人。

"多虚不如少实,广种不如狭收"出自《农书·财力之宜》,大意是:大量的虚假抵不上少量的真实,大面积种植而低产不如小面积而高产。真实的收获就算再少,也比夸夸其谈的虚伪之术要有用得多,这就要求我们一定要务实求真,踏实做人。

"诚则是人,伪则是禽兽"出自《黄宗羲全集·孟子师说》,大意是:能做到诚信就是人,虚伪之辈无疑是(非人的)禽兽。只有人才具有诚信的美德,而禽兽则是不讲诚信的。禽兽为了生存相互间争夺食物和生存空间,弱肉强食是发自本能的。诚信是人和动物的区别之一,生而为人,就应该努力培养诚信的品德,不能为了个人的利益而危害他人,甚至触犯法律。

一百五十九

祸莫大于无信,无信则不知所亲;不知所亲则左右尽己之所疑,况天下乎?

——[西晋]傅玄《傅子·义信篇》

以信接人,天下信人;不以信接人,妻子疑之。

——[西晋]杨泉《物理论》

释义 SHIYI

"祸莫大于无信,无信则不知所亲;不知所亲则左右尽己之所疑,况天下乎"出自《傅子·义信篇》,大意是:祸害没有比不讲信义更大的了,不讲信义就无法知道什么人可以亲近;不知道什么人可以亲近,那么身边的人就都成了自己怀疑的对象,更何况天下其他人呢?

"以信接人,天下信人;不以信接人,妻子疑之"出自《物理论》,大意是:以诚

---

① 旉:读fū。

信的态度对人，天下人都会信任他；而不以诚信的态度对人，连妻儿都会怀疑他。只有以诚信待人，才会得到别人的信任。

这两句话说的都是人与人之间的互信。诚信待人作为一种维持社会正常秩序和交往、维护每个人正当利益的基本道德规范，对于人们社会生活的重要性不言而喻。如果社会中的个体和群体都具有诚信意识，都严守诚信道德底线，讲求立诚守信，那么就会形成诚信社会。在这样的社会环境中，人与人之间的冲突和矛盾就会减少，社会关系则走向稳定和谐，国家的凝聚力不断加强。

一百六十

书有刚柔比偶，乐有声器，礼有威信，物有规矩，事有度数，而性命、道德未有超然遗物而独立者也。

——［南宋］叶适《水心别集》

释义 SHIYI

书的内容有刚强的、柔弱的、排比的、对偶的，音乐有声乐、器乐，礼有威仪、信义，物有规和矩，事情有一定的度数，而一个人的性命、道德也没有超出社会而独立存在的。

人生活在世界上，不是超然物外的，要想真正做个对社会有所贡献的人，仅仅有知识是不够的，还必须有正确的价值观去指导，否则，知识越多越有可能滋生罪恶。而待人接物讲究诚信，正是培养人的高尚道德情操、指引人们正确处理各种关系的重要道德准则。个人以诚立身，就会做到公正无私、不偏不倚；讲求信用，就能守法、受约、取信于人，从而妥善处理好人与人、人与社会的关系，实现人生的价值。

一百六十一

以实待人，非惟益人，益己尤大。

——［南宋］杨简《慈湖遗书》

对人以诚信，人不欺我；对事以诚信，事无不成。

——［近代］冯玉祥

释义 SHIYI

"以实待人，非惟益人，益己尤大"出自南宋学者杨简，大意是：用诚信对待他人,不光对他人有利,对自己更加有益处。杨简认为,个人讲诚信不光有增强国民互信的功能,还有塑造个人品格、增进道德水准的作用,所以对自己修身养性更加有益处。

"对人以诚信,人不欺我;对事以诚信,事无不成"出自近代名人冯玉祥,大意是:做人要诚实,对人诚实则人对你也会诚实;做事讲信用,就没有办不成的事。

诚实守信是为人之本,从业之要。首先,做人是否诚实守信,是一个人品德修养状况和人格高尚的表现;其次,做人是否诚实守信,是能否赢得别人尊重和友善的重要前提条件之一。

一百六十二

不须犯一口说,不须着一意念,只凭真真诚诚行将去,久则自有不言之信,默成之孚。

——［明］吕坤《呻吟语》

不用急着表白,不用刻意思考,只要真诚做事,久而久之不用说别人都会相信你,会默认你是个有信用的人。

诚信,不需要说出来,而是要做出来。看一个人是否真正的诚信,不是看他是否每天将诚信挂在嘴上,而是观察他的行为,是否心口如一。我们要获得他人及社会的认可,也不需要急于用语言去影响他人的观感,而要坚持立身正,行事端,让他人心悦诚服。

一百六十三

凡出言,信为先。诈与妄,奚可焉。
话说多,不如少。惟其是,勿佞①巧。
刻薄语,秽②污词。市井气,切戒之。
见未真,勿轻言。知未的③,勿轻传。
事非宜,勿轻诺。苟轻诺,进退错。

——［清］李毓秀《弟子规》

---

① 佞（nìng）：惯于用花言巧语谄媚人。
② 秽（huì）：肮脏。
③ 的：读dí。

释义

凡是说出的话，首先要真实守信。说谎话骗人、胡言乱语都是不可以的。

说话多不如说话少，因为言多必有失。说的话要恰当在理、符合实际，千万不要花言巧语，否则人家只会讨厌你。

虚伪狡诈、尖酸刻薄、下流肮脏的话，千万不能说。阿谀奉承等粗俗的市侩习气，都要彻底戒除掉。

看到的事情没有弄清楚，不要随便乱说，轻易发表意见。听来的事情没有根据，不要随便乱传，以免造成不良后果。

对于自己认为不妥当的事情，不能随便地答应别人。假如你轻易许诺，就会进退两难。

信用是成功阶梯的第一步，人无信则不立。言语行为当中能守信，就已经奠定了一个人今后在社会上好的发展基础。假如我们不守信，还要找一些借口，来掩饰自己的失信，那你的名声就会愈来愈差。许诺是一件非常严肃认真的事，对办不到的事情或不应办的事情，千万不能轻易答应，一旦许诺，就要千方百计地去兑现。

一百六十四

方今中国所短者，不在智谋而在贞信，不在权术而在公廉。则惟有道德者可以获胜。

——［近代］章太炎《革命之道德》

释义

当今中国所短缺的，不在于智慧谋略，而在于不讲求节操、信义；不在于权术手段，而在于缺少为公、廉洁的品德。（而这一切缺少的部分）只有提高道德素质才能够做到。

"信，国之宝也"，即信用是国家的重宝。信誉建立，比城池建造更难，建立之后的维持亦难，信诺百事可能才筑造起一道信任的高墙，但毁诺一事就可颠覆信任的根基。国之信，重九鼎，对内，民无信不立，对外，国无信不威。诚信，既是社会主义核心价值观的重要内涵，也是中国传统文化所追求的目标。"人与人交往在于言而有信，国与国相处讲究诚信为本。"诚信不仅是个人安身立命之本，更是齐家立业之道、治国理政之基。现如今中国特色社会主义进入了继往开来的新时代，引导青年大学生培育和践行社会主义诚信价值观，不仅是落实高校立德树人根本任务的内在要求，也事关中华民族的伟大复兴。

一百六十五

千教万教，教人求真；千学万学，学做真人。

——［近代］陶行知《陶行知教育名言》

内不欺己，外不欺人。

——［近代］弘一大师《格言别录白话赏析》

 释 义 SHIYI

"千教万教，教人求真；千学万学，学做真人"出自近代著名教育家陶行知，指的是教师的任务是"千教万教，教人求真"，学生的任务是"千学万学，学做真人"。这个理论概括来说就是"生活即教育，社会即学校，教学做合一"。

陶行知认为，生活和教育是分不开的，过什么生活就是受什么教育。再回到这句话本身，"真人"可以理解为真实的人，联系到生活教育理论中就是指活在真实生活中，受到真实生活教育的人。这句话就是说，教师要教出一个真实的、活在生活里的人，学生要学成一个追求真实的人。

"内不欺己，外不欺人"出自近代著名高僧弘一大师，指的是对内不欺骗自己，对外不欺骗他人，知行合一、言行一致，率意真诚，始终人前人后一个样。

第二章 仁 爱

一百六十六

君子务本,本立而道生。孝弟①也者,其为仁之本与②!

——[春秋]《论语·学而》

弟子入则孝,出则弟,谨而信,泛爱众,而亲仁。

——[春秋]《论语·学而》

巧言令色,鲜③矣仁。

——[春秋]《论语·学而》

释义

"君子务本,本立而道生。孝弟也者,其为仁之本与"出自《论语·学而》,大意是:君子应该专注于一件事情的根本,只有专注于根本才能养成做人治国的原则,孝敬父母尊敬兄长是做人的根本道理啊。

孝悌思想是千百年来中国社会维系家庭关系的道德准则,是为人立身之本,是家庭和睦之本,是国家安康之本。孔子采用举例的方式层层递进,来说明"仁"对于人的重要性。

"弟子入则孝,出则弟,谨而信,泛爱众,而亲仁"出自《论语·学而》,大意是:弟子们在父母跟前,就孝顺父母;出门在外,要顺从师长,言行要谨慎,要诚实可信,寡言少语,要广泛地去爱众人,亲近那些有仁德的人。

"巧言令色,鲜矣仁"出自《论语·学而》,大意是:花言巧语,伪装出一副和善

---

① 弟(tì):通"悌"。
② 与(yú):通"欤"。
③ 鲜(xiǎn):少的意思。

的面孔，这种人很少是仁德的。巧言令色就是利用花言巧语去迷惑、取悦他人的行径。孔子之所以痛斥花言巧语，一方面是因为他看到花言巧语的丑恶本质，另一方面，则是那些听信花言巧语的人往往会上当受骗，进而遭受事业的挫败，造成严重的社会后果。孔子此语，意在告诫他的弟子，无论是做人还是做事，都应真诚坦荡。要在言行上服从于真善的准则，不去刻意地追求外在的装饰。

一百六十七

博学而笃志，切问而近思，仁在其中矣。

——［春秋］《论语·子张》

知①者不惑，仁者不忧，勇者不惧。

——［春秋］《论语·子罕》

夫仁者，己欲立而立人，己欲达而达人。

——［春秋］《论语·雍也》

"博学而笃志，切问而近思，仁在其中矣"出自《论语·子张》，大意是：博览群书广泛学习，而且能专心致志，恳切地发问，多考虑当前的事，仁德也就在其中了。

孔子把"仁"作为最高的道德原则、道德标准和道德境界，他是第一个把整体的道德规范集于一体，形成了以"仁"为核心的伦理思想结构的人。

"知者不惑，仁者不忧，勇者不惧"出自《论语·子罕》，大意是：有智慧的人不会迷惑，有仁德的人不会忧愁，勇敢的人不会畏惧。在儒家传统道德中，智、仁、勇是重要的三个范畴。《礼记·中庸》说："知、仁、勇，三者天下之达德也。"孔子希望自己的弟子能具备这三德，成为真正的君子。

"夫仁者，己欲立而立人，己欲达而达人"出自《论语·雍也》，大意是：一个有仁义的人，就是要想自己站得住，也要帮助他人一同站得住；要想自己过得好，也要帮助他人一同过得好。仁爱之人，应该不断地提升自己，让自己具备帮助他人的能力，并且乐于帮助需要帮助的人。如果能够做到"乐于助人"，也就做到了"仁"，同样体现"仁"的思想。

---

① 知（zhī）：通"智"。

一百六十八

临之以庄，则敬；孝慈，则忠；举善而教不能，则劝①。

——［春秋］《论语·为政》

居处恭，执事敬，与人忠。

——［春秋］《论语·子路》

释义 SHIYI

"临之以庄，则敬；孝慈，则忠；举善而教不能，则劝"出自《论语·为政》，原文为：

季康子问："使民敬、忠以劝，如之何？"

子曰："临之以庄，则敬；孝慈，则忠；举善而教不能，则劝。"

大意是：

季康子问道："要使老百姓恭敬、忠诚和勤勉，应该怎样做呢？"

孔子说："执政者在老百姓面前庄重，老百姓就会恭敬；执政者孝顺父母，爱护幼小，老百姓就会忠诚；执政者提拔好人，教育能力弱的人，老百姓就会勤勉。"

"居处恭，执事敬，与人忠"出自《论语·子路》，原文是：

樊迟问仁。子曰："居处恭，执事敬，与人忠。虽之夷狄，不可弃也。"

大意是：

樊迟问怎样才是仁。孔子说："平常在家规规矩矩，办事严肃认真，待人忠心诚意。即使到了夷狄之地，也不可背弃。"

一百六十九

仲弓问仁，子曰："出门如见大宾，使民如承大祭。己所不欲，勿施于人。在邦无怨，在家无怨。"仲弓曰："雍虽不敏，请事斯语矣。"

——［春秋］《论语·颜渊》

释义 SHIYI

仲弓问孔子关于仁的事情。孔子说："出门办事如同会见贵宾，态度要认真；役使

---

① 劝：勉励。这里是自勉努力的意思。

百姓如同承办重大的祭祀活动，要谨慎、严肃地对待。自己不愿意做的，不愿意接受的事情，不要施加在别人身上。在诸侯国做官，不会招致别人的怨恨，在卿大夫家做事，不会招致别人的怨恨。"仲弓说："我虽然不聪敏，请让我按照老师这些话来做吧。"

孔子告诉仲弓"出门如见大宾"，就是说出门工作要像去会见重要的宾客一样，严肃认真。现代社会中，每个人都有自己的本职工作，工作是一个人的安身立命之本。所以，不管是领导也好，普通职员也罢，要想有所成就，敬业，也就是认真地对待本职工作，是最基本的要求。

接下来，孔子又告诉了我们另一个重要的做事原则，也就是"使民如承大祭"。这句话的意思是说，治理百姓要像承担重大祭奠一样。这句话放到现在就是说一个人一定要有强烈责任感，克勤克敬。只有具有强烈的责任感，才能赢得别人尊重和信任，从而凝聚力量、推动事业的发展。

孔子所说的"己所不欲，勿施于人"是启示人们要推己及人，自己不愿意去做的事也不要强求别人去做。孔子的这段话，核心是一个"敬"，如果能理解这一点，就能做到任劳任怨，而不会怨天尤人。

一百七十

司马牛问仁，子曰："仁者，其言也讱①。"曰："其言也讱，斯谓之仁已乎？"子曰："为之难，言之得无讱乎？"

——[春秋]《论语·颜渊》

司马牛问什么是仁，孔子说："仁人，他的言语显得谨慎。"司马牛说："言语谨慎，这就可以称作仁了吗？"孔子说："做起来难，说话能不谨慎吗？"

孔子因材施教，因为司马牛多言而浮躁，所以孔子特别针对他这一缺点，告诉他说话要和缓谨慎，少说话多行动，强调言行一致的重要性。

一百七十一

樊迟问仁，子曰："爱人。"问知，子曰："知人。"樊迟未达，子曰："举直错诸

---

① 讱（rèn）：（言语）谨慎。

枉，能使枉者直。"

樊迟退，见子夏，曰："乡①也吾见于夫子而问知，子曰：'举直错诸枉，能使枉者直'，何谓也？"子夏曰："富哉言乎！舜有天下，选于众，举皋陶②，不仁者远矣。汤有天下，选于众，举伊尹，不仁者远矣。"

——［春秋］《论语·颜渊》

樊迟问什么是仁，孔子说："爱人。"又问什么是智，孔子说："知人。"樊迟没有明白是什么意思，孔子解释说："把正直的人提拔到不正直的人之上，能够使不正直的人也正直起来。"

樊迟从老师那里出来以后，又去见子夏，对他说："刚才我去请教老师什么叫智，老师说：'把正直的人提拔到不正直的人之上，能够使不正直的人也正直起来。'这是什么意思呢？"子夏说："这是含义非常深刻的话呀！比如说，舜帝有了天下，在众人之中提拔了皋陶，那些不正直的人就靠边站了；商汤王有了天下，在众人之中提拔了伊尹，那些不正直的人也就靠边站了。"

在这段话里，孔子提出从政者要亲贤远佞的思想。

一百七十二

君子以文会友，以友辅仁。

——［春秋］《论语·颜渊》

君子和而不同，小人同而不和。

——［春秋］《论语·子路》

君子之爱人也以德，细人之爱人也以姑息。

——《礼记·檀弓》

"君子以文会友，以友辅仁"出自《论语·颜渊》，大意是：君子以文章学问来结交朋友，依靠朋友帮助自己培养仁德。这句话是孔子的弟子曾子说的，曾子继承了孔子的思想，主张以文章学问作为结交朋友的手段，以互相帮助培养仁德作为结交朋友

---

① 乡（xiàng）：同"向"，之前的意思。
② 皋陶（gāo yáo）：舜时的贤人。

的目的。

"君子和而不同，小人同而不和"出自《论语·子路》，大意是：君子讲求和谐而不同流合污，小人只求完全一致，而不讲求协调。"和而不同"是孔子思想体系中的重要组成部分。君子可以与他周围的人保持和谐融洽的关系，但他对待任何事情都必须经过自己大脑的独立思考，从来不愿人云亦云，盲目附和；但小人则没有自己独立的见解，只求与别人完全一致，反而对事情毫无帮助。

"君子之爱人也以德，细人之爱人也以姑息"出自《礼记·檀弓》，大意是：君子对人好（特指朋友）是以自己的德行感化他，而小人对人好（也指朋友）却是以自己对朋友错误的姑息来偏袒。成语"爱人以德"和"姑息养奸"源出于此。这句话提出了朋友的标准是什么。我们认为，好朋友的标准应该是正直、诚信、宽容、知识广博，有错误当面指出，而坏朋友的标准是谄媚逢迎，表面奉承而背后诽谤，善于花言巧语，对朋友过失偏私偏爱。

一百七十三

子曰："盍①各言尔志？"子路曰："愿车马衣轻裘②与朋友共，敝之而无憾。"颜渊曰："愿无伐③善，无施④劳。"子路曰："愿闻子之志。"子曰："老者安之，朋友信之，少者怀之。"

——［春秋］《论语·公冶长》

释义 SHIYI

孔子说："你们何不各自说说自己的志向？"子路说："我愿意拿出自己的车马、衣服、皮袍，同我的朋友共同使用，用坏了也不抱怨。"颜渊说："我愿做到不夸耀自己的好处，不宣扬自己的功劳。"子路向孔子说："愿意听听您的志向。"孔子说："（我的志向是）让年老人的安心，让朋友们信任我，让年少者得到关怀。"

在这段话里，孔子及其弟子们自述志向，主要谈的还是个人道德修养及人为处世的态度。孔子重视培养"仁"的道德情操，从各方面严格要求自己和学生。从这段话里可以看出，只有孔子的志向最接近于"仁德"，显出他广大的胸怀。孔子的志向可以作为人们的志向和修养的目标，也可以作为统治者施行仁政的具体要求。

① 盍：读 hé。
② 裘：读 qiú。
③ 伐：夸耀。
④ 施：张大，夸大。

一百七十四

巧言乱德。小不忍，则乱大谋。

——［春秋］《论语·卫灵公》

多行不义，必自毙。

——［春秋］左丘明《左传·隐公元年》

释义 SHIYI

"巧言乱德。小不忍，则乱大谋"出自《论语·卫灵公》，大意是：花言巧语能败坏德行。小事不能忍耐就会败坏大事情。这里有两个关系，一个是言与德的关系，一个是小与大的关系；而这两个关系又是相互联系的，花言巧语可以败坏道德，细小的不当行为可以扰乱宏大的事业规划。

"多行不义，必自毙"出自《左传·隐公元年》，大意是：坏事干多了，必定自取灭亡。古往今来，凡是作恶的人，搞阴谋诡计的人，违法乱纪的人，都没有好下场，最终会搬起石头砸自己的脚。

一百七十五

恭、宽、信、敏、惠。恭则不侮，宽则得众，信则人任焉，敏则有功，惠则足以使人。

——［春秋］《论语·阳货》

孝、弟、忠、顺之行立，而后可以为人。

——《礼记·冠义》

释义 SHIYI

"恭、宽、信、敏、惠。恭则不侮，宽则得众，信则人任焉，敏则有功，惠则足以使人"出自《论语·阳货》，大意是：庄重、宽厚、诚实、勤敏、慈惠（是五种美德）。庄重就不致遭受侮辱，宽厚就会得到众人的拥护，诚信就能得到别人的任用，勤敏就会提高工作效率，慈惠就能够使人听从。

"孝、弟、忠、顺之行立，而后可以为人"出自《礼记·冠义》，大意是：孝敬父母、敬爱兄长、忠于国君、顺从长上的德行确立，而后才可以成为人。这是古代对行冠礼的人的嘱咐。举行冠礼就是要提示行冠礼者：从此将由家庭中毫无责任的"孺子"

转变为正式跨入社会的成年人，只有能履践孝、悌、忠、顺的德行，才能成为合格的社会角色。只有这样，才可以称得上是社会人，也才能继承和发扬华夏礼仪文明。

一百七十六

父兮生我，母兮鞠①我。拊②我畜③我，长我育我，顾我复我，出入腹我。欲报之德，昊④天罔极⑤！

——［春秋］《诗经·小雅·蓼⑥莪⑦》

SHIYI

爹爹呀你生下我，妈妈呀你喂养我。你们护我疼爱我，养我长大培育我，想我不愿离开我，出入家门怀抱我。想报爹妈大恩德，老天降祸难预测！

《小雅·蓼莪》是中国古代第一部诗歌总集《诗经》中的一首诗，抒发了作者因父母去世而不得供养父母的痛极之情。在诗中，作者一一叙述父母对"我"的养育抚爱，语拙情真，言真意切，絮絮叨叨，不厌其烦，声促调急，确如哭诉一般。这首诗最后两句，诗人因不得奉养父母，报大恩于万一，痛极而归咎于天，责其变化无常，夺去父母生命，致使"我"欲报不能！

子女赡养父母，孝敬父母，本是中华民族的美德之一，实际也应该是人类社会的道德义务，而此诗则是以充沛情感表现这一美德的最早的文学作品，对后世影响极大。

一百七十七

亲亲而仁民，仁民而爱物。

——［战国］孟子《孟子·尽心上》

老吾老，以及人之老；幼吾幼，以及人之幼。

——［战国］孟子《孟子·梁惠王上》

---

① 鞠（jū）：喂养。
② 拊（fǔ）：通"抚"。
③ 畜（chù）：通"慉"，喜爱。
④ 昊（hào）：广大的。
⑤ 罔（wǎng）极：无穷尽。
⑥ 蓼（lù）：形容植物高大。
⑦ 莪（é）：一种草，即莪蒿。

民，吾同胞；物，吾与也。尊高年所以长其长，慈孤弱所以幼其幼。

——［北宋］张载《正蒙·乾称》

 SHIYI

"亲亲而仁民，仁民而爱物"出自《孟子·尽心上》，大意是：亲爱亲人而仁爱百姓，仁爱百姓而爱惜万物。对于亲人之爱，是一种以血缘关系为纽带的亲爱，是爱中最自然最亲密的一个层次。当你能够亲爱亲人时，就有可能推己及人地去仁爱百姓；只有当你能够仁爱百姓时，才有可能爱惜万物。不然的话，就会成了无源之水，无本之木，是不可能维系下去的。

"老吾老，以及人之老；幼吾幼，以及人之幼"出自《孟子·梁惠王上》，大意是：尊敬自己的老人，进而推广到尊敬别人家的老人；爱护自己的孩子，进而推广到爱护别人家的孩子。孟子王道仁政的基本内涵是关心百姓的福利，为人民提供生活、生产的基本条件，他在各种场合反复阐述这一主张。

"民，吾同胞；物，吾与也。尊高年所以长其长，慈孤弱所以幼其幼"出自《正蒙·乾称》，大意是：（天下的）人民，都是我的同胞；（天下的）万物，都与我关系密切。尊重老年人，以天下的长辈为我的长辈；对孤独、幼小、纤弱的人应该加以爱护，以天下的晚辈为我的晚辈。这句话体现出了张载心系苍生、胸怀天下的责任意识和精神追求。

一百七十八

离娄①之明，公输子②之巧，不以规矩③，不能成方圆；师旷④之聪，不以六律⑤，不能正五音⑥；尧、舜之道，不以仁政，不能平治天下。

——［战国］孟子《孟子·离娄上》

 SHIYI

离娄眼神好，公输班技巧高，但如果不使用圆规曲尺，也不能画出方、圆；师旷

---

① 离娄：相传是黄帝时目力极强的人。
② 公输子：即鲁班，春秋末年的著名巧匠。
③ 规矩：规，圆规，是画圆的工具；矩，曲尺，是画方的工具。
④ 师旷：春秋时的著名乐师，生而目盲，善辨音乐。
⑤ 六律：概称定音律管。
⑥ 五音：古代以宫、商、角、徵、羽为音阶。

耳力聪敏，但如果不依据六律，也不能校正五音；虽有尧舜的学说，如果不施行仁政也不能使天下太平。

孟子通过离娄、公输子、师旷、尧舜的例子，从多方面强调，成就事业、治理国家需要一定的法则，即原则性问题，就是国君要具有一颗仁义之心，施行仁政。

一百七十九

三代之得天下也以仁，其失天下也以不仁。国之所以废兴存亡者亦然。

——［战国］孟子《孟子·离娄上》

不信仁贤，则国空虚；无礼义，则上下乱；无政事，则财用不足。

——［战国］孟子《孟子·尽心下》

   SHIYI

"三代之得天下也以仁，其失天下也以不仁。国之所以废兴存亡者亦然"出自《孟子·离娄上》，大意是：夏、商、周三代得到天下是由于仁，他们失去天下是由于不仁。国家之所以兴盛或衰落、生存或灭亡也是如此。在传统社会，治理主要是政府的治国理政。孟子发展了孔子"仁"的观点，明确提出仁政的主张，认为统治者应该施仁政，否则社会就会生乱。

"不信仁贤，则国空虚；无礼义，则上下乱；无政事，则财用不足"出自《孟子·尽心下》，大意是：不信任仁人贤士，国家实力就会空虚；没有礼义，上下等级关系就会混乱；没有施政管理，国家财用就会不足。在"仁贤""礼义""政事"这三项中，"仁贤"对于国家来说最为重要，因为"礼义"由"仁贤"出，"政事"也是由"仁贤"出。国家信任与重用品德高尚的贤能之才，这样的国家才有力量；反之，若国家被没有品德、没有才能的人充斥着，这样的国家就会礼义败坏、政事混乱，也就不可能有力量。

一百八十

爱人不亲，反其仁；治人不治，反其智；礼人不答，反其敬。行有不得者，皆反求诸己；其身正，而天下归之。

——［战国］孟子《孟子·离娄上》

仁，人之安宅也；义，人之正路也。

——［战国］孟子《孟子·离娄上》

仁者天下之表也，义者天下之制也。

——《礼记·表记》

释义 SHIYI

"爱人不亲，反其仁；治人不治，反其智；礼人不答，反其敬。行有不得者，皆反求诸己；其身正，而天下归之"出自《孟子·离娄上》，大意是：爱别人，却得不到别人亲近，就要反过来问自己是否仁爱；管理别人，却管理不好，就要反过来问自己是否明智；礼待他人，却得不到别人回应，就要反过来问自己是否够恭敬。凡是所做的事情得不到应有的效果，都应该从自身找原因，自身端正了，天下的人自然就会归服他。儒家思想认为，君子在任何环境与境遇中都应端正自己的行为，做自己该做的事情，遇到问题首先要从自己身上寻找原因，无怨无尤。

"仁，人之安宅也；义，人之正路也"出自《孟子·离娄上》，大意是：仁是人们安适的精神住宅，义是人们行为最正确的道路。

"仁者天下之表也，义者天下之制也"出自《礼记·表记》，大意是：施行仁的人是天下人的表率，讲求义的人为天下定下规制。仁和义是中国古代一种含义极广的道德观念，其核心指人与人相互亲爱讲义气。孔子以之作为最高的道德标准。

一百八十一

万物皆备于我矣。反身而诚，乐莫大焉。强恕而行，求仁莫近焉。

——［战国］孟子《孟子·尽心上》

仁也者，人也。合而言之，道也。

——［战国］孟子《孟子·尽心下》

释义 SHIYI

"万物皆备于我矣。反身而诚，乐莫大焉。强恕而行，求仁莫近焉"出自《孟子·尽心上》，大意是：天地万物我都能够思考、认识，反躬自问，我所认识的一切都是诚实无欺的，所以非常快乐。努力按推己及人的恕道去做，求仁的道路没有比这更近的了。

"仁也者，人也。合而言之，道也"出自《孟子·尽心下》，大意是：仁的意思，就是人。把仁与人合起来讲，就是做人的正道。

一百八十二

仁言不如仁声之入人深也，善政不如善教之得民也。善政，民畏之；善教，民爱之。善政得民财，善教得民心。

——［战国］孟子《孟子·尽心上》

仁德的言辞不如仁德的声望深入人心，良好的政治不如良好的教育能获得民心。良好的政治，百姓畏惧它；良好的教育，百姓乐于接受它。良好的政治能聚敛到百姓的财富，良好的教育能赢得民心的拥护。

法家重政令法治，儒家重教育德治。政令法治治人，教育德治治心。治人人畏，治心心服。以儒者的眼光来看，心服才是真服。因此，法治是不得已而为之，德治才是根本所在。"百年大计，教育为本"，这是德治。"严厉打击刑事犯罪活动"，这是法治。德治、法治双管齐下，天下才能大治。

一百八十三

君子有三乐，而王天下不与存焉。父母俱存，兄弟无故，一乐也；仰不愧于天，俯不怍①于人，二乐也；得天下英才而教育之，三乐也。

——［战国］孟子《孟子·尽心上》

君子有三大乐事，但统治天下的王业不包括在内。父母都健在，兄弟都安康，一乐也；上不愧对于天，下不愧对于地，二乐也；能够选拔天下的青年才俊予以培养教育，三乐也。

孟子认为的人生快乐有三：一乐家庭平安，二乐心地坦然，三乐教书育人。这种极致的快乐，是比称王称霸更让人心动的。

---

① 怍（zuò）：惭愧。

一百八十四

人皆有所不忍，达之于其所忍，仁也；人皆有所不为，达之于其所为，义也。

——［战国］《孟子·尽心下》

爱人者，人恒爱之；敬人者，人恒敬之。

——［战国］《孟子·离娄下》

释义 SHIYI

"人皆有所不忍，达之于其所忍，仁也；人皆有所不为，达之于其所为，义也"出自《孟子·尽心下》，大意是：人人都有不忍心干的事，把它推及他所忍心去干的事上，就是仁；人人都有不肯去干的事，把它推及他所肯干的事上，就是义。如果从纯粹趋利的角度来看，人都有趋利避害之心，对于自己没有什么好处的事情，就不会也不愿意去做，就像杨朱"拔一毛而利天下，不为也"。如果整个社会的人，都是这样的自私，都只希望各管各，甚至明明有机会有能力就是见死不救，那么这样的社会就很可怕。因此一个正常的社会，所有人心中一定要有仁爱，一定要有良知。

"爱人者，人恒爱之；敬人者，人恒敬之"出自《孟子·离娄下》，大意是：爱别人的人，别人也会爱他；尊敬别人的人，别人也会尊敬他。

人与人之间的情感，是相互的。你怎样对待别人，别人就会怎样对待你。倘若你冷若冰霜，别人又如何笑容可掬？倘若你锱铢必较，别人又如何宽厚相待？不懂得珍惜的人，失去的不仅仅是一份情意，还有人生路上的互相帮扶，还有做人的准则。

一百八十五

仁者无敌。

——［战国］孟子《孟子·梁惠王上》

为政在人，取人以身，修身以道，修道以仁。

——《礼记·中庸》

仁于他物，不仁于人，不得为仁。

——［战国］吕不韦《吕氏春秋·爱类》

释义 SHIYI

"仁者无敌"出自《孟子·梁惠王上》，大意是：施行仁政的人是无敌于天下的。

"为政在人，取人以身，修身以道，修道以仁"出自《礼记·中庸》，大意是：施行善政要得贤臣，得贤臣必须先修正自身，修正自身必须加强自己道德品质，加强道德品质必须以仁为首。

"仁于他物，不仁于人，不得为仁"出自《吕氏春秋·爱类》，大意是：对其他事物仁爱，却不知对人仁爱，不能叫作仁爱。

一百八十六

仁，人心也；义，人路也。舍其路而弗由，放其心而不知求，哀哉！

——［战国］《孟子·告子上》

仁之法在爱人，不在爱我；义之法在正我，不在正人。

——［西汉］董仲舒《春秋繁露·仁义法》

释义 SHIYI

"仁，人心也；义，人路也。舍其路而弗由，放其心而不知求，哀哉"出自《孟子·告子上》，大意是：仁，是人心最本质的特征；义，是人应该选择的道路。放弃了应该走的道路不走，丢失了最本质的特征却不知道寻求，真是悲哀啊！

"仁之法在爱人，不在爱我；义之法在正我，不在正人"出自《春秋繁露·仁义法》，大意是：仁的法则在于爱别人，而不是爱自己；义的法则在于端正自己，而不是端正别人。

仁与义的关系，是解读中国道德哲学不可回避的重要问题。董仲舒强调"仁在爱人，义在正我"，认为"仁"的对象是他人，"义"的对象是自己，"仁"的重心在爱人，"义"的重心在正己。推行仁爱的方法，在于爱他人，而不是爱自己；推行道义的方法，首先应该严格要求自己，而不在于苛求他人。在日常生活中，要用仁爱的德行来对待别人，用道义的规范来约束自我，严于律己，宽以待人。只有严格地要求自己，宽容地对待他人，才能不断地磨砺自己的个人品质，从而保持身心的平衡，与他人、社会相和谐。

一百八十七

君子贤其贤而亲其亲，小人乐其乐而利其利。

——《礼记·大学》

德高莫高于博爱人，为政莫高于博利人。

——［西汉］贾谊《新书·修正语上》

释义 SHIYI

"君子贤其贤而亲其亲,小人乐其乐而利其利"出自《礼记·大学》,大意是:君子推重先王的贤德,热爱创立基业的前代亲人,小人也享受到先王遗留下来的安乐,获得了他所留给的利益,因此前代贤王永远不会被忘记。

"德高莫高于博爱人,为政莫高于博利人"出自《新书·修正语上》,大意是:道德的至高之处莫过于对人普遍施爱,当政者最高的治理方式莫过于对广大人民有利。

这两句话是说,当政者必须为民谋利,才能够让民众对他信服,并一直记住他的恩德。

一百八十八

知、仁、勇三者,天下之达德也,所以行之者,一也。或生而知之,或学而知之,或困而知之,及其知之,一也;或安而行之,或利而行之,或勉强而行之,及其成功,一也。子曰:"好学近乎知,力行近乎仁,知耻近乎勇"。知斯三者,则知所以修身;知所以修身,则知所以治人;知所以治人,则知所以治天下国家矣。

——《礼记·中庸》

释义 SHIYI

智、仁、勇,这三者是天下的大德行。至于这三种德行的实施,道理都是一样的。比如说,有的人生来就知道它们,有的人通过学习才知道它们,有的人要遇到困难后才知道它们,但只要他们最终都知道了,也就是一样的了。又比如说,有的人自觉自愿地去实行它们,有的人为了某种好处才去实行它们,有的人勉勉强强地去实行,但只要他们最终都实行起来了,也就是一样的了。孔子说:"喜欢学习就接近了智,努力实行就接近了仁,知道羞耻就接近了勇。"知道这三点,就知道怎样修养自己,知道怎样修养自己,就知道怎样管理他人,知道怎样管理他人,就知道怎样治理天下和国家了。

一百八十九

仁、义、礼、智四者,动、静、言、貌、视、听无违之谓纯。心纯则贤才辅,贤才辅则天下治。

——[北宋]周敦颐《通书·治》

释义 SHIYI

仁、义、礼、智四项品德，动、静、言、貌、视、听几方面，都不违背规定的做法叫作纯。只有心灵纯洁，贤才才能辅佐你；只有贤才辅佐，才能天下大治。

"仁义礼智"是儒家"五常"（即"仁""义""礼""智""信"）的核心部分。这"五常"贯穿于中华伦理的发展中，成为中国价值体系中的最核心因素。周敦颐指出："天道行而万物顺，圣德修而万民化。"在周敦颐看来，心纯能得到贤才的辅佐，有了贤才的辅佐就能平天下，因此，要特别重视纯心和用贤。

一百九十

树欲静而风不止，子欲养而亲不待。

——《孔子家语·致思》

身体发肤，受之父母，不敢毁伤，孝之始也。

——《孝经》

释义 SHIYI

"树欲静而风不止，子欲养而亲不待"出自《孔子家语·致思》，大意是：树希望静止不摆，风却不停息；子女想赡养父母，父母却已离去。

时间的流逝是不随个人意愿而停止的，子女行孝要及时，趁父母健在的时候关心关爱他们，而不要等父母去世后才追悔莫及。

"身体发肤，受之父母，不敢毁伤，孝之始也"出自《孝经》，大意是：人的躯干四肢、毛发皮肤，都是父母赋予的，不敢予以损毁伤残，这是实行孝道的开始。

早在几千年前，孔子就把爱惜自己的身体和行孝联系起来。今天，我们所提倡的敬畏生命、珍爱健康，正是这种精神的延续。至于那些轻生厌世的行为，自伤自残，就是随意糟蹋父母所给予的宝贵生命，给自己和亲人带来痛苦和伤害，是对自己、对亲人、对社会极不负责的表现。

一百九十一

后汉黄香，字文疆，年九岁，失母，思慕惟切，乡人皆称其孝。躬执勤苦，事父尽孝,夏天暑热,扇凉其枕簟①;冬天寒冷,以身温其被席。太守刘护表而异之。

——[元]郭居敬《二十四孝·扇枕温衾》

东汉时期的黄香,九岁时失去母亲,长久思念,孝心感动邻居。他小小年纪就帮助家里做事,对待父亲也是很有孝心。夏天酷热,他就先为父亲扇凉席子;冬天酷寒,他就先用自己的身体温暖被窝。当地太守十分欣赏他。

孝道维系着家庭伦理秩序,也构筑了国家道德基础。孝文化在我国传统文化中,占据了十分重要的地位,广为流传的二十四孝,就是其中的典型代表。当前我国已进入老龄化社会,在家庭养老仍占主导的情况下,子女孝顺与否更是事关老年人的晚年福祉。当然,随着时代的进步,我们今天要尽孝,早已不需要像古人"卖身葬父""行佣供母""卧冰求鲤""恣蚊饱血"那般悲情,新世纪以来,国家颁布了"当代中国24孝",新"24孝"更简洁易懂,朗朗上口,而且可行性很高,不仅体现了时代性,还具有一定创新意义。

一百九十二

周曾参,字子舆,孔子弟子,事母至孝。参尝采薪②山中,家有客至,母无措,望参不还,乃啮③其指。参忽心痛,负薪以归,跪问其故,母曰:"有急客至,吾啮指以悟汝尔。"

——[元]郭居敬《二十四孝·啮指心痛》

春秋时期鲁国的曾参,字子舆(孔子的得意弟子,世称曾子),侍奉母亲极其孝敬。(家贫,经常自己入山打柴)一次,曾参又进山砍柴去了,突然家里来了客人,他母亲不知所措,就站在门口望着大山希望曾子回来,许久不见归来就用牙咬自己的手指。正在山里砍柴的曾参忽然觉得心口疼痛,便赶紧背着柴返回家中,跪问母亲为什么召唤他,母亲说:"家里突然来了不速之客,我咬手指是提醒你快回来。"

这件事赞扬的是曾参奉母至孝而与母亲心有灵犀,但多少有些唯心主义的味道,

---

① 簟(diàn):竹席。
② 薪(xīn):木柴。
③ 啮(niè):咬。

而且刻意用咬手指的方式提醒儿子回来，显然是有些迂腐的。处于21世纪的我们，应该多多与家人沟通交流，了解长辈的意图。

一百九十三

伤人一语，利于刀割。

——［明］周希陶《增广贤文》

处世让一步为高，待人宽一分是福。

——［明］洪应明《菜根谭》

人有短，切莫揭；人有私，切莫说。

——［清］李毓秀《弟子规》

  SHIYI

"伤人一语，利于刀割"出自《增广贤文》，大意是：一句伤人心的话，给他人带来的痛苦就跟被刀割伤了一样。

俗话说：良言一句三冬暖，恶语伤人六月寒。说话这件事，如果只一味站在自己的角度上表达，不顾忌别人的感受，这种"表达"不但伤人，也必然会给自己招来灾祸，"祸从口出"就是这么来的。

"处世让一步为高，待人宽一分是福"出自《菜根谭》，大意是：为人处世让别人一步，是明智之举，让一步就等于为进一步留下了余地；对待他人宽厚一点是为自己积福，善待他人，实际上是为受到他人善待奠定了基础。

"人有短，切莫揭；人有私，切莫说"出自《弟子规》，大意是：别人有缺点，不要去揭穿，对于他人的隐私，切忌去张扬。

每个人都有自尊，我们自己不想自尊、面子受到侮辱，那我们也不能够这样对待别人。如果把别人的短处、隐私揭露出来，这样做就跟人家结怨了，自己也把德行败坏了，伤和气又伤厚道，有智慧的人怎么会去干这种傻事呢？当然，我们也要辩证地看待这句话，如果对方有违法犯罪的现象发生，我们就必须要大胆揭发举报，与恶势力作斗争。

一百九十四

责人之心责己，恕己之心恕人。

——［明］周希陶《增广贤文》

知己知彼，将心比心。

——［明］周希陶《增广贤文》

用人不宜刻，刻则思效者去；交友不宜滥，滥则贡谀①者来。

——［明］洪应明《菜根谭》

释义

"责人之心责己，恕己之心恕人"出自《增广贤文》，大意是：用苛求和责备别人的心来要求、反省自己；用宽恕、体谅自己的心去宽容体谅别人。

"知己知彼，将心比心"出自《增广贤文》，大意是：知道自己怎么想的，也应该知道别人是怎样想的，所以要用自己的心，体谅别人的心，设身处地为别人着想。

这两句旨在教育人们要设身处地为他人着想，关注他人的心情，只有将心比心，说出的话、做出的事才能为他人所接受，才能创造和谐的人际关系。

"用人不宜刻，刻则思效者去；交友不宜滥，滥则贡谀者来"出自《菜根谭》，大意是：用人不能太苛刻，如果太苛刻就会使那些想为你效力的人纷纷离去；交朋友不能毫无选择地随便乱交，如果对朋友不加选择，那么就会招来阿谀奉承之辈。

一百九十五

生民之大要者三，而强弱存亡莫不视此：一曰血气体力之强，二曰聪明智虑之强，三曰德性仁义之强。是以西洋观化言治之家，莫不以民力、民智、民德三者断民种之高下。未有三者不备而生民不忧，亦未有三者备而国威不振也。

——［清］严复《原强》

释义

一个国家总体水平的体现有三个要素，国家的富强贫弱、生存灭亡与否无不取决于此：一是人民的身体素质总体较好；二是人民的文化综合素质较高；三是人民的文明道德水平较高。因此西方国家都是以这三个标准来衡量一个国家的总体水平及人民的素质。没有三个要素都没有而国家不陷于忧患的，也没有三个要素齐备而国家声威不振的。

严复是中国近代资产阶级启蒙思想家和教育家。他的教育思想最大特色在于首倡

---

① 谀：读 yú。

体智德的三育说。三育说的形成与严复留学经历以及期间接受的西方学说有极大关系。严复于1877年被福州船政学堂派赴英国学习，留学期间，深受西方学说的影响。达尔文在其著作《物种起源》中提出生物进化论学说，宣扬优胜劣汰的进化论。而斯宾塞则将进化论原理应用到人类社会，宣扬社会达尔文主义。严复对斯宾塞德、智、体三育论的教育学说十分钦佩，并将其作为救亡图存、兴国利民的方案介绍给国人。鼓民力、开民智、兴明德是三育说的基本内容，而三者是一个有机的统一体，成为近代资产阶级改良派的最高政治、教育主张。

第三章 信　念

一百九十六

善不积不足以成名，恶不积不足以灭身。小人以小善为无益而弗为也，以小恶为无伤而弗去也，故恶积而不可掩，罪大而不可解。

——《易传·系辞下》

不积聚善行就不能成就美名，不积聚恶行就不会自取灭亡。小人认为，小的善行不会给自己带来好处，就不去做；小的恶行不会对自己造成什么伤害，就不肯去恶从善。所以恶习多了就无法掩盖，罪恶大了就无法挽救。

一个人成为好人或成为恶人，都不是一朝一夕的事，而是长期积累而成的。君子明白，大善是由若干小善累积而成的，故能积小善而成大善。老子说："合抱之木，生于毫末；九层之台，起于累土；千里之行，始于足下。"而小人由于道德的缺乏，良知的泯灭，故积若干小恶而终至大恶，以至恶行累积到不可掩饰的程度，犯罪大到无法消解的地步，这是我们需要引以为戒的。

一百九十七

士不可以不弘毅，任重而道远。

——［春秋］《论语·泰伯》

岁寒，然后知松柏之后凋也。

——［春秋］《论语·子罕》

SHIYI

"士不可以不弘毅,任重而道远"出自《论语·泰伯》,原文是:士不可以不弘毅,任重而道远。仁以为己任,不亦重乎?死而后已,不亦远乎?大意是:做士人不可以没有宏大的志向、坚毅的品质,因为士人责任重大,而且所行之道遥远。他以行仁为自己的重任,不重大吗?直到死去才停止,不遥远吗?这句话,对中国的士子影响深远,成为后世中国士人的价值观念和人生追求。

"岁寒,然后知松柏之后凋也"出自《论语·子罕》,大意是:到了寒冷的季节,才知道松柏是最后凋谢的。比喻修道的人有坚韧的力量,耐得住困苦,受得了折磨,不至于改变初心。孔子认为,人是要有骨气的。作为有远大志向的君子,他就像松柏那样,不会随波逐流,而且能够经受各种各样的严峻考验。

一百九十八

三军可夺帅也,匹夫不可夺志也。

——[春秋]《论语·子罕》

石可破也,而不可夺坚;丹可磨也,而不可夺赤。

——[战国]吕不韦《吕氏春秋·诚廉》

穷且益坚,不坠青云之志。

——[唐]王勃《滕王阁序》

 SHIYI

"三军可夺帅也,匹夫不可夺志也"出自《论语·子罕》,大意是:军队可以夺去它的主帅,但一个男子汉的志向是不能强迫改变的。"理想"这个词,在孔子时代称为"志",就是人的志向、志气。"匹夫不可夺志",反映出孔子对于"志"的高度重视,甚至将它与三军之帅相比。对于一个人来讲,他有自己的独立人格,要坚守气节,任何人都无权侵犯。作为个人,他应维护自己的尊严,不受威胁利诱,始终保持自己的"志向"。

"石可破也,而不可夺坚;丹可磨也,而不可夺赤"出自《吕氏春秋·诚廉》,大意是:石头可以被打碎,但绝不能改变它固有的坚硬;朱砂可以被研磨,但绝不能改变它自身的红色。此句以石坚、丹赤为喻,说明具有高洁品质的人不会因外界压力改变操守,即使粉身碎骨,精神也是永存的。启示做人要有坚定的意志,坚守理想信念,不因磨难而变节。

"穷且益坚，不坠青云之志"出自王勃《滕王阁序》，原文是：老当益壮，宁移白首之心？穷且益坚，不坠青云之志。大意是：年纪虽然老了，但志气应当更加旺盛，怎能在白头时改变心情？境遇虽然困苦，但节操应当更加坚定，决不能抛弃自己的凌云壮志。这是王勃对自己不畏险阻、壮心不已的坚强信念的写照。

一百九十九

鱼，我所欲也；熊掌，亦我所欲也。二者不可得兼，舍鱼而取熊掌者也。生，亦我所欲也；义，亦我所欲也。二者不可得兼，舍生而取义者也。生亦我所欲，所欲有甚于生者，故不为苟得也；死亦我所恶，所恶有甚于死者，故患有所不辟也。如使人之所欲莫甚于生，则凡可以得生者何不用也？使人之所恶莫甚于死者，则凡可以辟患者何不为也？由是则生而有不用也，由是则可以辟患而有不为也。是故所欲有甚于生者，所恶有甚于死者。非独贤者有是心也，人皆有之，贤者能勿丧耳。

——［战国］孟子《孟子·告子上》

 SHIYI

鱼是我想要的，熊掌也是我想要的，如果这两种东西不能同时都得到的话，那么我就只好放弃鱼而选取熊掌了。生命是我想要的，正义也是我想要的，如果这两样东西不能同时都具有的话，那么我就只好牺牲生命而选取正义了。生命是我所喜爱的，但我所喜爱的还有胜过生命的东西，所以我不做苟且偷生的事；死亡是我所厌恶的，但我所厌恶的还有超过死亡的事，所以有的灾祸我并不躲避。假如人们所喜爱的东西没有超过生命的话，那么凡是能够用来求得生存的手段，哪种手段不能用呢？如果人们所厌恶的事情没有超过死亡的话，那么凡是能够用来逃避灾祸的事情，哪种事情不会做呢？采用某种手段就能够活命，可是有的人却不肯采用；采用某种办法就能够躲避灾祸，可是有的人也不肯采用。由此可见，他们所喜爱的，有超越生命的东西（那就是"义"）；他们所厌恶的，有超越死亡的东西（那就是"不义"）。不只贤人有这种本性，其实人人都有，只不过贤人能够做到不丧失罢了。

二百

一箪①食，一豆②羹，得之则生，弗得则死。呼尔而与之，行道之人弗受；蹴③尔

---

① 箪（dān）：盛饭的竹器。
② 豆：古代盛食物的器皿。
③ 蹴：读 cù。

而与之，乞人不屑也。万钟则不辩礼义而受之，万钟于我何加焉！为宫室之美、妻妾之奉、所识穷乏者得我与？乡①为身死而不受，今为宫室之美为之；乡为身死而不受，今为妻妾之奉为之；乡为身死而不受，今为所识穷乏者得我而为之：是亦不可以已乎？此之谓失其本心。

——［战国］孟子《孟子·告子上》

释义 SHIYI

　　一碗饭，一碗汤，吃了就能够活下去，不吃就会饿死。可是吆喝着给别人吃，连过路的饥民也不会接受；用脚践踏过再给别人吃，连乞丐也不肯接受。有的人见了高官厚禄就不分辨是否合乎礼义就接受了。这样，高官厚禄对我有什么益处呢？是为了住宅的华丽、妻子小妾的侍奉和所认识的穷人感激我吗？以前有人为了"礼义"，宁肯死也不愿接受施舍，现在有人为了住宅的华丽却接受了；以前有人为了"礼义"，宁肯死也不愿接受施舍，现在有人为了妻子小妾的侍奉却接受了；以前有人为了"礼义"，宁肯死也不愿接受施舍，现在有人为了所认识的穷人感激自己却接受了。这种做法难道不应该停止吗？这就是所谓的丧失了人的天性。

二百零一

君子坦荡荡，小人长戚戚。

——［春秋］《论语·述而》

士志于道，而耻恶衣恶食者，未足与议也。

——［春秋］《论语·里仁》

贫不足羞，可羞是贫而无志。

——［明］吕坤《呻吟语》

释义 SHIYI

　　"君子坦荡荡，小人长戚戚"出自《论语·述而》，大意是：君子心胸开阔，能够包容别人，小人爱斤斤计较，患得患失。君子是修自身的，都有着旷达的心胸，他们不拘泥于物，既不以物喜，也不以己悲。通过自然的规律去约束要求自己，因此，无论在什么情况之下，都能够无愧于心，始终坦坦荡荡，达到天人合一的境界；而小人因不修自己，而是向外求名逐利，不断斤斤计较，患得患失，以满足自己的私欲，故

---

① 乡（xiàng）：同"向"，之前的意思。

时常忧愁烦恼。

"士志于道，而耻恶衣恶食者，未足与议也"出自《论语·里仁》，大意是：读书人立志于追求真理，但又以穿破衣、吃粗糙的饭食为耻，这种人就不值得和他谈论真理了。心中有道，志于求仁才是最重要的。只讲物欲要求的生活是不完全的，是低层次的；没有充实精神的物欲要求是空虚的，心灵空虚的人就如一具行尸走肉。"粗食者志坚，华美者心卑""非淡泊无以明志，非宁静无以致远"。只有对精神层次的追求超过对物质的追求时，我们的生命才会富有价值和意义。

"贫不足羞，可羞是贫而无志"出自《呻吟语》，大意是：贫穷并没有什么可羞耻，让人羞耻的是贫穷而又没有志气。一个人处于贫穷的境遇，他有两种可能的趋向和结局：一种是自卑而沉沦，因沉沦而更加贫穷；另一种是穷则思变，立志改变现有的状态，越贫穷志向越坚定，越艰难意志越顽强。贫穷，只是人的一种生活状态，并不能和耻辱画等号。一个人在困境之中，只要不妥协、不放弃，自强不息，迎难而上，就一定能改变境遇，获得成功。

二百零二

欲多则心散，心散则志衰，志衰则思不达也。
——［战国］鬼谷子《鬼谷子·养志法灵龟》

靡①不有初，鲜②克③有终。
——［春秋］《诗经·大雅·荡》

释义 SHIYI

"欲多则心散，心散则志衰，志衰则思不达也"出自《鬼谷子·养志法灵龟》，大意是：欲望多了，心便分散；心分散了，志向便衰弱；志向衰弱了，思想活动便不畅达。欲望太多的人是没有办法专注的，他的脑子里有很多的任务要去做，他又是贪婪的，每个欲望都想得到满足。心神不专一，就很难思考真正的问题，心神耗散太多，自然顾不了长远的利益。

"靡不有初，鲜克有终"出自《诗经·大雅·荡》，大意是：人们做事情，开始的人很多，但很少能到终了。多用以告诫人们为人做事要善始善终。这句话讲述了一个道理：人们在开始做事时往往热情高涨，随着时光流逝，激情开始降温，最后事情或

---

① 靡（mí）：无。
② 鲜（xiǎn）：少。
③ 克：能。

是不了了之或是草草收场。当今社会有很多人做事时开始信誓旦旦，但经过一段时间后遇到麻烦了或者注意力被别的事物吸引时，就忘了当年说这些话时的意气风发与信誓旦旦了，往往半途而废。这句提醒人们"善始容易、善终不易，虎头不难、蛇尾常见"，一定要牢记。

二百零三

志不强者智不达。

——［战国］墨子《墨子·修身》

志苟不固，则贫贱者汲汲①于营生，富贵者沉沦于逸乐。

——［东晋］葛洪《抱朴子·崇孝》

释义 SHIYI

"志不强者智不达"出自《墨子·修身》，大意是：志向不坚定的人，智慧就得不到充分的发挥。

"志苟不固，则贫贱者汲汲于营生，富贵者沉沦于逸乐"出自《抱朴子·崇孝》，大意是：志向如果不坚定，那么贫穷低贱的人就只会被迫谋求生计，富有显贵的人就沉溺在安逸享乐中。

许多有大成就的人，都是意志、天才与勤奋的结合。坚定的意志在其中犹如统帅，意志强，才能充分地发挥智慧。如果没有坚强不屈的意志和坚韧不拔的毅力，即使有超人的智慧，也难以有所作为。

二百零四

人无远虑，必有近忧。

——［春秋］《论语·卫灵公》

士为知己者死，女为悦己者容。

——［西汉］刘向《战国策·赵策》

释义 SHIYI

"人无远虑，必有近忧"出自《论语·卫灵公》，大意是：人没有长远的打算，那

---

① 汲（jí）：形容急切的样子。

么近期的事情就会多有忧虑，其意是人要目光远大，考虑长远。

"士为知己者死，女为悦己者容"出自《战国策·赵策》，大意是：男人愿意为赏识自己、了解自己的人献身，女人愿意为欣赏自己、喜欢自己的人而打扮。这句话主要说的是东周四大刺客之一豫让。春秋战国时期，韩赵魏三家灭智氏，豫让为给智伯报仇，伏桥如厕、吞炭漆身，多次刺杀赵襄子，最后自刎而死，留下了"士为知己者死，女为悦己者容"的千古绝唱。它反映了因为知音难得，人们为了报答知己，虽万死不辞的精神。尤其是知识分子，一方面是洁身自好，"凤非梧桐不栖"；另一方面是士为知己者死，如诸葛亮为了报答刘备的"三顾"之恩，辅佐后主，鞠躬尽瘁，成为古代知识分子向往、倾慕的典范。

二百零五

燕雀安知鸿鹄①之志哉！

——［西汉］司马迁《史记·陈涉世家》

燕雀戏藩柴，安识鸿鹄游。

——［三国］曹植《鰕䱇②篇》

释 义 SHIYI

"燕雀安知鸿鹄之志哉"出自《史记》中陈涉之口，意思是燕子、麻雀这些小鸟哪里能知道大雁和天鹅的志向。

"燕雀戏藩柴，安识鸿鹄游"出自《鰕䱇篇》，意思是燕雀在柴篱上嬉戏，怎么能知道鸿鹄的志向。

这两句话说的是平凡的人哪里知道英雄人物的志向。

二百零六

莫愁前路无知己，天下谁人不识君？

——［唐］高适《别董大》

---

① 鹄：读 hú。
② 鰕（xiā）：同"虾"；一说大鲵，一种小鱼。䱇（shàn）：即"鳝"，黄鳝一类。

仰天大笑出门去，我辈岂是蓬蒿人。

——［唐］李白①《南陵别儿童入京》

释义

"莫愁前路无知己，天下谁人不识君"出自《别董大》，全诗为：千里黄云白日曛，北风吹雁雪纷纷。莫愁前路无知己，天下谁人不识君？大意是：黄昏的落日使千里浮云变得暗黄；北风劲吹，大雪纷纷，雁儿南飞。不要担心前方的路上没有知己，普天之下还有谁不知道您呢？

"莫愁前路无知己，天下谁人不识君"这两句，不仅紧扣董大的名琴师、天下传扬的特定身份，而且把人生知己无贵贱、天涯处处有朋友的意思融注其中，充满了乐观主义精神。

"仰天大笑出门去，我辈岂是蓬蒿人"出自李白《南陵别儿童入京》，全诗为：白酒新熟山中归，黄鸡啄黍秋正肥。呼童烹鸡酌白酒，儿女嬉笑牵人衣。高歌取醉欲自慰，起舞落日争光辉。游说万乘苦不早，著鞭跨马涉远道。会稽愚妇轻买臣，余亦辞家西入秦。仰天大笑出门去，我辈岂是蓬蒿人。

大意是：白酒刚刚酿熟时我从山中归来，黄鸡啄着谷粒在秋天里长得正肥。喊着童仆给我炖黄鸡斟上白酒，孩子们嬉笑吵闹牵扯我的布衣。放情高歌求醉想以此自我安慰，醉而起舞与秋日夕阳争夺光辉。游说万乘之君已苦于时间不早，快马加鞭奋起直追奔向远道。会稽愚妇看不起贫穷的朱买臣，如今我也辞家去长安而西入秦。仰面朝天纵声大笑着走出门去，我怎么会是长期身处草野之人？

最后一句"仰天大笑出门去，我辈岂是蓬蒿人"，真实地反映了李白十分得意、自负的心理，也将李白的狂傲自负、踌躇满志的形象表现得淋漓尽致。

二百零七

长风破浪会有时，直挂云帆济沧海。

——［唐］李白《行路难·其一》

---

① 李白（701—762），字太白，号青莲居士，又号"谪仙人"，唐代伟大的浪漫主义诗人，被后人誉为"诗仙"，与杜甫并称为"李杜"，为了与另两位诗人李商隐与杜牧即"小李杜"区别，杜甫与李白又合称"大李杜"。据《新唐书》记载，李白为兴圣皇帝（凉武昭王李暠）九世孙，与李唐诸王同宗。其人爽朗大方，爱饮酒作诗，喜交友。李白深受黄老列庄思想影响，有《李太白集》传世，诗作中多以醉时写的，代表作有《望庐山瀑布》《行路难》《蜀道难》《将进酒》《明堂赋》《早发白帝城》等多首。

释义

"长风破浪会有时,直挂云帆济沧海"出自《行路难·其一》,全诗为:金樽清酒斗十千,玉盘珍羞直万钱。停杯投箸不能食,拔剑四顾心茫然。欲渡黄河冰塞川,将登太行雪满山。闲来垂钓碧溪上,忽复乘舟梦日边。行路难,行路难,多歧路,今安在?长风破浪会有时,直挂云帆济沧海。

大意是:金杯中的美酒一斗价十千,玉盘里的菜肴珍贵值万钱。心中郁闷,我放下杯筷不愿进餐;拔出宝剑环顾四周,心里一片茫然。想渡黄河,冰雪却冻封了河川;想登太行山,莽莽风雪早已封山。像姜尚垂钓溪,闲待东山再起;又像伊尹做梦,他乘船经过日边。人生道路多么艰难,多么艰难;歧路纷杂,如今又身在何处?相信乘风破浪的时机总会到来,到时定要扬起征帆,横渡沧海!

最后一句"长风破浪会有时,直挂云帆济沧海",格调高昂乐观,相信自己的理想抱负总有实现的一天。

二百零八

天生我材必有用,千金散尽还复来。

——[唐]李白《将①进酒》

释义

"天生我材必有用,千金散尽还复来"出自《将进酒》,全诗为:君不见黄河之水天上来,奔流到海不复回。君不见高堂明镜悲白发,朝如青丝暮成雪。人生得意须尽欢,莫使金樽空对月。天生我材必有用,千金散尽还复来。烹羊宰牛且为乐,会须一饮三百杯。岑夫子,丹丘生,将进酒,杯莫停。与君歌一曲,请君为我倾耳听。钟鼓馔玉不足贵,但愿长醉不愿醒。古来圣贤皆寂寞,惟有饮者留其名。陈王昔时宴平乐,斗酒十千恣欢谑。主人何为言少钱,径须沽取对君酌。五花马、千金裘,呼儿将出换美酒,与尔同销万古愁。

大意是:你难道没有看见吗?那黄河之水犹如从天上倾泻而来,波涛翻滚直奔大海从来不会再往回流。你难道没有看见,在高堂上面对明镜,深沉悲叹那一头白发?早晨还是青丝到了傍晚却变得如雪一般。人生得意之时就要尽情地享受欢乐,不要让金杯无酒空对皎洁的明月。上天造就了我的才干就必然是有用处的,千两黄金花完了也

---

① 将(qiāng):请的意思。

能够再次获得。且把烹煮羔羊和宰牛当成一件快乐的事情，如果需要也应当痛快地喝三百杯。岑勋，元丹丘，快点喝酒，不要停下来。我给你们唱一首歌，请你们倾耳细听。山珍海味的豪华生活算不上什么珍贵，只希望能醉生梦死而不愿清醒。自古以来圣贤都是孤独寂寞的，只有会喝酒的人才能够留传美名。陈王曹植当年设宴平乐观，喝着名贵的酒纵情地欢乐。你为何说我的钱不多？只管把这些钱用来买酒一起喝。名贵的五花良马，昂贵的千金皮衣，叫侍儿拿去通通换美酒，让我们一起来消除这无尽的长愁！

《将进酒》原是汉乐府短箫铙歌的曲调，标题的意思为"劝酒歌"，内容多是咏唱喝酒放歌之事。李白当时和友人岑勋在嵩山另一老友元丹丘的颍阳山居作客，正值仕途遇挫，所以借酒兴诗，来了一次酣畅淋漓的抒发。在这首诗里，李白"借题发挥"，借酒消愁，感叹人生易老，抒发了自己怀才不遇的心情。

二百零九

宣父犹能畏后生，丈夫未可轻年少。

——［唐］李白《上李邕①》

会当凌绝顶，一览众山小。

——［唐］杜甫《望岳》

释义 SHIYI

"宣父犹能畏后生，丈夫未可轻年少"出自《上李邕》，全诗为：大鹏一日同风起，扶摇直上九万里。假令风歇时下来，犹能簸却沧溟水。世人见我恒殊调，闻余大言皆冷笑。宣父犹能畏后生，丈夫未可轻年少。

大意是：大鹏总有一天会和风飞起，凭借风力直上九天云外。如果风停了，大鹏飞下来，还能扬起江海里的水。世间人们见我老是唱高调，听到我的豪言壮语都冷笑。孔子还说过"后生可畏也，焉知来之不如今也"，大丈夫不可轻视少年人。

"会当凌绝顶，一览众山小"出自《望岳》，全诗为：岱宗夫如何？齐鲁青未了。造化钟神秀，阴阳割昏晓。荡胸生层云，决眦入归鸟。会当凌绝顶，一览众山小。

大意是：巍峨的泰山，到底如何雄伟？走出齐鲁，依然可见那青青的峰顶。神奇自然会聚了千种美景，山南山北分隔出清晨和黄昏。层层白云，荡涤胸中沟壑；翩翩归鸟，飞入赏景眼圈。定要登上泰山顶峰，俯瞰群山，豪情满怀。

这首诗是杜甫青年时代的作品，充满了诗人青年时代的浪漫与激情。末尾的"会

---

① 邕：读 yōng。

当凌绝顶，一览众山小"两句，将众山的小和高大的泰山进行对比，表现出诗人不怕困难、敢于攀登绝顶、俯视一切的雄心和气概。

二百一十

沉舟侧畔千帆过，病树前头万木春。

——［唐］刘禹锡《酬乐天扬州初逢席上见赠》

时人不识凌云木，直待凌云始道高。

——［唐］杜荀鹤《小松》

释义 SHIYI

"沉舟侧畔千帆过，病树前头万木春"出自《酬乐天扬州初逢席上见赠》，全诗为：巴山楚水凄凉地，二十三年弃置身。怀旧空吟闻笛赋，到乡翻似烂柯人。沉舟侧畔千帆过，病树前头万木春。今日听君歌一曲，暂凭杯酒长精神。

大意是：巴山楚水凄凉之地，二十三年默默谪居。回来物是人非，我像烂柯之人，只能吹笛赋诗，空自惆怅不已。沉舟侧畔，千帆竞发；病树前头，万木逢春。今日听你高歌一曲，暂借这杯酒振作精神。

"时人不识凌云木，直待凌云始道高"出自《小松》，全诗为：自小刺头深草里，而今渐觉出蓬蒿。时人不识凌云木，直待凌云始道高。

大意是：长满松针的小松树长在深草丛中看不出来，现在才发现已经长得比蓬蒿高出了许多。世上的人不认识这是将来可以高入云霄的树木，一直要等到它已经高入云霄了，才承认它的伟岸。

"时人不识凌云木，直待凌云始道高"说的是，那些人当时不识这可以高耸入云的树木，直到它高耸入云霄，人们才说它高。作者笔锋一转，发出深深的慨叹。这里连说两个"凌云"，前一个指小松，后一个指大松。大松凌云，已成事实，称赞它高，并不说明有眼力，也无多大意义。小松尚幼小，和小草一样貌不惊人，如果能识别它就是"凌云木"，而加以爱护、培养那才是有见识，才有意义。然而世俗之人所缺少的正是这个见识，所以诗人感叹说：眼光短浅的时人，是不会把小松看作栋梁之材的，有多少小松由于时人不识，而被摧残、被砍杀啊！

二百一十一

山重水复疑无路，柳暗花明又一村。

——［南宋］陆游《游山西村》

壮心未与年俱老，死去犹能作鬼雄。

——［南宋］陆游《书愤》

释义 SHIYI

"山重水复疑无路，柳暗花明又一村"出自《游山西村》，全诗是：莫笑农家腊酒浑，丰年留客足鸡豚。山重水复疑无路，柳暗花明又一村。箫鼓追随春社近，衣冠简朴古风存。从今若许闲乘月，拄杖无时夜叩门。

大意是：不要笑农家腊月里酿的酒浊而又浑，在丰收的年景里待客菜肴非常丰富。山峦重叠水流曲折正担心无路可走，柳绿花艳忽然眼前又出现一个山村。吹着箫打起鼓春社的日子已经接近，村民们衣冠简朴古代风气仍然保存。今后如果还能乘大好月色外出闲游，我一定拄着拐杖随时来敲你家的门。

"山重水复疑无路，柳暗花明又一村"这句被后世用来形容已陷入绝境，忽又出现转机。这里描写的是诗人置身山阴道上，信步而行，疑若无路，忽又开朗的情景，不仅反映了诗人对前途所抱的希望，也道出了世间事物消长变化的哲理。于是这两句诗就超出了自然景色描写的范围，而具有很强的艺术生命力。

"壮心未与年俱老，死去犹能作鬼雄"出自《书愤》，全诗是：白发萧萧卧泽中，只凭天地鉴孤忠。厄穷苏武餐毡久，忧愤张巡嚼齿空。细雨春芜上林苑，颓垣夜月洛阳宫。壮心未与年俱老，死去犹能作鬼雄。

大意是：我这白发稀疏的老头幽住在镜湖旁，只有公正的天地能洞察我报国无门的忠肝义肠。遭难的苏武熬住了十数年吞毡咽雪的风霜，忧愤的张巡面对叛贼恨得把牙齿咬碎嚼光。丝丝的春雨飘洒在上林苑的乱草上，清冷的夜月照见了洛阳宫的断砖破墙。我的壮心并没有同年岁一起衰老消亡，纵然死了我也能做鬼中雄杰英明流芳！

二百一十二

为天地立心、为生民立命、为往圣继绝学、为万世开太平。

——［北宋］张载《张子语录》

志当存高远。

——［三国］诸葛亮《诫外甥书》

丈夫志四海，万里犹比邻。

——［三国］曹植《赠白马王彪》

释义 SHIYI

"为天地立心、为生民立命、为往圣继绝学、为万世开太平"出自《张子语录》，大意是：为天地确立起生生之心，为百姓指明一条共同遵行的大道，继承孔孟等以往的圣人不传的学问，为天下后世开辟永久太平的基业。

张载的这四句话被当代哲学家冯友兰概括为"横渠四句"。习近平总书记多次提及"横渠四句"。"横渠四句"阐明了知识分子的使命意识和责任担当，为读书人指明了实现自身人生价值的重要途径，成为后世关心国家命运、关注人民福祉的仁人志士们共同为之奋斗的宏图大志。

"志当存高远"出自《诫外甥书》，大意是：一个人应该树立远大的理想。可以说，具有远大的志向是一个人走向成功的先决条件。

"丈夫志四海，万里犹比邻"出自《赠白马王彪》，大意是：大丈夫志在四海，即使相隔万里也好像就在身边一样。拥有远大志向，想要建功立业的人常常要奔波在外，路途万里迢迢，但是对他们来说，这是事业成功必须要付出的，再苦也甘之如饴。

二百一十三

古之立大事者，不惟有超世之才，亦必有坚忍不拔之志。

——[北宋] 苏轼《晁错论》

士人有百折不回之真心，才有万变不穷之妙用。

——[明] 洪应明《菜根谭》

释义 SHIYI

"古之立大事者，不惟有超世之才，亦必有坚忍不拔之志"出自《晁错论》，大意是：自古以来凡是做大事业的人，不仅有出类拔萃的才能，也一定有坚韧不拔的意志。

伟大的人格无法在平庸中养成，卓越的成就无法在舒适中取得。只有能吃常人不能吃之苦，才能达到常人无法企及的高度。一个真正的强者，不是看他平稳飞翔时所能达到的高度，而是看他跌入谷底后的反弹能力有多强。立志坚定、眼光长远、胸怀大略、自胜自强的人，自会有光芒万丈的一天。

"士人有百折不回之真心，才有万变不穷之妙用"出自《菜根谭》，大意是：一个人对任何事具有百折不挠的坚贞心志，逢到任何变化才有应付自如的运用力。

开创事业的过程，就是不断战胜困难，不断地增长才干、施展才干的过程。成功属于最坚韧的人。如果一个人对待一项事业没有百折不回的执着精神，就不可能在这个方向上坚持下去，不坚持下去，也就没有在奋斗中学到可以解决各种问题的本事的机会，当然也就不可能取得成功。

二百一十四

若梁灏，八十二，对大廷，魁多士。彼既成，众称异，尔小生，宜立志。

——［北宋］王应麟《三字经》

释义 SHIYI

宋朝有个梁灏，在八十二岁时才考中状元，在金殿上对皇帝提出的问题对答如流，所有参加考试的人都不如他。梁灏这么大年纪，尚能获得成功，不能不使大家感到惊异，钦佩他的好学不倦。而我们应该趁着年轻的时候，立定志向，努力用功就一定前途无量。

历史上，年龄最大的一位状元，是北宋时期的梁灏，八十二岁高龄才高中。梁灏天资聪慧，但他的考学之途却是极为坎坷，他一共参加了四十场会试，时间跨度更是达到了四十七年，直到满头白发的时候，才终于中了状元。虽然，梁灏的艰辛历程，有当时社会的原因，但更多的还是当时激烈的竞争环境所致。但对于这些，他却毫不在意，在自嘲之中不断加强学习，不断增强自己的学识水平。所以，当我们面对学习这件事情的时候，一定要在保持初心的同时，保持住激情和韧劲。不论工作、生活有多繁忙，不论应酬有多少，每天都应该抽出时间来学习。这样做，既能洗涤心灵，又能增长学识，还能丰富生活，让自己无虚度光阴之虞，更不会生出被时代抛弃之感。

二百一十五

有志者，事竟成，破釜沉舟，百二秦关终属楚；苦心人，天不负，卧薪尝胆，三千越甲可吞吴。

——［清］蒲松龄

释义 SHIYI

有志向的人，做事都会成功，就像项羽破釜沉舟，最终的百二秦关都归于楚；苦心人，天也不会辜负他，就像勾践卧薪尝胆，仅以三千越甲，吞并了吴国。

这是清代蒲松龄的一副自勉励志联，通过两个历史典故，昭示了通向成功的道路总是艰难和坎坷的，只有不怕困难意志坚定的人才能最终达到目标。因此做事一定要有恒心，有毅力，想成功，就要做一个有志者、一个苦心人。

这副对联开始刻在铜尺之上，后悬置于书屋聊斋书房。整副对联气势磅礴、催人奋进，引用了史上非常著名的两个典故和典故之后的对应结果，一个是楚霸王项羽破釜沉舟灭大秦，另一个是越王勾践卧薪尝胆吞吴国。蒲松龄以此联激励自己，终于以一部《聊斋志异》名垂青史。

二百一十六

胜败兵家事不期，包羞忍耻是男儿。
江东子弟多才俊，卷土重来未可知。

——［唐］杜牧《题乌江亭》

胜败这种事是兵家难以预料的事，但是能忍受失败和耻辱才是男儿。江东的子弟人才济济，如果（项羽）愿意重返江东，说不定还能卷土重来。

"江东子弟多才俊"是对乌江亭长建议项羽"江东虽小，地方千里，众数十万人，亦足王也"的艺术概括。人们历来欣赏项羽"无面见江东父兄"一语，认为表现了他的气节。其实这恰好反映了他的刚愎自用，听不进亭长忠言。他错过了韩信，气死了范增，确是愚蠢得可笑。然而在这最后关头，如果他能面对现实，"包羞忍耻"，采纳忠言，重返江东，再整旗鼓，则胜负之数，或未易量。

"卷土重来未可知"，是全诗最得力的句子，其意盖谓如能做到这样，还是大有可为的；可惜的是项羽却不肯放下架子而自刎了。这样急转直下，一气呵成，令人想见"江东子弟""卷土重来"的情状，是颇有气势的。同时，在惋惜、批判、讽刺之余，又表明了"败不馁"的道理，也是颇有积极意义的。

二百一十七

自古逢秋悲寂寥，我言秋日胜春朝。
晴空一鹤排云上，便引诗情到碧霄。

——［唐］刘禹锡《秋词》

自古以来每逢秋天都会感到悲凉寂寥，我却认为秋天要胜过春天。万里晴空，一

只鹤凌云而飞起,就引发我的诗兴到蓝天上了。

诗人深深懂得古来悲秋的实质是志士失志,对现实失望,对前途悲观,因而在秋天只看到萧条,感到寂寥,死气沉沉。诗人同情他们的遭遇和处境,但不同意他们的悲观失望的情感。他针对这种寂寥之感,偏说秋天比那万物萌生、欣欣向荣的春天要好,强调秋天并不是死气沉沉,而是很有生气。他指引人们看那振翅高飞的鹤,在秋日晴空中,排云直上,矫健凌厉,奋发有为,大展宏图。这只鹤是独特的、孤单的。但正是这只鹤的顽强奋斗,冲破了秋天的肃杀氛围,为大自然别开生面,使志士们精神为之抖擞。这只鹤是不屈志士的化身,奋斗精神的体现。所以诗人说"便引诗情到碧霄"。"诗言志","诗情"即志气。人果真有志气,便有奋斗精神,便不会感到寂寥。

二百一十八

飞来山上千寻塔,闻说鸡鸣见日升。
不畏浮云遮望眼,只缘身在最高层。

——[北宋]王安石《登飞来峰》

释义 SHIYI

听说在飞来峰极高的塔上,鸡鸣时分可看到旭日初升。不怕浮云会遮住我的视线,只因为如今我身在最高层。

这首诗与一般的登高诗不同。这首诗没有过多地写眼前之景,只写了塔高,重点是写自己登临高处的感受,寄寓"站得高才能望得远"的哲理。这与王之涣的"欲穷千里目,更上一层楼"相似。前者表现一个政治变革家拨云见日、高瞻远瞩的思想境界和豪迈气概,后者表现要想取得更好的成绩,需要更加努力的互勉或自励之意。

"不畏浮云遮望眼,只缘身在最高层"与苏轼的"不识庐山真面目,只缘身在此山中"一脉相承,表现技法极为相似。王安石的诗是就肯定方面而言的,比喻"掌握了正确的观察方法,认识达到了一定的高度,就能透过现象看到本质,就不会被事物的假象迷惑"。而苏轼的诗是就否定方面而言的,比喻"人们之所以被事物的假象所迷惑,是因为没有全面、客观、正确地观察事物,认识事物"。两者都极具哲理性,常被用作座右铭。

二百一十九

志于道,则义理为之主,而物欲不能移,由是而据于德,而依于仁,而游于艺,自不失其先后之序、轻重之伦，本末兼该，内外交养，涵泳从容，不自知其入于圣贤之域矣。

——［清］康熙《康熙教子庭训格言》

一个人如果立志于道，那么，他将以义理作为根本，任何物质欲望都改变不了他的志向。从这点来看，一个人的志向以德为依据，以仁为依托，又有良好的学术修养，自然不会失却其先后、轻重的次序，使主要的和次要的都能照应到，内在的、外在的都能得到陶冶，还可以从容不迫地深入领会一切。达到这种境界，就已经自觉不自觉地进入了圣人的行列。

一个人的精神修养功夫如果能达到至诚地步，就可以感动上天，变不可能为可能。常言道"精诚所至，金石为开"，说的就是这个道理。反之一个人如果心存虚伪邪恶的念头，那他只不过是空有人的形体架势而已，肉体虽存但灵魂早已死亡，与之相处会使人觉得面目可憎而惹人讨厌；一人独处，面对自己的影子也会觉得万分羞愧。做人是这样，做事也是这样，专心致志，持之以恒，又有什么事做不成呢？此句从志与道、志与心的关系，比较深入地阐述了立志的意义和如何立志的问题，强调一个人只要立志，再经过后天的努力，便可成为圣贤。从这位有作为的君主所处的时代来看，这无疑是振聋发聩之言！

二百二十

故凡有志于圣人之学者，其择善固之，克己复礼，循循勉勉，无有一毫忽易于其间，始能日进也。

——［清］康熙《康熙教子庭训格言》

所以，凡是有志于圣人学问的人，他们选择认为是好的就坚持不懈，约束自己使言行都符合礼教，恭顺有序，勤恳不懈，中间没有一丝一毫轻视和疏忽，才能每天都不断地进步。

这是康熙对青年求学的教导。首先要找准正确的努力方向，然后抵抗住外界的诱惑，循序渐进，一刻不停歇，这样才能够有所收获。这句话对我们现在的学生来说，也是有借鉴意义的。

二百二十一

志之所趋，无远勿届，穷山距海，不能限也。志之所向，无坚不入，锐兵精甲，不能御也。

——［清］金缨《格言联璧》

释义 SHIYI

一个人如果有远大的志向，他的志向所归，就没有不能到达的地方，即使是山海尽头，也不能限制；他的志向所指，就没有攻不破的壁垒，即使是精兵坚甲，也不能抵御。

精神意志有着改变世界的力量。如果志向坚定，就能为了志向不断奋斗，为了志向而顽强拼搏，越是艰难困苦，越会愈挫愈勇。在革命、建设、改革各个历史时期，有无数共产党员为了党和人民事业英勇牺牲，支撑他们的就是"革命理想高于天"的精神力量。

二百二十二

咬定青山不放松，立根原在破岩中。
千磨万击还坚劲，任尔东西南北风。

——［清］郑燮①《竹石》

释义 SHIYI

竹子紧紧抓住青山不放松，它的根牢牢地扎在岩石缝中。千磨万击身骨仍坚劲，任凭你刮东西南北风。

这是一首题画诗，原题《竹石》，是郑板桥题自己画的竹石图的。这首诗在赞美岩竹的坚劲顽强中，隐寓了作者藐视俗见的刚劲风骨。诗中的竹实际上也是作者郑板桥高尚人格的化身，在生活中，诗人正是这样一种与下层百姓有着较密切的联系、疾恶如仇、不畏权贵的岩竹。作者郑板桥的题画诗如同其画一样有着很强的立体感，可作画来欣赏。这首诗正是这样，无论是竹还是石在诗人笔下都形象鲜明，若在眼前。那没有实体的风也被描绘得如同拂面而过一样。但诗人追求的并不仅在外在的形似，而

---

① 燮：读 xiè。

是在每一根瘦硬的岩竹中灌注了自己的理想，融进了自己的人格，从而使这竹石透露出一种言外的深意和内在的神韵。

　　这是一首借物喻人、托物言志的诗，也是一首咏物诗。这首诗着力表现了竹子那顽强而又执着的品质，托岩竹的坚韧顽强，言自己刚正不阿、正直不屈、铁骨铮铮的骨气。全诗语言简易明快，执着有力。

二百二十三

李杜诗篇万口传，至今已觉不新鲜。
江山代有才人出，各领风骚数百年。

——［清］赵翼《论诗五首·其二》

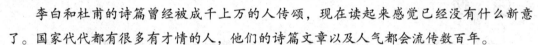

　　李白和杜甫的诗篇曾经被成千上万的人传颂，现在读起来感觉已经没有什么新意了。国家代代都有很多有才情的人，他们的诗篇文章以及人气都会流传数百年。

　　第一、二句诗人指出，即使是李白杜甫这样伟大的诗人，他们的诗篇也有历史局限性。第三、四句诗人呼唤创新意识，希望诗歌写作要有时代精神和个性特点，大胆创新，反对沿袭守旧。

　　世人常常用这句诗来赞美人才辈出，或表示一代新人替换旧人，或新一代的崛起就如滚滚长江，无法阻拦。

二百二十四

　　盖士人读书，第一要有志，第二要有识，第三要有恒。有志则断不甘为下流；有识则知学问无尽，不敢以一得自足，如河伯之观海，如井蛙之窥天，皆无识者也；有恒则断无不成之事。此三者缺一不可。

——［清］曾国藩《曾国藩家训》

　　读书人读书，第一要有志，即读书是为了帮助其实现有益于世人的宏伟志向，第二要有识，即明白书中的微言大义，第三要有恒。即要想读书有成，必须坚持不懈。有志向则自己不甘心为下流；有见识则知道学无止境，不敢稍有心得就自我满足，像河伯观海，井底之蛙观天，这都是没有见识的；有恒心则必然没有干不成的事情。有志、有识、有恒，三者缺一不可。

曾国藩认为读书对人生有两个关键的作用，一是可以树立正确的人生观、价值观；二是形成属于自己的专业特长，可以立足于社会。无一日不读书。精神世界强大、现实世界才能强大。唯有读书能改变一个人的气质。但要把书读好，有志气、有见识、有恒心，三者缺一不可。

二百二十五

古之成大事者，规模远大与综理密微，二者缺一不可。

——［清］曾国藩《曾国藩家书》

人才非困厄则不能激，非危心深虑则不能达。

——［清］曾国藩《曾文正公嘉言钞》

"古之成大事者，规模远大与综理密微，二者缺一不可"出自《曾国藩家书》，大意是：自古以来，能成就大事业的人，规划远大和管理细微相结合，两者缺一不可。

曾国藩在其家书中对自古以来成就大事的人做了全面的总结：要做大事，必须兼有豪迈与细心两种美德。气势豪迈的人，喜欢高瞻远瞩，但如果没有心思周密做依托，就是纯粗，派不上什么用场。但如果说有哪一个人只凭着小心谨慎就获取了丰功伟绩，也绝不可信。

"人才非困厄则不能激，非危心深虑则不能达"出自《曾文正公嘉言钞》，大意是：人才不到困顿厄难的境地就不能激发其斗志，不经过历练和深思熟虑就不能通达。

困厄并不可怕，可怕的是没有自强的心，可怕的是没有自强的手段，可怕的是没有改变的方法。所以，要一点一滴地去做，这一点一滴，便是自强的种子，以待有一日，蚕脱茧而化蝶，鱼跃渊而化龙，人脱困而能达。

二百二十六

西风烈，长空雁叫霜晨月。

霜晨月，马蹄声碎，喇叭声咽。

雄关漫道真如铁，而今迈步从头越。

从头越，苍山如海，残阳如血。

——毛泽东《忆秦娥·娄山关》

释义 SHIYI

西风猛烈，长空中大雁南飞，一阵阵鸣叫，霜花满地，残月在天。

天将破晓，马蹄声零碎而又纷杂，军号声声沉郁低回。

不要说娄山关坚硬如铁难以逾越，而今让我们重振旗鼓向前。

青山起伏，像海的波涛，夕阳鲜红，像血的颜色。

娄山关是长征途上的第一个大胜利。这首词上阕写景，下阕抒情，从内到外勾勒出一幅雄浑壮阔的冬夜行军图，描画了红军长征中征战娄山关的紧张激烈场景，表现了作者面对初时失利和困难从容不迫的气度和博大胸怀。全词景中含情，情中又有景，情景一体，水乳交融。其篇幅虽短，但雄奇悲壮，气势如虹，寥寥数笔，"分量"很重，像一幅出自大师手笔的简笔画。

二百二十七

北国风光，千里冰封，万里雪飘。望长城内外，惟余莽莽；大河上下，顿失滔滔。山舞银蛇，原驰蜡象，欲与天公试比高。须晴日，看红装素裹，分外妖娆。

江山如此多娇，引无数英雄竞折腰。惜秦皇汉武，略输文采；唐宗宋祖，稍逊风骚。一代天骄，成吉思汗，只识弯弓射大雕。俱往矣，数风流人物，还看今朝。

——毛泽东《沁园春·雪》

释义 SHIYI

北方的风光，千万里冰封冻，千万里雪花飘。远望长城内外，只剩下无边无际白茫茫一片；宽广的黄河上下，顿时失去了滔滔水势。山岭好像银白色的蟒蛇在飞舞，高原上的丘陵好像许多白象在奔跑，它们都想试一试与老天爷比比高。要等到晴天的时候，看红艳艳的阳光和白皑皑的冰雪交相辉映，分外美好。

江山如此多娇，引得无数英雄竞相倾倒。只可惜秦始皇、汉武帝，略差文学才华；唐太宗、宋太祖，稍逊文治功劳。称雄一世的人物，成吉思汗，只知道拉弓射大雕。这些人物全都过去了，数一数能建功立业的英雄人物，还要看今天的人们。

词上阕描写北国壮丽的雪景，纵横千万里，展示了大气磅礴、旷达豪迈的意境，抒发了作者对祖国壮丽河山的热爱。下阕议论抒情，重点评论历史人物，歌颂当代英雄，抒发无产阶级要做世界的真正主人的豪情壮志。全词融写景、议论和抒情于一炉，意境壮美，气势恢宏，感情奔放，胸襟豪迈，颇能代表毛泽东诗词的豪放风格。

二百二十八

钟山风雨起苍黄,百万雄师过大江。
虎踞龙盘今胜昔,天翻地覆慨而慷。
宜将剩勇追穷寇,不可沽名学霸王。
天若有情天亦老,人间正道是沧桑。

——毛泽东《七律·人民解放军占领南京》

革命的狂风暴雨震荡着蒋家王朝,百万将士渡过长江天险,直捣黄龙。

虎踞龙盘的南京啊,今天的面貌胜过往昔,这天翻地覆的变化,是足以令人慷慨高歌和欢欣鼓舞的。

应该趁现在这敌衰我盛的大好时机,痛追残敌,解放全中国。不可学那割据长江南岸,建立割据势力的霸王项羽。

自然界如果有知,它会体察到兴盛与衰败这条不可改变的法则。事物不断地向前发展更新和变化,这是必然的规律。

1949年,中华大地产生了天翻地覆的巨变。人民解放军获得了辽沈、淮海、平津三大战斗的成功。百万大军以摧枯拉朽之势强渡长江,占据了国民党政府所在地南京。南京的解放,标记着国民党政权在大陆的统治完整瓦解。1949年4月,毛泽东同志写下了这首诗。诗的最后一句"天若有情天亦老,人间正道是沧桑",揭示了前面所描述的历史事件,即国民党的覆灭和中国革命的胜利,是社会发展的客观必然的规律,也指出了"社会主义制度终究要代替资本主义制度,这是一个不以人们的意志为转移的客观规律"。革命人民响应毛泽东的号召,将革命进行到底,彻底消灭国民党反动派,正是行天下之"正道",是完全符合历史发展规律的。

第四篇
谋 事 篇

　　"路漫漫其修远兮，吾将上下而求索。"两千多年前伟大的诗人屈原喊出了谋事求知的心声。谋事就是想事、干事。凡是想干事、干成事的人无不重视谋事，无不精心谋事，正如《老子》所说："天下难事，必作于易；天下大事，必作于细。"无数事实证明，思路、目标确定之后，成事的要诀全在于自己的专注和坚毅。

　　学习中华传统文化，就是要从传统文化中汲取丰富的营养，为将来的终身学习、工匠精神、科研创新打下一个坚实的基础。

　　"谋事篇"由格物、敬业、笃行三章组成，从格物致知、敬业奉献、深信笃行三个维度展开，精选中华优秀传统文化中的名篇名段名句61节，并予以阐释，以期读者理解古圣先贤如何深入实践、探索事物规律，如何敬业奉献、造福国家社会，如何坚持信仰、实现人生理想。

　　古圣已走，先贤已逝，但中华民族的文化基因代代相传。谋事在人，成事在天。我们应多想事，多谋事，多成事，从现在做起，从小事做起，从身边做起，不负韶华，不负时代，努力交出一份美丽的人生答卷！

第一章 格 物

二百二十九

穷则变，变则通，通则久。

——《易传·系辞下》

周虽旧邦，其命维新。

——［春秋］《诗经·大雅·文王》

  SHIYI

"穷则变，变则通，通则久"出自《易传·系辞下》，大意是：事物发展到了极点，就要发生变化，才会使事物的发展不受阻塞，事物才能不断地发展。

事物在发展的过程中往往会遇到阻碍其进一步发展的瓶颈，那些曾经有利的条件很可能会成为事物进一步发展的障碍，这时就要主动调整、主动变化，在调整和变化中寻求新的发展路径。

"周虽旧邦，其命维新"出自《诗经·大雅·文王》，它最初的意思是说周文王禀受天命，昭告于天。怎么昭告呢？就说周虽然是一个古老的邦国，但是它禀受的天命却是新的，焕发出了新气象。后来人们又把这个意思进行了引申，就变成周虽然是一个古老的邦国，但是它的使命却在于创新。

"周虽旧邦，其命维新"蕴含丰富的哲理，成为中国一个非常古老的精神传统。在周朝之前，商朝商汤的《盘铭》上就写了"苟日新，日日新，又日新"。几千年前中国人民就用这种"维新"的精神开启了伟大的中国文明，并且不断地把它推向前进。这种中国人不断进行自我超越的精神，也就成为我们现在不断革新的精神源泉。所以习近平总书记才说，中华民族是充满变革和开放精神的。

二百三十

信言不美，美言不信。

——［春秋］老子《道德经·第八十一章》

月晕而风，础润而雨。

——［宋］苏洵《辨奸论》

释义 SHIYI

"信言不美，美言不信"出自《道德经·第八十一章》，大意是：真实的话不漂亮，漂亮的话不真实。

俗话说："良药苦口利于病，忠言逆耳利于行。"顺耳之言如同慢性毒药，逐渐致你于死地；而逆耳之言，如同苦口良药，将你身上的病逐渐祛除。因此，我们要多听逆耳之言，才能够"知明而行无过"。

"月晕而风，础润而雨"出自《辨奸论》，大意是：月亮周围出现了晕圈预示着将要刮风，房屋的石柱返潮预示着将要下雨。比喻见到一点迹象，就能知道它的发展方向。

事情皆有一定的规律，只要能够仔细观察并把握规律，就能见微知著。

二百三十一

众恶之，必察焉；众好之，必察焉。

——［春秋］《论语·卫灵公》

无稽之言勿听，弗询之谋勿庸。

——《尚书·大禹谟》

道听而涂①说，德之弃也。

——［春秋］《论语·阳货》

夫市之无虎明矣，然而三人言而成虎。

——［西汉］刘向《战国策·魏策》

---

① 涂（tú）：同"途"，道路。

释义 SHIYI

"众恶之，必察焉；众好之，必察焉"出自《论语》，大意是：大家都厌恶他，一定要去考察他；大家都喜欢他，也一定要去考察他。

《论语》中孔子用这句话教导弟子，大家都讨厌或喜欢的人或事物，我们得秉持公允，理性地审视，客观地判断，千万不能人云亦云，必须认真考察后而得出自己的见解。

"无稽之言勿听，弗询之谋勿庸"出自《尚书·大禹谟》，大意是：没有根据未经考察的话不要听，没有征询过意见的谋划不能采用。这是专门对领导、决策人讲的话。对于领导人来说，应是"无征不信"（《礼记·中庸》），做到"无稽之言"不听，没有经过研究的计划不使用，这样才能免于失误。成语"无稽之谈"即从此来。

"道听而涂说，德之弃也"出自《论语·阳货》，大意是：在路上听到传闻不加考证而随意传播，这是道德所唾弃的。

"夫市之无虎明矣，然而三人言而成虎"出自《战国策·魏策》，大意是：有三个人谎报市上有虎，听者就信以为真。后世人们以"三人成虎"比喻一句谣言，或一件虚假事物，说的人一多，就能使人认假为真。

凡事要以事实为依据，对传言要仔细分析，探其究竟，在未弄清事实之前，不得妄加评论和四处传播。

二百三十二

知之为知之，不知为不知，是知①也。

——［春秋］《论语·为政》

尽信书，不如无书。

——［战国］孟子《孟子·尽心下》

释义 SHIYI

"知之为知之，不知为不知，是知也"出自《论语·为政》，大意是：知道就是知道，不知道就是不知道，这才是真正的智慧。

这是孔子的一句广为流传的名言。孔子告诉我们，要用老实的态度对待知识，来不得半点虚伪和骄傲，要养成踏实认真的学习态度，实事求是的作风，千万不要不懂

---

① 知（zhī）：通"智"，智慧。

装懂。

"尽信书，不如无书"语出《孟子·尽心下》，大意是：读书不要拘泥于书本或迷信书本，要有自己的独立思考，甚至还要有一点怀疑的精神。

这是孟子提出的一种正确的读书方法。孟子告诉我们，要善于独立思考问题，不要唯书本是从，要坚持"实践是检验真理的唯一标准"，坚决做到"不唯书，不唯上"。

二百三十三

子路曰："卫君待子而为政，子将奚先？"子曰："必也正名乎！"子路曰："有是哉，子之迂也！奚其正？"子曰："野哉，由也！君子于其所不知，盖阙如也。名不正，则言不顺；言不顺，则事不成；事不成，则礼乐不兴；礼乐不兴，则刑罚不中；刑罚不中，则民无所措手足。故君子名之必可言也，言之必可行也。君子于其言，无所苟而已矣。"

——［春秋］《论语·子路》

 SHIYI

子路说："卫国国君要您去治理国家，您打算先从哪些事情做起呢？"孔子说："首先必须正名分。"子路说："有这样做的吗？您真是太迂腐了。这名怎么正呢？"孔子说："仲由，真粗野啊。君子对于他所不知道的事情，总是采取存疑的态度。名分不正，说起话来就不顺当合理，说话不顺当合理，事情就办不成，礼乐也就不能兴盛。礼乐不能兴盛，刑罚的执行就不会得当，刑不得当，百姓就不知怎么办好。所以，君子一定要定下一个名分，必须能够说得明白，说出来一定能够行得通。君子对于自己的言行，是从不马虎对待的。"

其中"名不正则言不顺"一句常被人们引用，强调君子对于他所不知道的事情，应该采取存疑的态度。

二百三十四

善言古者必有节于今，善言天者必有征于人。

——［战国］荀子《荀子·性恶》

善学者尽其理，善行者究其难。

——［战国］荀子《荀子·大略》

释义

"善言古者必有节于今,善言天者必有征于人"出自《荀子·性恶》,大意是:好谈论古代事情的,一定要有今天的事情作验证;好谈论天道的,一定要有人事作验证。表明真正懂天道的人,一定懂天道是为人服务的;真正懂历史的人,一定懂历史是为今天提供镜鉴的。

凡是议论,最为宝贵的是所说的话要符合事实,经得起时间的考验。《黄帝内经·素问》里也有"善言天者必应于人,善言古者必验于今"之语。

"善学者尽其理,善行者究其难"出自《荀子·大略》,大意为:善于学习的人要彻底搞通事物的道理,善于做事的人要彻底克服工作中的困难。

荀子在这里强调的是,无论学习还是实践都要深入,不能浅尝辄止。只有通过不断的学习和实践才能获得本领,才能与时俱进。而要想学有所成,不仅要好学,还要善学。无论学什么,都不能只是囫囵吞枣,不求甚解,而应将所学的知识完全掌握,理解透彻。实践也同学习一样,不能只做表面功夫,而应该在实践中不断思考,在解决问题的过程不断琢磨,这样才能彻底突破难题、难关。

二百三十五

知彼知己,百战不殆①;不知彼而知己,一胜一负;不知彼,不知己,每战必殆。
——[战国]孙子《孙子兵法·谋攻篇》

释义

了解敌方也了解自己,每一次战斗都不会有危险;不了解对方但了解自己,胜负的概率各半;既不了解对方又不了解自己,每战必败。

这段话告诉我们,只有了解、掌握和正确运用用兵原则,按照规律制定自己的作战方案,才足以战胜敌人。

名句"知彼知己,百战不殆"的意思是:对情况都有了解,作战就不会失败。这句名言深刻地阐明了战争活动中知与行、认识与实践的关系问题,是冷静的理性态度在战争中的重要表现,是战争科学的真理,是使自己立于不败之地战胜敌人的法宝。

孙武的这句名言,不单在战争上给了我们重要启示,而且在创新创业、科学研究、人际交往方面也给我们提供了很好的借鉴作用。

① 殆(dài):失败。

二百三十六

尺有所短，寸有所长；物有所不足，智有所不明。

——［战国］屈原《卜居》

路漫漫其修远兮，吾将上下而求索。

——［战国］屈原《离骚》

释义 SHIYI

"尺有所短，寸有所长；物有所不足，智有所不明"出自《卜居》，大意是：一尺虽长也有它的短处，一寸虽短也有它的长处；任何事物都有它的不足之处，再聪明的人也有他不了解的。说明事物互有长短，各有利弊。

人生在世，孰能无惑？一个人要想完善自我，增长才学，就要虚心学习，要有屈原"路漫漫其修远兮，吾将上下而求索"的探索精神，要有"吾爱吾师，吾更爱真理"的求知精神。

"路漫漫其修远兮，吾将上下而求索"出自《离骚》，大意为：前方的道路漫长又遥远，我将百折不挠、不遗余力地去探寻。这一传诵千古的名句，激励着一代又一代仁人志士为了真理不懈求索，生死以之。

二百三十七

耳闻之不如目见之，目见之不如足践之，足践之不如手辨之。

——［西汉］刘向《说苑·政理》

事莫明于有效，论莫定于有证。

——［东汉］王充《论衡·薄葬》

纸上得来终觉浅，绝知此事要躬行。

——［南宋］陆游《冬夜读书示子聿》

释义 SHIYI

"耳闻之不如目见之，目见之不如足践之，足践之不如手辨之"出自《说苑·政理》，大意是：耳朵听到的不如亲眼看到的，亲眼看到的不如自己调查到的，自己调查到的不如亲手操作的。刘向此语道出了实践的重要性。

无论为学还是为政，实践都是非常重要的。只有亲自动手，深入实践，才能真正发现问题，才能真正找到解决问题的办法。习近平总书记指出，"脚上有泥，心中才有数"，干部只有深入基层、深入实际、深入群众，才能在改革发展的主战场、维护稳定的第一线、服务群众的最前沿砥砺品质、提高本领，实现自己的价值。

"事莫明于有效，论莫定于有证"出自《论衡》，大意是：对事物最好的证明是看它是否有效，对理论最好的检验是看它有没有证据。

"纸上得来终觉浅，绝知此事要躬行"出自《冬夜读书示子聿》，全诗是：古人学问无遗力，少壮工夫老始成。纸上得来终觉浅，绝知此事要躬行。

诗中名句"纸上得来终觉浅，绝知此事要躬行"的意思是：从书本上得来的知识，毕竟是不够完善的；如果想要深入理解其中的道理，必须要亲自实践才行。

陆游告诉我们，要坚持知行合一，坚持在实践中学真知、悟真谛，加强磨炼，增长本领。

二百三十八

智者，知也，独见前闻，不惑于事，见微知著也。

——［东汉］班固等《白虎通义》

学易而好难，行易而力难，耻易而知难。

——［清］王夫之《俟解》

释义 SHIYI

"智者，知也，独见前闻，不惑于事，见微知著也"出自《白虎通义》，大意是：聪明的人，是善于察觉的人，对周围的所见所闻，有自己独到的见解，不被假象所迷惑，在细小的环节中能看见（悟出）大的道理。

其中名句"见微知著也"的意思是，见到事情的苗头，就能知道它的实质和发展趋势。

"学易而好难，行易而力难，耻易而知难"出自《俟解》，大意是：学是容易的，但学好很难；做是容易的，但努力做好很难；感到羞耻是容易的，但懂得所以羞耻的道理很难。

王夫之作为明末清初思想家，很多观点和主张具有深刻的教育和启迪意义。此语意在告劝世人认真学、努力学、用心学。

二百三十九

言必有用，术必有典，名必有实，事必有功。

——［东汉］荀悦《申鉴·俗嫌》

释义

"言必有用,术必有典,名必有实,事必有功"出自《申鉴·俗嫌》,原文是:在上者不受虚言,不听浮术,不采华名,不兴伪事。言必有用,术必有典,名必有实,事必有功。

其中名句"言必有用,术必有典,名必有实,事必有功"的意思是,说话必须产生实际效果,方法必须有标准和法则,名声必须与事实相符,做事必须有结果来证实。

"四必"说到底就是一个"实"字,说话要实,做事要实,做人要实;"言必有用"才能"不受虚言","术必有典"才能"不听浮术","名必有实"才能"不采华名","事必有功"才能"不兴伪事"。这对现在仍然有启迪意义,值得我们身体力行。

二百四十

行之力则知愈进,知之深则行愈达。

——[南宋]张栻《论语解·序》

释义

"行之力则知愈进,知之深则行愈达"出自《论语解·序》,原文是:始则据其所知而行之,行之力则知愈进,知之深则行愈达。大意是:人的"知"与"行"相辅相成、相互促进。一方面,实践越深入,知识就越能不断增长,认识就越能不断精进;另一方面,认识越深刻,实践才越有方向感。

张栻深刻阐述了实践与认识的关系:人的"知"与"行"相辅相成、相互促进。只有坚持知行合一,把过去实践中形成的认知和经验作为未来行动的基础,才能促进事业不断发展进步。

习近平总书记在庆祝改革开放40周年大会上说到"只有顺应历史潮流,积极应变,主动求变,才能与时代同行"时,引用了"行之力则知愈进,知之深则行愈达"这一名句。

二百四十一

物有甘苦,尝之者识;道有夷险,履之者知。

——[明]刘基《拟连珠》

释义

任何事物都有甘苦之分，只有尝试过才会知道；天下道路都有平坦坎坷之分，只有自己走过才会明白。这句名言道出了实践出真知的道理，饱含了实践认识论的哲学智慧。

"非知之艰，行之惟艰。"中国自古就有注重实践的优良传统。孔子曾说："始吾于人也，听其言而信其行；今吾于人也，听其言而观其行。"荀子也曾指出："不闻不若闻之，闻之不若见之，见之不若知之，知之不若行之。学至于行之而止矣。"中国古代思想家之所以重视实践，是因为他们认识到实践方能建立功业。人必须在实践中不断磨砺自己，通过实践提高自己的修养功夫，进而达到齐家治国平天下的儒家政治理想。

二百四十二

不深思则不能造于道，不深思而得者，其得易失。
事前加慎，事后不悔。

——［清］曾国藩《曾国藩家训》

释义

"不深思则不能造于道，不深思而得者，其得易失"的大意是：不深思就不能掌握道理，不经过深思而得到的东西，即使得到了也容易失掉。

这句话启示我们，做事情要深思熟虑，深入思考。

"事前加慎，事后不悔"的大意是：只有事前小心谨慎对待，事后才不至于后悔不已。

曾国藩以诚、勤、慎三字成就了自己的事业，并培养出了众多优秀的后人。

第二章 敬 业

二百四十三

叶①公问孔子于子路,子路不对。子曰:"汝奚不曰,'其为人也,发愤忘食,乐以忘忧,不知老之将至'云尔。"

——[春秋]《论语·述而》

叶公向子路问孔子是个什么样的人,子路不答。孔子(对子路)说:"你为什么不这样说,他这个人,发愤用功,连吃饭都忘了,快乐得把一切忧虑都忘了,连自己快要老了都不知道,如此而已。"

孔子自述其心态:"发愤忘食,乐以忘忧",这是求知日新到了忘我忘情的境界,也是敬业的最高境界,这种人格和境界为后世树立了榜样、开辟了方向。

二百四十四

欲速则不达。

——[春秋]《论语·子路》

工欲善其事,必先利其器。

——[春秋]《论语·卫灵公》

---

① 叶:读 shè。

释义 SHIYI

"欲速则不达"出自《论语·子路》。孔子向学生子夏交代了治理地方应注意的一些事后,再三嘱咐说:"无欲速,无见小利。欲速,则不达;见小利,则大事不成。"这段话的意思是:做事不要单纯追求速度,不要贪图小利;单纯追求速度,不讲效果,反而达不到目的;如果只顾眼前小利,不讲长远利益,那就什么大事也做不成。

"欲速则不达"告诉我们,凡事都要讲究循序渐进,有了量变才会有质变,千万不可焦躁,如果快速完成某件事,其效果未必会好,甚至大失所望,所以万不可急于求成。

"工欲善其事,必先利其器"出自《论语·卫灵公》,全文为:"子贡问为仁。子曰:'工欲善其事,必先利其器。居是邦也,事其大夫之贤者,友其士之仁者。'"

其中名句"工欲善其事,必先利其器"的意思是:工匠想做好他的工作,一定要先让工具锋利。比喻要做好一件事,准备工作非常重要。

这句饱含哲理的名言几千年来一直都是人们行动的指南,与俗语"磨刀不误砍柴工"同理。

二百四十五

治之已精,而益求其精。

——［春秋］《论语·学而》

精而益求其精,备而益求其备。

——［清］王夫之《宋论·太宗》

释义 SHIYI

"治之已精,而益求其精"出自《论语·学而》,大意是:事情已做得精致完美了,但还要继续努力,让它变得更好。它体现了中国人自古以来孜孜以求的工匠精神。

"精而益求其精,备而益求其备"出自《宋论·太宗》,大意是:精确了还需要进一步精确,完备了还需要进一步完备。事情本来不可能十全十美,之所以要精益求精,是因为取法乎上,适得其中,严格要求,避免草率。

工匠精神是一种职业精神,它是职业道德、职业能力、职业品质的体现,是从业者的一种职业价值取向和行为表现。"没有最好,只有更好!"工匠精神始终是创新创业的重要精神源泉。

二百四十六

不在其位,不谋其政。

——[春秋]《论语·泰伯》

庖人①虽不治庖,尸祝②不越樽俎③而代之矣。

——[战国]庄子《庄子·逍遥游》

释义

"不在其位,不谋其政"出自《论语·泰伯》,大意是:不在那个职位上,就不去考虑那个职位上的事。

这句话指不过问别人的事情,只求做好自己该做的事情。每个人做好自己分内之事,天下万事自然会上轨道。

"庖人虽不治庖,尸祝不越樽俎而代之矣"出自《庄子·逍遥游》,大意是:厨师不做祭品(不尽职守),但是主持祭祀的司仪也不会代替厨师去烹调。

尽管庖人不尽职,尸祝也不会超越自己主持祭祀的职权范围代他行事,这表现了庄子无为而治的思想。成语"越俎代庖"即由此而来。此句对我们最大的启示应该是,尽心尽责做好自己的本职工作。

二百四十七

且夫④水之积也不厚,则其负⑤大舟也无力。

——[战国]庄子《庄子·逍遥游》

无厚⑥入有间⑦,恢恢乎⑧其于游刃必有余地矣。

——[战国]庄子《庄子·养生主》

---

① 庖(páo):厨师。
② 尸祝:古代祭祀时对神主掌祝的人;主祭人。
③ 樽俎(zǔ):樽,古代盛酒的器具,俎,古代盛肉的器具,都是厨师必备的东西,这里用来借指厨师。
④ 且夫:提起将要议论的下文。
⑤ 负:承载。
⑥ 无厚:指没有厚度的刀刃。
⑦ 有间:指有间隙的牛体的骨节。
⑧ 恢恢乎:形容宽绰的样子。

释义

"且夫水之积也不厚，则其负大舟也无力"出自《庄子·逍遥游》，大意是：如果水积得不够深厚，那么它就没有能力负载大船。

从大舟与水的关系看，我们至少可以得到这样的启示：求大学问，干大事业，必须打下坚实、深厚的基础。

"无厚入有间，恢恢乎其于游刃必有余地矣"出自《庄子·养生主》，大意是：用没有厚度的刀刃切入有间隙的骨节，所以运作起来还是宽绰而有余地的。

此句说明做事要"依乎天理""以无厚入有间"，这是庄子养生论的核心。同时说明了要认识自然规律，按自然规律办事。"游刃有余"这个成语就出自这里。

二百四十八

人一能之，己百之；人十能之，己千之。果能此道矣，虽愚必明，虽柔必强。

——《礼记·中庸》

释义

"人一能之，己百之；人十能之，己千之。果能此道矣，虽愚必明，虽柔必强"出自《礼记·中庸》，大意是：做一件事情，别人用一分的努力，我要用百分的努力；别人用百分的努力，我就要用千分的努力。如果真能这样努力，即便是再愚笨的人，也一定可以聪明起来；即便是再柔弱的人，也一定可以强大起来。

"人一能之，己百之；人十能之，己千之"的拼搏精神，是刚健自强、积极有为思想的体现。

二百四十九

功崇惟志，业广惟勤。

——《尚书·周书》

业精于勤，荒于嬉；行成于思，毁于随。

——［唐］韩愈《进学解》

SHIYI

"功崇惟志，业广惟勤"出自《尚书·周书》。周成王灭了淮夷，回到王都丰邑，和群臣一起总结周王朝成就王业的经验，并向群臣说明设官分职用人的法则。他告诫"有官君子"（大夫以上有职事者）要忠于职守、勤于政务时说："你们要认真对待你们的职责，不能怠惰疏忽，要知道'功崇惟志，业广惟勤'。"

"功崇惟志，业广惟勤"的意思是：取得伟大的功业，是由于有伟大的志向；完成伟大的功业，在于辛勤不懈地工作。"功崇惟志"，是目标的确定，想要取得崇高功业，就要首先确立高远志向。"业广惟勤"，是过程的耕耘，想要完成广大业绩，就必须坚持勤奋付出。

学业所以专精，在于勤奋，所以荒废，在于散漫；事情做得好，在于深思熟虑，做得不好，在于因循随俗。

这句话说明：事业或学业的成功在于勤勉奋发，松懈怠慢将一事无成；凡事想要成功，必须反复思考、深思熟虑，如果人云亦云、不假思索，则难成大器。

二百五十

夫知者必量其力所能至从事焉。

——［战国］墨子《墨子·公孟》

凡事豫①则立，不豫则废。

——《礼记·中庸》

 SHIYI

"夫知者必量其力所能至从事焉"语出《墨子·公孟》。原文是：二三子有复于子墨子学射者，子墨子曰："不可。夫知者必量其力所能至而从事焉。国士战且扶人，犹不可及也。今子非国士也，岂能成学又成射哉？"

"夫知者必量其力所能至从事焉"的意思是：有智慧的人必先衡量自己的力量所能达到什么程度，然后才去做事。

墨子认为，聪明的人一定会估量自己的能力，能做到的事情他才去做。说明做事应量力而行，不勉强去做力所不能及的事。

"凡事豫则立，不豫则废"出自《礼记·中庸》，原文是：凡事豫则立，不豫则

---

① 豫：通"预"，计划。

废。言前定则不跲①，事前定则不困，行前定则不疚，道前定则不穷。大意是：做任何事情，事前有准备就可以成功，没有准备就会失败。

"凡事豫则立，不豫则废"这句话强调事前准备的重要性，所谓"有备无患"。

二百五十一

良农不为水旱不耕，良贾不为折阅不市，士君子不为贫穷怠慢乎道。

——［战国］荀子《荀子·修身》

释义

"良农不为水旱不耕，良贾不为折阅不市，士君子不为贫穷怠慢乎道"出自《荀子·修身》，大意是：优秀的农人，不会因为水旱而不耕作；善于经营的商人，也从不会因货物跌价不做生意；士人君子，更不会因为自己的贫穷和身份低微，而放弃对学问的追求。

二百五十二

骐骥一跃，不能十步；驽马十驾，功在不舍。锲而舍之，朽木不折；锲而不舍，金石可镂。

——［战国］荀子《荀子·劝学》

用志不分，乃凝②于神。

——［战国］庄子《庄子》

释义

"骐骥一跃，不能十步；驽马十驾，功在不舍。锲而舍之，朽木不折；锲而不舍，金石可镂"出自《荀子·劝学》，大意是：骏马跳跃一次，也不能有十步（远）；而劣马奔跑十天也能跑很远，原因就在于坚持不懈；雕刻一下便放弃，即使是腐朽的木头也不能被折断；雕刻并且持之以恒，就是金石也能被雕刻。比喻作学问，应该持之以恒、坚持不懈。

---

① 跲：读jiá。
② 凝：专注，集中。

名句"锲而不舍，金石可镂"的意思是：只要坚持不停地用刀刻，就算是金属、玉石也可以雕出花饰。引申为：只要坚持不懈地努力，即使再难的事情也可以做到。

"用志不分，乃凝于神"出自《庄子》，大意是：用心专一，才能精神集中。喻指做任何事情，必须专心致志，全神贯注，方有所得。

二百五十三

凡百事之成也，必有敬之，其败也，必有慢之。

——［战国］荀子《荀子·议兵》

主一无适便是敬。

——［南宋］朱熹《二程·粹言》

释义 SHIYI

"凡百事之成也，必有敬之，其败也，必有慢之"出自《荀子·议兵》，大意是：大凡一切事情的成功，都在于能严肃认真地对待它；事情之所以失败，一定是因为轻视了它。

这句话说明，要想把事情办好，就必须严肃认真，毫不马虎。拖延和怠慢必将导致失败。敬业是成功人士的必备精神，只有敬业才会去认真对待工作。

"主一无适便是敬"出自《二程·粹言》，原文是："或问敬子曰：'主一之谓敬。何谓一？'子曰：'无适之谓一。'"

"主一"，精神集中；无适，心无旁骛；敬，敬业。这句话的意思是：做一件事时，精神集中，心无旁骛，这就是敬。

二百五十四

敬业乐群。

——《礼记·学记》

失之毫厘，谬以千里。

——《礼记·经解》

释义 SHIYI

"敬业乐群"出自《礼记》，大意是：对自己的事业很尽职，和朋友相处很融洽。

自古以来，敬业是公民的重要价值准则，也是最基本的职业道德操守。《礼记》有"敬业乐群"之说，孔子有"敬事而信""执事敬"之主张。古往今来，中国不乏敬业的优秀典型，"大禹治水，三过家门而不入"，诸葛亮"鞠躬尽瘁，死而后已"。

"失之毫厘，谬以千里"出自《礼记·经解》，大意是：开始时有一点差错，结果会造成极大的错误。毫厘，极小的长度单位。

二百五十五

鞠躬尽瘁，死而后已。

——［三国］诸葛亮《后出师表》

一思尚存，此志不懈。

——［明］胡居仁

粉骨碎身浑不怕，要留清白在人间。

——［明］于谦《石灰吟》

 SHIYI

"鞠躬尽瘁，死而后已"出自《后出师表》。文中诸葛亮向蜀汉后主刘禅表述："臣鞠躬尽瘁，死而后已。至于成败利钝，非臣之明所能逆睹也。"诸葛亮的意思是：我当勤勤恳恳，竭尽心力，到死为止。

"鞠躬尽瘁，死而后已"，这是一种敬业精神的极致体现，是中华民族敬业精神的最高境界。

"一思尚存，此志不懈"是明朝理学家胡居仁的名言，大意是：只要还有一口气在，就不会放弃理想和目标。形容人的意志坚强，不达目的誓不罢休的精神。

胡居仁暗修自守、严谨治学、远离官场、淡薄自处，强调诚敬、慎独、力行。胡居仁的人生主张和个人操守对今人仍有积极的借鉴意义。

"粉骨碎身浑不怕，要留清白在人间"出自《石灰吟》，大意是：即使粉身碎骨也毫不惧怕，甘愿把一身清白留在人世间。表达作者为国尽忠，不怕牺牲的意愿和坚守高洁情操的决心。

二百五十六

为人性僻耽佳句，语不惊人死不休。

——［唐］杜甫《江上值水如海势聊短述》

两句三年得，一吟双泪流。

——［唐］贾岛《题诗后》

吟安一个字，捻断数茎须。

——［唐］卢延让《苦吟》

释义 SHIYI

"为人性僻耽佳句，语不惊人死不休"出自《江上值水如海势聊短述》，大意是：我为人性情孤僻，醉心于作诗，写出来的诗句一定要惊人，否则不肯罢休。

"两句三年得，一吟双泪流"出自《题诗后》，大意是：这两句诗我构思三年才得来，一读起来禁不住两行热泪流出来。

"吟安一个字，捻断数茎须"出自《苦吟》，大意是：把一个字琢磨推敲安稳了，不知不觉捻断了几根胡须。这两句诗，描写了诗人在吟诗时苦苦思索与斟酌的情形。

无论是贾岛还是卢延让，他们的敬业精神令人肃然起敬。习近平总书记在中国文联十大、中国作协九大开幕式上的讲话中指出："文艺创作是艰苦的创造性劳动，来不得半点虚假。那些叫得响、传得开、留得住的文艺精品，都是远离浮躁、不求功利得来的，都是呕心沥血铸就的。""广大文艺工作者要有'板凳坐得十年冷'的艺术定力，有'语不惊人死不休'的执着追求，才能拿出扛鼎之作、传世之作、不朽之作。"

二百五十七

三更灯火五更鸡，正是男儿读书时。黑发不知勤学早，白首方悔读书迟。

——［唐］颜真卿《劝学》

释义 SHIYI

每天三更半夜到鸡啼叫的时候，是男孩子们读书的最好时间。少年时只知道玩耍，不知道要好好学习，到老的时候才后悔自己年少时为什么不知道要勤奋努力学习。

《劝学》这首诗深入浅出，自然流畅，富含哲理，从学习的时间角度立意，劝勉年轻人不要虚度光阴，要及早努力学习，免得将来后悔。

此诗与《金缕衣》中"劝君莫惜金缕衣，劝君惜取少年时"、《杂诗》中"盛年不重来，一日难再晨。及时当勉励，岁月不待人"的思想遥相呼应。读书永远在路上。读书，就是为了让自己成为一个有温度、懂情趣、会思考的人。

二百五十八

春蚕到死丝方尽，蜡炬成灰泪始干。

——［唐］李商隐《无题》

落红不是无情物，化作春泥更护花。

——［清］龚自珍《己亥杂诗·其五》

释义 SHIYI

"春蚕到死丝方尽，蜡炬成灰泪始干"出自李商隐的《无题》诗："相见时难别亦难，东风无力百花残。春蚕到死丝方尽，蜡炬成灰泪始干。晓镜但愁云鬓改，夜吟应觉月光寒。蓬山此去无多路，青鸟殷勤为探看。"

"春蚕到死丝方尽，蜡炬成灰泪始干"的意思是：春蚕结茧到死时，缠绵的丝才吐完；蜡烛要燃尽成灰时，像眼泪一样的蜡油才能滴干。

这两句话常被用来形容教育工作者鞠躬尽瘁、敬岗爱业的奉献精神，鼓舞人们立足岗位、不断学习、尽职尽责。

"落红不是无情物，化作春泥更护花"出自龚自珍的《己亥杂诗·其五》，大意是：我辞官归乡，有如从枝头上掉下来的落花，但它却不是无情之物，化成了春天的泥土，还能起着培育下一代的作用。

诗人用移情于物的手法，借落花翻出新意，为我们展示了一个极为瑰丽的境界："落红不是无情物，化作春泥更护花。"在诗人看来，落花作为个体，它的生命是终止了；但一当它化作春泥，就能保护、滋养出新的花枝，它的生命就在下一代群体身上得以延续，体现出真正的生命价值！

二百五十九

人之才，成于专而毁于杂。

——［宋］王安石《上仁宗皇帝言事书》

不一则不专，不专则不能。

——［宋］苏轼《应制举上两制书》

释义 SHIYI

"人之才，成于专而毁于杂"出自《上仁宗皇帝言事书》，大意是：人才的成功在于专心致力于一种事业,他的失败在于学得杂而干事不专一。

《上仁宗皇帝言事书》阐述了王安石所认为的人才成功之道。它以解决"专"与"杂"的关系立论,指出"专"是成才的关键所在,而"杂"是许多有才气的人无成的重要原因。

王安石此文言辞恳切,秉笔直书,文风质朴,给人以深刻的启示。

"不一则不专,不专则不能"出自《应制举上两制书》,大意是:不把精神集中于某件事情就不能专心,不专心就不会有所成就。

只有对工作专心致志、全身心的投入,才能充分挖掘自身的潜能,在竞争中取得胜利。

二百六十

君子之学贵一,一则明,明则有功。

——[宋]杨时《二程粹言·论学篇》

人之学力有限,术业贵乎专攻。

——[元]黄晋《唐子华诗集序》

"君子之学贵一,一则明,明则有功"出自《二程粹言·论学篇》,大意是:君子为学,贵在专一,专一就能明事理,明事理就会有所收获。

"人之学力有限,术业贵乎专攻"出自《唐子华诗集序》,大意是:人在学习上的精力有限,做学问贵在有专一的方向,不在多而在精。

根据实际情况,学会专一很重要,争取把事情做到极致。

第三章 笃 行

二百六十一

合抱之木，生于毫末；九层之台，起于累土；千里之行，始于足下。

为者败之，执者失之。

是以圣人无为故无败，无执故无失。

民之从事，常于几成而败之。慎终如始，则无败事。

——［春秋］老子《道德经·第六十四章》

释 SHIYI

合抱的大树，生长于细小的萌芽；九层的高台，筑起于每一堆泥土；千里的远行，是从脚下第一步开始走出来的。

有所作为的将会招致失败，有所执着的将会遭受损害。

因此圣人无所作为所以也不会招致失败，无所执着所以也不会受损害。

人们做事情，总是在快要成功时失败，所以当事情快要完成的时候，也要像开始时那样慎重，就没有办不成的事情。

"合抱之木，生于毫末"强调的是，再强大的事物，在起初的时候也很弱小，所以不要因事物尚处在初级阶段而心生轻视或妄自菲薄。"九层之台，起于累土"，强调的则是踏踏实实、点点滴滴的积累。"千里之行，始于足下"是指事情必须从头做起，从点滴的小事做起，逐步进行。

"民之从事，常于几成而败之。慎终如始，则无败事"说明，无论身处顺境逆境，都需时刻保持警惕，须臾不可放松。

在这里，老子提出了居安思危、防微杜渐、从小做起、慎终如始的思想，具有催人奋进、耐人寻味的辩证哲理。

二百六十二

天下难事，必作于易；天下大事，必作于细。

——［春秋］老子《道德经·第六十三章》

知①者不言，言者不知。

——［春秋］老子《道德经·第五十六章》

释义 SHIYI

"天下难事，必作于易；天下大事，必作于细"出自《道德经·第六十三章》，大意是：天下所有的难事都是由简单的小事发展而来的，天下所有的大事都是从细微的小事做起来的。

一个人要想成就一番事业，就得从简单的小事做起，从细节入手。老子的这句话，需要我们细细揣摩，慢慢理解。"泰山不拒细壤，故能成其高，江海不择细流，故能就其深"说的也是这个道理。我们不管做什么，在哪做，都要踏踏实实，默默奉献。在最平凡的岗位上，做好自己身边的每件小事，这就是做事的关键。就是因为做好了这些不起眼的小事，才促成了我们将来的成功。

"知者不言，言者不知"出自《道德经·第五十六章》，大意是：有智慧的人，往往不轻易开口；说话随便的人，往往就没有智慧。

老子这句话告诉我们，不要执着于文字、语言，不要把太多时间花费在言语、文字方面，不要和别人争论，真正的修行人，关键是行，而不是说。

日常生活中，不少人遇事往往大呼小叫，妄加评论，这正好暴露了自己的肤浅和无知。因为很多事情我们往往只知其一，不知其二，所以一定要学会独立思考，三思而后行，不要妄下论断，否则将会贻笑大方。

二百六十三

谦谦君子，卑以自牧也。

——《易传·象传上》

君子欲讷②于言，而敏于行。

——［春秋］《论语·里仁》

---

① 知（zhì）：通"智"，有智慧。
② 讷（nè）：说话迟钝。

释义 SHIYI

"谦谦君子，卑以自牧也"出自《易传·象传上》，大意是：道德高尚的人，总是与人谦恭有礼，做到功高不自居、名高不自誉、位高不自傲。

谦卑就是一种自我的尊重，它貌似弱势，实则强大；谦卑的意志力其实是最不可以逾越的，这也是君子人格魅力的终极所在。

"君子欲讷于言，而敏于行"出自《论语·里仁》，大意是：君子说话应该谨慎，而行动要敏捷。

此语言简意赅，一语道破了为人处世的玄机，即少说话多做事。在春秋时期，这句话就已成了当时智者行事的重要法宝之一，时至今日，依然是人们为人处世的重要准则之一。

讷于言，有两层含义：一是少说话，所谓言多必失、祸从口出；二是少说空话和大话，空话废话毫无意义。

二百六十四

玩人丧德，玩物丧志。

——《尚书·周书》

貌曰恭，言曰从，视曰明，听曰聪，思曰睿。

——《尚书·洪范》

释义 SHIYI

"玩人丧德，玩物丧志"出自《尚书·周书》。大意是：如果一个人以戏弄他人为乐，那就是道德败坏的体现，如果一个人过于沉迷于某个事物，逐渐地便会失去奋发图强的斗志。

人性都有一种玩乐的倾向，如果不能适当地加以控制，一旦陷于玩乐中不能自拔，那么昔日的志气、豪情就很容易化为乌有。一个人要能管好自己不做那些无益之事，将来才能有所成就。

"貌曰恭，言曰从，视曰明，听曰聪，思曰睿"出自《尚书·洪范》，大意是：态度要恭敬，言论要从善如流，观察力要敏锐透彻，辨别力要正确，思考要周详。

二百六十五

无耻过作非。

——《尚书·商书》

天作孽，犹可违；自作孽，不可逭①。

——《尚书·商书》

释义 SHIYI

"无耻过作非"大意是：不要因为犯有错误而感到羞愧，便去加以掩饰。错误并没有什么可怕之处，而最可怕的是不敢面对错误，反而选择逃避。

"天作孽，犹可违；自作孽，不可逭"大意是：自然界发生的灾祸，还可以设法防范避开；自己造成的灾祸，就无法逃避了。

这本是商朝国君太甲引咎自责的话，后人常用来说明自作自受、咎由自取。

二百六十六

不矜细行，终累大德。为山九仞，功亏一篑②。

——《尚书·周书》

非知之艰，行之惟艰。

——《尚书·商书》

释义 SHIYI

"不矜细行，终累大德。为山九仞，功亏一篑"出自《尚书·周书》，大意是：在小的行为上不谨慎，终究会连累到大的德行。筑九仞高的土山，工作未完只在于一筐土。

"为山九仞，功亏一篑"比喻做事情只差最后一点没能完成。

"功亏一篑"这个成语告诉我们，无论做任何事，都要有始有终，踏踏实实，坚持不懈，否则很可能前功尽弃。

"非知之艰，行之惟艰"出自《尚书·商书》，大意是：不是知道它很难，而是实

---

① 逭（huàn）：逃避。
② 篑（kuì）：盛土的筐子。

177

行它很难。

"非知之艰，行之惟艰"，关键是要做到知行合一，它告诉人们：知道一个道理并不难，难的是把这个道理付之于实践，并取得成效。

对于知易行难的道理，《贞观政要·慎终》中也有所提及："非知之难，行之惟难；非行之难，终之斯难。"意思是说做任何事情，只去了解它并不困难，困难的是去做；去做也并不困难，困难的是善始善终。

二百六十七

宰予昼寝，子曰："朽木不可雕也，粪土之墙不可杇①也！于予与何诛②?"子曰："始吾于人也，听其言而信其行；今吾于人也，听其言而观其行。于予与改是。"

——［春秋］《论语·公冶长》

宰予在白天睡觉。孔子说："腐朽了的木头不能雕刻，粪土一样的墙壁不能粉刷。宰予这个人，不值得责备呀！"孔子又说："以前，我对待别人，听了他的话便相信他的为人；现在，我对待别人，听了他的话还要观察他的行为。我是因宰予的表现而改变了对人的态度的。"

宰予是孔子的学生，他以善于言辞著称，有时还夸夸其谈。孔子于是便借"昼寝"一事将他责备了一番。孔子提出要准确判断一个人，既要听其言，还要观其行，看看他的言行是否一致。

二百六十八

子谓颜渊曰："用之则行，舍之则藏，惟我与尔有是夫③。"子路曰："子行三军，则谁与?"子曰："暴虎冯河④，死而不悔者，吾不与也。必也临事而惧⑤，好谋而成者也。"

——［春秋］《论语·述而》

---

① 杇（wū）：同"圬"，指涂饰，粉刷。
② 诛：意为责备，批评。
③ 夫（fú）：语气词。
④ 暴虎冯河：暴虎，空手与老虎搏斗；冯河，赤足蹚水过河；冯，同"凭"。
⑤ 惧：严肃认真（对待事情）。

孔子对颜渊说:"用我呢,我就去干;不用我,我就隐藏起来,只有我和你才能做到这样吧!"子路问孔子说:"老师您如果统率三军,那么您和谁在一起共事呢?"孔子说:"赤手空拳和老虎搏斗,徒步涉水过河,死了都不会后悔的人,我是不会和他在一起共事的。我要找的,一定要是遇事小心谨慎,善于谋划而能完成任务的人。"

这段简短的对话,一则表达了孔子"用行舍藏"的思想,二则通过对子路含蓄的批评,阐明了"勇"的内涵,指出真正的"勇",不是鲁莽行事,而是"临事而惧,好谋而成"。

"临事而惧,好谋而成",这不是让人遇事退缩不前,什么也不敢做,而是无论对待什么事情,都要有敬畏之心,多从成功、失败不同的方面想一想后果,多准备几套方案,精心谋划,才能最终取得成功。

二百六十九

子曰:"巧言、令色、足恭,左丘明耻之,丘亦耻之。匿怨而友其人,左丘明耻之,丘亦耻之。"

——[春秋]《论语·公冶长》

君子周而不比,小人比而不周。

——[春秋]《论语·为政》

"子曰:'巧言、令色、足恭,左丘明耻之,丘亦耻之。匿怨而友其人,左丘明耻之,丘亦耻之'"出自《论语·公冶长》,大意是:花言巧语,装出好看的脸色,表演出伪善的面貌,摆出逢迎的姿式,低三下四地过分恭敬,左丘明认为这种人可耻,我也认为这种人可耻。把怨恨暗藏于心,表面上却装出跟人非常友好的样子,左丘明认为这种人可耻,我也认为这种人可耻。

孔子认为,花言巧语、和颜悦色的人是虚伪的,这种人的仁心就很少。所以他说:"巧言令色,鲜矣仁。"(《论语·学而》)

人最好的生命状态永远都只有一个,那就是心口如一,表里一致,知行合一,内圣外王,里外都充满至诚。

"君子周而不比,小人比而不周"出自《论语·为政》,大意是:德行高尚的人以正道交友但不互相勾结,品格卑下的人互相勾结却不顾道义。

孔子在这里提出君子与小人的区别之一，就是小人因私利而结党勾结，不能与大多数人融洽相处，而君子则不同，他做事总为多数人着想，能与众人和谐相处，但不与人相勾结。孔子这种思想无疑是极具现实意义的。

二百七十

君子耻其言而过其行。

——［春秋］《论语·宪问》

其言之不怍①，则为之也难！

——［春秋］《论语·宪问》

释义

"君子耻其言而过其行"出自《论语·宪问》，大意是：君子以夸夸其谈为耻，而行动中总是力求做得更好！

孔子以言行一致为美德，以言过其行为可耻，同时他也重视"身教"，他认为，不能光说不做。

"其言之不怍，则为之也难"出自《论语·宪问》，大意是：说话大言不惭，实行这些话就很难。

由此可见，孔子崇尚少说多做，注重言行一致。

二百七十一

天道②盈而不溢，盛而不骄，劳③而不矜④其功。

——［春秋］左丘明《国语·越语下》

释义

大道就是做人圆满而不过分，赢得胜利而不骄傲，完成一件重要的事而不居功自傲。

《国语·越语》记载了越王勾践与范蠡的对话。这是范蠡总结和发展春秋时期自然

---

① 怍（zuò）：惭愧。
② 天道：指日月星辰运行的轨道，天气变化遵行的法则。
③ 劳：即"劳而有功"，经过辛勤劳动而取得成功。
④ 矜：自夸；自恃。

观方面的唯物论观点，对自然界的客观规律有了比较完整、深刻的认识后所提出的观点，他认为自然界的运行变化有其自身的客观规律，"天道"即表现了这种规律。此句告诉我们，做事要圆满但是不能做过分了，取得了胜利也不能骄傲自大，有了功劳也不能自持而自满自足，轻视别人，以至于停步不前。

二百七十二

事者，生于虑，成于务，失于傲。

——［春秋］管子《管子·乘马》

慎易以避难，敬细以远大。

——［战国］韩非子《韩非子·喻老》

释义

"事者，生于虑，成于务，失于傲"出自《管子·乘马》，大意是：事情总是产生于谋虑，成功于努力，失败于骄傲轻心。

"生于虑"就是要未雨绸缪，周密考虑。"成于务"就是要把各项政策措施落到实处。"失于傲"就是说形势越好，越要保持清醒头脑，增强忧患意识。这句话强调的是，做好一件事，往往产生于周密考虑，成功于实践探索，失败于骄傲自满。

"慎易以避难，敬细以远大"出自《韩非子·喻老》，大意是：谨慎地对待容易的事以避免困难，郑重地对待细小的漏洞以远离大的灾祸。

这句话告诉我们，无论难事易事、大事小事，都应一丝不苟、严谨细致、防微杜渐、防患未然，这样才能走向成功与辉煌。

二百七十三

贪如火，不遏则燎原；欲如水，不遏则滔天。

——［战国］韩非《韩非子·六反》

释义

贪念如同大火，不遏制就会迅速蔓延，欲念如同洪水，不控制就会形成灾难。

如今社会上各种诱惑让我们的党员干部眼花缭乱，作为党员干部必须坚持初心，做到清正廉洁，树立良好形象，要把权力关、美色关、金钱关，从小处着眼、从小节抓起、从小事做起，坚持把党的纪律规矩和法律法规、规章制度等转化为日常行为规范，不断增强行为自觉，做到内化于心、外化于行，严格依法依规办事。不断加强自我修养，对权力始终保持敬畏之心，不以公权谋私利，始终做到"情为民所系，权为民所用，利为民所谋。"

二百七十四

爱人不亲，反其仁；治人不治，反其智；礼人不答，反其敬。行有不得者，皆反求诸己。

——［战国］孟子《孟子·离娄上》

君子以仁存心，以礼存心。仁者爱人，有礼者敬人。爱人者人恒爱之，敬人者人恒敬之。

——［战国］孟子《孟子·离娄下》

 SHIYI

"爱人不亲，反其仁；治人不治，反其智；礼人不答，反其敬。行有不得者，皆反求诸己"出自《孟子·离娄上》，意思是：你爱护别人但人家不亲近你，就要反省自己的仁爱够不够；你管理别人却管不好，就要反省自己才智够不够；你待人以礼对方没有回应，就要反省自己恭敬够不够。任何行为如果没有取得效果，都要反过来检查一下自己，只要自己本身端正了，天下人民就会归顺你了。

"君子以仁存心，以礼存心。仁者爱人，有礼者敬人。爱人者人恒爱之，敬人者人恒敬之"出自《孟子·离娄下》，大意是：君子所怀的念头是仁，是礼；仁爱的人爱别人，礼让的人尊敬别人。爱别人的人，别人也会爱他；尊敬别人的人，别人也会尊敬他。

这几句话强调从自身做起，从身边事做起，自我批评则是其手段之一。

二百七十五

大知闲闲，小知间间；大言炎炎，小言詹詹。

——［战国］庄子《庄子·齐物论》

勿以恶小而为之，勿以善小而不为。惟贤惟德，能服于人。

——［三国］刘备

释义 SHIYI

"大知闲闲,小知间间;大言炎炎,小言詹詹"出自《庄子·齐物论》,大意是:最有智慧的人,总会表现出豁达大度之态;小有才气的人,总爱为微小的是非而斤斤计较;合乎大道的言论,其势如燎原烈火,既美好又盛大,让人听了心悦诚服;那些耍小聪明的言论,琐琐碎碎,废话连篇。

庄子是道家思想的集大成者,也是忠实的实践者。在这句话中,庄子提到了两种不同的境界:大知、大言与小知、小言。他用夸张的笔法,形容了那些为了证明自己言论的正确性而焦虑不安、殚精竭虑,甚至攻击对手的人。

人的精神层次有高有低。越是层次高的人,距离真理更近,视野也更开阔,心胸容量也更大。层次越低,视野越小,入眼入耳入心的越是脚下的琐碎。

"勿以恶小而为之,勿以善小而不为。惟贤惟德,能服于人"出自三国刘备之口,大意是:不要因为坏事小就去做,觉得没有关系;也不要因为善行小就不去施行。只有贤德的人,才能使众人信服。

善,即使是小善也必须要做;恶,即使是小恶也不能去做。小善能积成大善,小恶会形成极恶。

二百七十六

博学之,审问之,慎思之,明辨之,笃行之。
君子之道,辟如行远必自迩,辟如登高必自卑。

——[战国]子思《礼记·中庸》

释义 SHIYI

"博学之,审问之,慎思之,明辨之,笃行之"出自《礼记·中庸》,大意是:要广博地学习,要对学问详细地询问,要慎重地思考,要明白地辨别,要切实地力行。

"君子之道,辟如行远必自迩,辟如登高必自卑"出自《礼记·中庸》,大意是:一个有道德的君子,登高一定要从低的地方开始,远行一定要从近的地方起步。

此句告诉人们干事创业既要有"登高""行远"的目标,要志存高远、敢想敢干,又要从"卑"处、"迩"处开始,要脚踏实地、循序渐进。

二百七十七

道虽迩，不行不至；事虽小，不为不成。

——［战国］荀子《荀子·修身》

不闻不若闻之，闻之不若见之，见之不若知之，知之不若行之。

——［战国］荀子《荀子·儒效》

释义 SHIYI

"道虽迩，不行不至；事虽小，不为不成"出自《荀子·修身》，大意是：即使是再近的路，不走也不能到达；即使再小的事，不去做也不可能完成。

荀子认为，修养身心，努力提高自身的思想境界和道德水平，不是容易的事。这就如同走路，路程即使很近，不走也不会到达目的地；这就如同做事，事情即使很小，不做也不会成功。

"不闻不若闻之，闻之不若见之，见之不若知之，知之不若行之"出自《荀子·儒效》，大意是：没听见不如听见，听见不如看见，看见不如了解，了解了不如去实行。讲的是学习要广闻博见，深入探讨，最后要把学到的知识付诸实践。

荀子认为，学习本身并非目的，学习的目的在于实践。荀子强调学以致用，注重践履，甚至认为行高于知，知识要通过实践来检验。

二百七十八

众庶成强，增积成山。

——［西汉］刘向《战国策·东周策》

犹齿之有唇也，唇亡则齿寒。

——［西汉］刘向《战国策·齐策》

独柯①不成树，独树不成林。

——北朝乐府民歌

① 柯：草木的枝茎。

释义 SHIYI

"众庶成强，增积成山"出自《战国策·东周策》，大意是：众多平民聚在一起可以很强大，很多土累积在一起可以堆成山。

此句强调了不要忽视平民的力量，成功需要注意条件的积聚。

"犹齿之有唇也，唇亡则齿寒"出自《战国策·齐策》，大意是：这正像牙齿跟嘴唇的关系，没有了嘴唇，牙齿就会感到寒冷。

各相关利益体应互相关照，如果忽视了地缘上彼此之间的利害关系，国家之间、朋友之间不互相帮助，那么其邻国、亲朋就会受损，而他们的今天可能就是你的明天，正所谓"唇齿相依"。

"独柯不成树，独树不成林"出自北朝乐府民歌，大意是：一根树枝不能称为树，一棵单独的树不能称为一片树林。

此句强调一个人的力量是有限的，想要成就大事业，必须善于团结人，发挥群体的智慧和力量。

二百七十九

善作者，不必善成；善始者，不必善终。

——［西汉］刘向《战国策·燕策》

愚者暗①于成事，智者见于未萌。

——［西汉］刘向《战国策·赵策》

释义 SHIYI

"善作者，不必善成；善始者，不必善终"出自《战国策·燕策》，大意是：会做事，不一定就可以做成功；有一个好的开头，也不一定就会有好的结果。

此句强调事情成功与否的影响因素很多。因此，不要经常对结果有着过高的期望，要有科学合理的筹划，也要对事情的发展有良好的驾驭，尽力而为才是正确的态度。

"愚者暗于成事，智者见于未萌"出自《战国策·燕策》，大意是：愚昧的人对于已经成了的事实还昏昧不明，聪明的人则在事情还没有萌发的时候就已有所察觉了。

这里说出了世上没有纯粹的愚昧和聪明。职场上所谓的愚昧和聪明在于是否花了心思，心思用足了，个个都能成为职场的聪明人。单纯埋头苦干不肯动脑思考的人，很容易"愚昧"，这个"愚昧"不是指人笨，而是做事情不得要领，费力不讨好。

---

① 暗：昏昧，愚昧；不明白。

二百八十

见兔而顾①犬,未为晚也;亡羊而补牢,未为迟也。

——［西汉］刘向《战国策·楚策》

以地事秦,譬犹抱薪而救火也,薪不尽,则火不止。

——［西汉］刘向《战国策·魏策》

释义

"见兔而顾犬,未为晚也;亡羊而补牢,未为迟也"出自《战国策·楚策》,大意是:看见兔子才想起猎犬,这还不晚;羊跑掉了才补羊圈,也还不迟。

经句强调发生错误以后,如果赶紧去挽救,还不算迟。关键是要从错误中吸取教训。当然,最好是提前就做好防范,未雨绸缪。

"以地事秦,譬犹抱薪而救火也,薪不尽,则火不止"出自《战国策·楚策》,大意是:用土地侍奉秦国,就好像抱着柴救火,柴不烧完,火就不会灭。

此句强调了用错误的方法去消弭灾祸,只会使灾祸更加严重。

二百八十一

前事之不忘,后事之师。

——［西汉］刘向《战国策·赵策》

以铜为镜,可以正衣冠;以古为镜,可以知兴替;以人为镜,可以明得失。

——［唐］《旧唐书·魏徵传》

释义

"前事之不忘,后事之师"出自《战国策·赵策》,大意是:汲取从前的经验教训,作为以后工作的借鉴。后人将"前事之不忘,后事之师"改为成语"前事不忘,后事之师"。

这句话强调的是,要善于借鉴往事,汲取经验教训。"彰往而察来"(《易经》)、"前车之覆轨,后车之明鉴"(《晋书》)、"以古为镜,可以知兴替"(唐太宗语),这些经典言论道出了先贤对历史的敬畏和尊重。

历史的发展是有其规律的,看清"前车之鉴"是为了走好"明日之路"。

---

① 顾:回头看。

"以铜为镜,可以正衣冠;以古为镜,可以知兴替;以人为镜,可以明得失"出自《旧唐书·魏徵传》。唐太宗统治时期,大臣魏徵因直言敢谏而深受皇上信任。贞观十七年(643年)魏徵去世,唐太宗非常悲伤,流着眼泪对群臣说:"夫以铜为镜,可以正衣冠;以古为镜,可以知兴替;以人为镜,可以明得失。朕常保此三镜,以防己过。今魏徵殂逝,遂亡一镜矣。"

唐太宗的意思是:一个人用铜当镜子,可以照见衣帽是不是穿戴得端正;用历史当镜子,可以知道国家兴亡的原因;用人当镜子,可以发现自己的对错。

因此,我们要以谦虚之心审视自己,善于以他人为镜,在不断审视自身的过程中提升自己。

二百八十二

行百里者,半于九十。

——[西汉]刘向《战国策·赵策》

临渊羡鱼,不如退而结网。

——[西汉]刘安《淮南子·说林训》

"行百里者,半于九十"出自《战国策·赵策》,大意是:一百里的路程,走到九十里也只能算是才开始一半而已。

这句话用来比喻做事越接近成功越困难,因此越要坚持直至成功。这是对成功者的劝勉与赞赏,也是对失败者的感慨与惋惜。

"临渊羡鱼,不如退而结网"出自《淮南子·说林训》,大意是:站在水边想得到鱼,不如回家去结网。

这句话告诉我们,与其不切实际地空想、总在艳羡他人的成绩,不如脚踏实地耕耘、把愿望付诸点滴行动。

二百八十三

倚立而思远,不如速行之必至也;矫①首而徇②飞,不如修翼③之必获④也;孤居⑤

---

① 矫:通"挢",昂起。
② 徇:宣告。
③ 修翼:修理、整治翅膀。
④ 获:有成绩。
⑤ 孤居:一人独处。

而愿智①，不如务②学之必达也。

——［东汉］徐干《中论·治学》

 SHIYI

站在那里只是想到远方去，不如赶快行动，则一定会到达目的地；昂首而宣告将要飞翔，不如整理翅膀尽快行动，就一定会取得成就；一人独处而希望获得知识，不如努力学习，就一定会获得成功。

此句强调了要想获得成功，重要的是行动而不是宣言。

二百八十四

夫君子之行，静以修身，俭以养德，非淡泊无以明志，非宁静无以致远。

——［三国］诸葛亮《诫子书》

历览前贤国与家，成由勤俭破由奢。

——［唐］李商隐《咏史》

 SHIYI

"夫君子之行，静以修身，俭以养德，非淡泊无以明志，非宁静无以致远"出自《诫子书》，大意是：有道德修养的人，依靠内心安静来修养身心，以俭朴节约财物来培养自己高尚的品德；若不恬静寡欲则无法明确志向，若不排除外来干扰则无法达到远大目标。

"历览前贤国与家，成由勤俭破由奢"出自《咏史》，大意是：纵览历史，凡是贤明的国家，成功源于勤俭，衰败起于奢华。

此句强调了淡泊、勤俭的重要性。

二百八十五

不畏浮云遮望眼，自缘身在最高层。

——［宋］王安石《登飞来峰》

不要人夸颜色好，只留清气满乾坤。

——［元］王冕《墨梅四首·其三》

---

① 愿智：希望有知识。
② 务：勉力从事。

释义 SHIYI

"不畏浮云遮望眼,自缘身在最高层"出自王安石创作的七言绝句《登飞来峰》:"飞来山上千寻塔,闻说鸡鸣见日升。不畏浮云遮望眼,自缘身在最高层。"

名句"不畏浮云遮望眼,自缘身在最高层"意思是:不怕层层浮云遮住我那远眺的视野,只因为我站在飞来峰顶,登高望远心胸宽广。表现了诗人在政治上高瞻远瞩,不畏奸邪的勇气和决心。

"不要人夸颜色好,只留清气满乾坤"出自王冕《墨梅》:"吾家洗砚池头树,朵朵花开淡墨痕。不要人夸颜色好,只留清气满乾坤。"

"不要人夸颜色好,只留清气满乾坤"意思是:不需要别人夸它的颜色好看,只需要梅花的清香之气弥漫在天地之间。

梅花并非以其鲜艳博取人们的喜爱与赞美,只因其散发的缕缕清香充溢天地之间。诗人王冕爱梅、植梅又画梅、咏梅,在冰肌玉骨的梅花身上,寄托自己淡泊名利、高洁傲然的情怀。诗人盛赞梅花的高风亮节,赋予梅花人的品性,巧妙地将画格、诗格、人格有机地融为一体。

二百八十六

宝剑锋从磨砺出,梅花香自苦寒来。

——[明]徐梦龙《警世贤文》

不经一番寒彻骨,怎得梅花扑鼻香。

——[唐]黄蘖①禅师《上堂开示颂》

只要功夫深,铁杵磨成针。

——[宋]祝穆《方奥胜览·眉州·磨针溪》

释义 SHIYI

"宝剑锋从磨砺出,梅花香自苦寒来"出自《警世贤文》,大意是:宝剑之所以能锋利可用,是出于艰苦卓绝的磨砺;梅花之所以有暗香盈袖,是源于经霜凌寒的成长。

"磨砺"与"苦寒"指代敢于奋斗的心志、肯于吃苦的经历。一个人要想在事业上有所建树,必须准备迎接各种困难的挑战,不断在实践中丰富自己的阅历,提高自己的能力,才能达到自己向往的目标。

---

① 蘖:读 niè。

"不经一番寒彻骨，怎得梅花扑鼻香"出自《上堂开示颂》，大意是：要不是经历如此一番透彻心骨的寒冷，又怎能有梅花如此扑鼻的芳香呢？

此诗本是一首禅宗诗偈，诗人以梅花象征不怕艰难、成就事业的精神，并以此鼓励自己和修行者敢于吃苦，不畏艰辛，以期修成正果。

"只要功夫深，铁杵磨成针"出自宋代祝穆的《方舆胜览·眉州·磨针溪》。磨针溪，在眉州象耳山下。世传李白读书山中，未成，弃去。过小溪，逢老媪方磨铁杵，白怪而问之，媪曰："欲作针。"白曰："铁杵成针，得乎？"曰："但需工深！"太白感其意，还而终业。

这则小故事讲的是，唐朝著名诗人李白小时候在象耳山中读书，还没有读完，就放弃离去了。李白路过小溪，看见一位老婆婆正拿着一根大铁棒在石头上磨，他觉得好奇，就问她在做什么，老婆婆告诉他要把铁棒磨成绣花针。李白深受感动，从此用功读书，最终成为著名诗人。

"只要功夫深，铁杵磨成针"比喻只要有决心，肯下功夫，再困难的事也能成功。

二百八十七

莫问收获，但问耕耘。

行事不可任心，说话不可任口。

——［清］曾国藩《曾国藩家训》

"莫问收获，但问耕耘"大意是：不要问自己收获了什么，而要问自己先付出了多少。

人人都想有好的成就，但如果我们仅仅憧憬美好未来，而不肯努力耕耘当下，这必然只能是空想。

"行事不可任心，说话不可任口"大意是：做事不可随心所欲，说话不可信口开河。指一言一行都要保持理智。

一个人如果不能控制自己的情绪，任性而为、无所顾忌，其结果必然铸成大错。

二百八十八

与多疑人共事，事必不成；与好利人共事，己必受累。

以廉律己，以勤治事，以公处人。

——［清］曾国藩《曾国藩家训》

释义

"与多疑人共事，事必不成。与好利人共事，己必受累"大意是：和疑心重的人共事，事情一定不能成功；和贪财的人共事，自己一定会受到连累。

这句话强调了跟那些整天疑神疑鬼、胡乱猜疑的人共事，本来简单的事情也会被他们搞得复杂，导致自己也一事无成；跟那些极端自私的人共事，也很难成功。所以，我们要想成就一番事业，就必须远离生活中这样狐疑不决和极端自私的人，他们会成为你前进路上的阻力。

"以廉律己，以勤治事，以公处人"大意是：对自己严格要求，不贪污受贿，积极努力做好每一件事，做人公道正派。

这是曾国藩的为人做事的准则。

二百八十九

古今之成大事业、大学问者，必经过三种之境界："昨夜西风凋碧树，独上高楼，望尽天涯路。"此第一境也。"衣带渐宽终不悔，为伊消得人憔悴。"此第二境也。"众里寻他千百度，蓦然回首，那人却在灯火阑珊处。"此第三境也。

——［清］王国维《人间词话》

释义

"昨夜西风凋碧树，独上高楼，望尽天涯路"出自晏殊《蝶恋花》：槛菊愁烟兰泣露，罗幕轻寒，燕子双飞去。明月不谙离恨苦，斜光到晓穿朱户。昨夜西风凋碧树，独上高楼，望尽天涯路。欲寄彩笺兼尺素，山长水阔知何处！这第一种境界喻指人生的迷茫与孤独。

"衣带渐宽终不悔，为伊消得人憔悴"出自柳永《蝶恋花》：伫倚危楼风细细，望极春愁，黯黯生天际。草色烟光残照里，无言谁会凭阑意。拟把疏狂图一醉，对酒当歌，强乐还无味。衣带渐宽终不悔，为伊消得人憔悴。这第二种境界喻指对人生理想的执着追求以及追求中的艰辛与不悔。

"众里寻他千百度，蓦然回首，那人却在，灯火阑珊处"出自辛弃疾《青玉案》：东风夜放花千树，更吹落、星如雨。宝马雕车香满路。凤箫声动，玉壶光转，一夜鱼龙舞。蛾儿雪柳黄金缕，笑语盈盈暗香去。众里寻他千百度，蓦然回首，那人却在，灯火阑珊处。这第三境界是指在经过苦苦追求之后的成功以及由成功带来的喜悦与自豪。

第五篇
文 化 篇

"文化篇"由艺文、生态、闲适三章组成,从人与社会、人与自然、人与自身三个维度展开,即从艺文(六艺、戏曲、传统节日等)、生态(遵循自然规律、维持生态平衡、促进身心健康和谐)、闲适(不断修炼自己的内心)三个角度,精选了79节中华优秀传统文化中的名篇名段名句,并予以阐释。它将引领我们在艺苑漫步,在诗中盘桓,在文化长廊里驻足思考,在自然山水中怡然自得,最终丰富自己的内心世界,达到"此中有真意,欲辨已忘言"的忘我境界。

习近平总书记曾说:"学史可以看成败、鉴得失、知兴替;学诗可以情飞扬、志高昂、人灵秀;学伦理可以知廉耻、懂荣辱、辨是非。"中华民族的优秀传统文化和民族精神,我们都应该继承和发扬,真正做到以文化人,以文育人。

第一章 艺 文

二百九十

志于道，据于德，依于仁，游于艺。

——［春秋］《论语·述而》

不兴其艺，不能乐学。

——《礼记·学记》

释文

"志于道，据于德，依于仁，游于艺"出自《论语·述而》，大意是：以道为志向，以德为根据，以仁为依靠，而游憩于礼、乐、射、御、书、数六艺之中。"游于艺"的意思是熟练掌握礼、乐、射、御、书、数等六艺，优游其中，如同鱼儿自在游于水中一般，也就是通过熟练掌握技艺而获得自由和愉快。孔子培养学生，就是以道为方向，以德为立脚点，以仁为根本，以六艺为涵养之境，使学生能够得到全面发展。

"不兴其艺，不能乐学"出自《礼记·学记》：不兴其艺，不能乐学。故君子之于学也，藏焉，修焉，息焉，游焉。夫然，故安其学而亲其师，乐其友而信其道，是以虽离师辅而不反也。大意是：不学习各种杂艺，就不可能乐于对待所学的正课。所以，君子对待学习，课内要学好正课；在家休息，要学好各种杂艺。唯其这样，才能安心学习，亲近师长，乐于与别人交朋友，并深信所学之道，尽管离开师长辅导，也不会违背所学的道理。

二百九十一

不学《诗》，无以言。

——［春秋］《论语·季氏》

不学《礼》,无以立。

——［春秋］《论语·季氏》

 SHIYI

"不学《诗》,无以言""不学礼,无以立"出自《论语·季氏》,原文是:

陈亢问于伯鱼①曰:"子亦有异闻乎?"对曰:"未也。尝独立,鲤趋而过庭。曰:'学《诗》乎?'对曰:'未也。''不学《诗》,无以言。'鲤退而学诗。他日又独立,鲤趋而过庭。曰:'学《礼》乎?'对曰:'未也。''不学《礼》,无以立。'鲤退而学《礼》。闻斯二者。"陈亢退而喜曰:"问一得三。闻诗,闻礼,又闻君子之远其子也。"

大意是:陈亢问伯鱼:"你在老师那里听到过什么特别的教诲吗?"伯鱼回答说:"没有呀。有一次他独自站在堂上,我快步从庭里走过,他说:'学《诗》了吗?'我回答说:'没有。'他说:'不学《诗》,就不懂得怎么应对说话。'我回去就学《诗》。又有一天,他又独自站在堂上,我快步从庭里走过,他说:'学《礼》了吗?'我回答说:'没有。'他说:'不学《礼》,就不懂得怎样立足于社会。'我回去就学礼。我就听到过这两件事。"陈亢回去高兴地说:"我提一个问题,得到三方面的收获,知道要学《诗》,知道要学《礼》,又知道了君子不偏私自己的儿子。"

"诗"和"礼"是孔子教育学生的必修科目,他对自己的独生子孔鲤的教育也是从此入手。这是孔子以身作则,"诗礼传家"。

二百九十二

兴于诗,立于礼,成于乐。

——［春秋］《论语·泰伯》

子在齐闻《韶》,三月不知肉味。

——［春秋］《论语·述而》

诗言志,歌永言,声依永,律和声。

——《尚书·虞书》

 SHIYI

"兴于诗,立于礼,成于乐"出自《论语·泰伯》,大意是:诗歌可以振奋精神,礼节可以使人立身处世,音乐可以促进事业成功。

① 伯鱼:姓孔,名鲤,字伯鱼,孔子的儿子。

孔子提出了进行道德修养的主要内容和基本流程，即先学诗，再习礼，最后达乐。通过学诗激励奋发向上的志向，通过习礼学会立身处世，最后在音乐的陶冶和学习中完善自己。他要求学生不仅要注重个人修养，而且要具有全面、广泛的知识和技能。

"子在齐闻《韶》，三月不知肉味"出自《论语·述而》：子在齐闻《韶》，三月不知肉味。曰："不图为乐之至于斯也！"

大意是：孔子在齐国听到《韶》这种乐曲后，很长时间内即使吃肉也感觉不到肉的滋味，他感叹道："没想到音乐欣赏竟然能达到这样的境界！"

《韶》乐是赞美舜的乐章，是当时的经典古乐。孔子听了《韶》乐以后，在很长时间内品尝不出肉的滋味，这是以夸张手法表现孔子对于音乐教化的重视。

"诗言志，歌永言，声依永，律和声"出自《尚书·虞书》，大意是：诗表达情志，歌咏唱表达情志的言辞，声调根据所咏唱的感情制定，音律要合于声调。

早期的诗歌与音乐、舞蹈是三位一体的。诗歌是内心思想的抒写和表达，中国的诗歌既有现实主义的观照也有浪漫主义的想象，其源头之作便是被合称为"风骚"的《诗经》与《离骚》。

二百九十三

温柔敦厚，《诗》教也。

——《礼记·经解》

《诗》，可以兴，可以观，可以群，可以怨。

——［春秋］《论语·阳货》

《诗》三百，一言以蔽之，曰："思无邪。"

——［春秋］《论语·为政》

"温柔敦厚，《诗》教也"出自《礼记·经解》：入其国，其教可知也；其为人也，温柔敦厚，《诗》教也。大意是：进入一个国家，可以了解其对国民教化的情况；如果民众为人处世温柔厚道，一定是《诗》教化的结果。孔子在这里强调了以《诗经》为代表的诗歌所具有的教化作用。

"《诗》，可以兴，可以观，可以群，可以怨"出自《论语·阳货》：《诗》，可以兴，可以观，可以群，可以怨。迩之事父，远之事君。多识于鸟兽草木之名。大意是：《诗》，可以激发心志，可以提高观察能力，可以培养乐群精神，可以抒发怨恨不平。近则可以用其中的道理来侍奉父母，远可以用来侍奉国君。还可以多认识鸟兽草木的名称。

孔子强调,《诗经》具有强大的社会功能与教化作用。

"《诗》三百,一言以蔽之,曰:'思无邪'"出自《论语·为政》,大意是:《诗经》三百多篇,用一句话来概括它,就是思想纯正、没有邪念。

孔子认为,《诗经》作品的内容都是合乎其"仁""礼"的政治思想、伦理道德标准的,因此学习《诗》三百篇,可以使人摆脱邪念、走向正道。

二百九十四

乐者,乐也,人情之所必不免也,故人不能无乐。

——[战国]《荀子·乐论》

 SHIYI

这句话出自《荀子·乐论》:"夫乐者,乐也,人情之所必不免也,故人不能无乐。乐则必发于声音,形于动静,而人之道,声音动静,性术之变尽是矣。故人不能不乐,乐则不能无形,形而不为道,则不能无乱。先王恶其乱也,故制《雅》《颂》之声以道之,使其声足以乐而不流,使其文足以辨而不諰①,使其曲直、繁省、廉肉、节奏足以感动人之善心,使夫邪污之气无由得接焉。"

大意是:音乐本身,是快乐、欢乐之情的表现,是人的性情不可缺少的,因此人不能没有音乐。欢乐必然要借声音来表达,借动作来表现,这是人之常情,声音和动作表现人们内心思想情感的变化,且表现无遗。所以,人不能没有欢乐,欢乐不能不表现出来,表现得不合规范,就会混乱。先王憎恶邪乱,所以创制了《雅》和《颂》的乐歌来加以引导,使乐歌足以令人快乐而不放纵,使乐歌的文辞足以明晰而不隐晦,乐歌曲折、平直、繁杂、简洁、细微、洪亮和节奏足以激发人们的向善之心,从而不让放纵邪恶的念头来影响人心。

荀子强调的是,音乐带给人的快乐是人的必不可少的正常情感需求。可见音乐的重要性。

二百九十五

大乐必易,大礼必简。乐至则无怨,礼至则不争。

——《礼记·乐记》

---

① 諰(xǐ):放纵。

释义 SHIYI

这段话出自《礼记·乐记》：乐由中出，礼自外作。乐由中出，故静；礼自外作，故文。大乐必易，大礼必简。乐至则无怨，礼至则不争。揖让而治天下者，礼乐之谓也。

大意是：乐源于人的内心活动，礼则通过人的外在行为表现出来。乐源于人的内心活动，因此它能使人平静安和；礼表现于人的外在行为，所以才会有种种仪节规定。完美的音乐一定是平易的，盛大的典礼一定是简朴的。乐教推行到极致，民众就没有怨恨；礼教推行到极致，民众就没有纷争。谦让而使天下实现大治的，就是礼、乐。

"大乐必易，大礼必简"常用来泛指最高明的一定是简约的。正如"大音希声，大象无形"，越好的音乐越悠远潜低，越好的形象越缥缈宏远。

"乐至则无怨，礼至则不争"强调礼乐的重要性。

二百九十六

颜渊问仁。
子曰："克己复礼为仁。一日克己复礼，天下归仁焉。为仁由己，而由人乎哉？"
颜渊曰："请问其目。"
子曰："非礼勿视，非礼勿听，非礼勿言，非礼勿动。"
颜渊曰："回虽不敏，请事斯语矣。"

——［春秋］《论语·颜渊》

释义 SHIYI

颜渊问什么是仁。

孔子说："抑制自己，使言语和行动都走到礼上来，便是仁。一旦做到了这些，天下人都会称许你有仁德。实践仁德，是由自己，难道是靠别人？"

颜渊说："请问实行仁德的具体途径。"

孔子说："不合礼的事不看，不合礼的事不听，不合礼的事不说，不合礼的事不做。"

颜渊说道："我虽然不聪敏，请让我照这些话去做。"

这段话是孔子的著名言论，其中"克己复礼"是孔子的重要思想，"克己复礼为仁"阐明了"仁"与"礼"的关系。孔子认为，要想达到内在仁心的纯化，还必须借助外力作用，即对内克制私欲，对外循礼而行，如此方可达到仁的境界。

二百九十七

发乎情，止乎礼义。发乎情，民之性也；止乎礼义，先王之泽也。

——《诗经·毛诗序》

释义 SHIYI

这段话出自《诗经·毛诗序》，大意是：发自诗人情感，但又不超出礼义范围。发自诗人情感，是人之常情；不超出礼义范围，是先王德泽教化的结果。

"发乎情，止乎礼义"，就是于情理之中而发生，因道德礼义而终止，是古代形容男女关系的，意思是：男女之间的感情出自本能，但是要遵循礼法，不能逾越礼法的界限。这里的"止"并不是指停止感情，而是说情感的表达要在礼法允许的范围之内。

二百九十八

凡人之所以为人者，礼义也。礼义之始，在于正容体、齐颜色、顺辞令。容体正，颜色齐，辞令顺，而后礼义备。以正君臣、亲父子、和长幼。君臣正，父子亲，长幼和，而后礼义立。

——《礼记·冠义》

释义 SHIYI

人之所以成为人，是因为有礼义。礼义的开始，在于端正容貌体态，神色表情得体恰当，言语辞令顺理成章。容貌体态端正，神色表情得体，言谈辞令恭顺，礼义才算完备。以此来使君臣各安其位，父子相亲，长幼和睦。君臣各安其位，父子相亲，长幼和睦，礼义才算确立。

中国传统文化所关注的"人何以成为人"的问题以及几千年来对这个问题的不断回答与诠释，儒家的答案就在"礼义"上。人要修身还要立身行己，所谓"正容体、齐颜色、顺辞令。容体正，颜色齐，辞令顺"，与"君臣正，父子亲，长幼和"一样，是中国传统文化意义上的"人"的立身行己之道。

二百九十九

有子曰:"礼之用,和为贵。先王之道①,斯为美,小大由之。有所不行,知和而和,不以礼节之,亦不可行也。"

——[春秋]《论语·学而》

有子说:"礼的功用,以遇事做得恰当和顺为可贵。以前的圣明君主治理国家,最可贵的地方就在这里,他们做事,无论事大事小,都按这个原则去做。如遇到行不通的,仍一味地追求和顺,却并不用礼法去节制它,也是行不通的。"

这段话讲的是治国之道,强调礼、乐相济为用。"和"是儒家所特别倡导的伦理、政治和社会准则。礼是社会规范和社会秩序的具体表现,脱离了社会秩序和规范的和谐是行不通的,所谓"喜怒哀乐之未发谓之中,发而皆中节谓之和"(《礼记·中庸》),这说明礼的推行和应用要以和谐为贵,但并不是要为和谐而和谐。正如有子所强调的"和为贵",他指出不能为和而和,而要以礼节制之。可见,有子提倡的"和"并不是无原则地调和。

"礼之用,和为贵"的大意是:礼在应用的时候,以形成和谐最为可贵。

后来,人们对"和"的思想作了发挥,扩大其运用范围。孟子在论述战争时指出"天时不如地利,地利不如人和",荀子则提出"万物各得其和以生",进一步把"和"推广到万物赖以生存的高度。

三百

礼也者,贵者敬焉,老者孝焉,长者弟焉,幼者慈焉,贱者惠焉。

——[战国]《荀子·大略》

故人无礼不生,事无礼不成,国家无礼不宁。

——[战国]《荀子·大略》

"礼也者,贵者敬焉,老者孝焉,长者弟焉,幼者慈焉,贱者惠焉"出自《荀子·

---

① 先王之道:指的是古代圣王治国之道。

大略》：夫行也者，行礼之谓也。礼也者，贵者敬焉，老者孝焉，长者弟焉，幼者慈焉，贱者惠焉。

大意是：所谓德行，就是指奉行礼义。所谓礼义，就是对地位高贵的人要尊敬，对年老的人要孝顺，对年长的人要敬从，对年幼的人要慈爱，对卑贱的人要给予恩惠。

"故人无礼不生，事无礼不成，国家无礼不宁"出自《荀子·大略》：礼者，人之所履也。失所履，必颠蹶陷溺。所失微而其为乱大者，礼也。礼之于正国家也，如权衡之于轻重也，如绳墨之于曲直也。故人无礼不生，事无礼不成，国家无礼不宁。

大意是：礼，是人立身处世必须遵照执行的基本原则。人如果失去了立身之处，就一定会跌倒沉沦，陷入危难之中。只要稍微有偏差，就会导致巨大的祸乱，这就是礼的作用。礼对于整饬国家，就像秤对于轻重一样，就像墨线对于曲直一样。所以，人不懂得礼义就不能在社会上生存，办事情不懂得礼义就不能办成，国家没有礼就不得安宁。

三百零一

恭而无礼则劳，慎而无礼则葸①，勇而无礼则乱，直而无礼则绞。

——［春秋］《论语·泰伯》

这段话出自《论语·泰伯》：恭而无礼则劳，慎而无礼则葸，勇而无礼则乱，直而无礼则绞。君子笃于亲，则民兴于仁，故旧不遗，则民不偷。

大意是：只是恭敬而不以礼来指导，就会徒劳无功；只是谨慎而不以礼来指导，就会畏缩拘谨；只是勇猛而不以礼来指导，就会闹出乱子；只是直率而不以礼来指导，就会说话尖刻。君子如果对自己的亲族有深厚的感情，老百姓当中就会兴起仁的风气；君子如果不遗弃老朋友，老百姓就不会对人冷漠无情了。

"恭""慎""勇""直"等德目不是孤立存在的，必须以"礼"作指导，只有在"礼"的指导下，这些德目的实施才能符合中庸的准则，否则就会出现"劳""葸""乱""绞"，就不可能达到修身养性的目的。

在这里，孔子强调了礼的重要性。他认为，即便是好的德行，也要以礼来加以节制，因为凡事过犹不及。

---

① 葸（xǐ）：拘谨，畏惧的样子。

三百零二

用笔在心，心正则笔正。

——［唐］柳公权《笔谏》

学书则知，识学可以致远。

——［唐］张彦远《历代名画记》

笔秃千管，墨磨万锭。

——［北宋］苏轼《书唐氏六家书后》

临池学书，池水尽墨。

——［西晋］卫恒《四体书势》

释义 SHIYI

"用笔在心，心正则笔正"出自《笔谏》。本义是谈书法，写字要用心，只要心中端正，下笔就是好字；譬喻皇帝要心正，做利国利民之事。引申为做人心端正，行为自然端正。

"学书则知，识学可以致远"出自《历代名画记》。"书"指书法，"识学"也就是积学，"致远"就是有成就。通过学习书法增长知识，积累学问，有利于个人品行和文化素质的培养，可以使一个人有成就。

"笔秃千管，墨磨万锭"出自《书唐氏六家书后》。苏轼认为，书法需把毛笔磨秃千支，把墨砚磨掉万锭，才能取得成就。现用来形容勤奋学习的程度。

"临池学书，池水尽墨"出自《四体书势》。相传汉代书法家张芝在池边习字，由于洗涤笔砚，竟将整个池子的水都染黑了。后人常把"临池"作为刻苦学习书法的代名词。

书法作为中国古典艺术的一朵奇葩，荟萃了中华民族文化的精髓，它不仅传承了民族的文化艺术，还修炼人的涵养素质。

三百零三

碧云天，黄花地，西风紧，北雁南飞。晓来谁染霜林醉？总是离人泪。

——［元］王实甫《西厢记》

地也，你不分好歹何为地？天也，你错勘贤愚枉做天。

——［元］关汉卿《窦娥冤》

枯藤老树昏鸦，小桥流水人家，古道西风瘦马。夕阳西下，断肠人在天涯。

——［元］马致远《天净沙·秋思》

释义 SHIYI

"碧云天，黄花地，西风紧，北雁南飞。晓来谁染霜林醉？总是离人泪"出自王实甫《西厢记》。作品以萧瑟秋景为背景，点染了几种常见而又包容着无限诗意的形象，在凄恻缠绵的送别场面中，烘托莺莺为离别伤感而产生的忧郁凄苦之情。

"地也，你不分好歹何为地？天也，你错勘贤愚枉做天"出自关汉卿《窦娥冤》，大意是：大地啊，你分不出好人坏人，有什么资格再做地？苍天呀，你以贤为愚、以愚为贤枉做天！可谓声声血、字字泪，径直指向昏愚透顶的封建统治者，体现出作品强烈的艺术震撼力。

"枯藤老树昏鸦，小桥流水人家，古道西风瘦马。夕阳西下，断肠人在天涯"出自马致远《天净沙·秋思》，大意是：天色黄昏，一群乌鸦落在枯藤缠绕的老树上，发出凄厉的哀鸣。小桥下流水哗哗作响，小桥边庄户人家炊烟袅袅。古道上一匹瘦马，顶着西风艰难地前行。夕阳渐渐地失去了光泽，从西边落下。凄寒的夜色里，只有孤独的旅人漂泊在遥远的地方。

元曲包括杂剧和散曲，杂剧是戏剧，散曲则是诗歌。这是马致远著名的散曲，一共只有五句二十八个字，全曲无一秋字，却描绘出一幅凄凉动人的秋郊夕照图，并且准确地传达出旅人凄苦的心境，被誉为"秋思之祖"。

传统文化永远是一个民族的精神支柱、一个民族发展的坚实基础。戏曲是中华民族优秀的传统文化，我们自当弘扬传统文化。

三百零四

爆竹声中一岁除，春风送暖入屠苏①。
千门万户曈曈②日，总把新桃换旧符。

——［宋］王安石《元日③》

---

① 屠苏：指屠苏酒。
② 曈曈：日出时光亮而温暖的样子。
③ 元日：农历正月初一，即春节。

释义 SHIYI

一片爆竹声送走了旧的一年，饮着醇美的屠苏酒感受到了春天的气息。初升的太阳照耀着千家万户，家家门上的桃符都换成了新的。

逢年遇节燃放爆竹，这种习俗古已有之，一直延续到今天。屠苏，指古代春节时喝的用屠苏草或几种草药泡的酒。古代风俗是，每年正月初一，全家老小喝屠苏酒，然后用红布把渣滓包起来，挂在门框上，用来"驱邪"和躲避瘟疫。

此诗描写了春节除旧迎新的景象。"爆竹声中一岁除，春风送暖入屠苏"这两句是说：在爆竹的响声中，旧的一年过去了。人们喝着过节的屠苏酒，暖洋洋地感到春天已经来临。

三百零五

去年元夜时，花市灯如昼。
月上柳梢头，人约黄昏后。
今年元夜时，月与灯依旧。
不见去年人，泪湿春衫袖。

——［北宋］欧阳修《生查子·元夕①》

释义 SHIYI

这首元夜恋旧的《生查子·元夕》是欧阳修脍炙人口的名篇之一。

词的上阕回忆从前幽会，充满希望与幸福，可见两情是何等欢洽。而周围的环境，无论是花、灯，还是月、柳，都成了爱的见证，美的表白，未来幸福的图景。情与景联系在一起，展现了美的意境。

但快乐的时光总是很快成为记忆。词的下阕，笔锋一转，时光飞逝如电，转眼到了"今年元夜时"，把主人公的情思从回忆中拉了回来。"月与灯依旧"极其概括地交代了今天的环境。"依旧"两字又把人们的思绪引向上阕的描写之中，月色依旧美好，灯市依旧灿烂如昼。环境依旧似去年，而人又如何呢？这是主人公主旨所在，也是他抒情的主体。主人公于人潮涌动中无处寻觅佳人芳踪，心情沮丧，辛酸无奈之泪打湿了自己的衣襟。旧时天气旧时衣，佳人不见泪黯滴，怎能不伤感遗憾？上句"不见去年人"已有无限伤感隐含其中，末句再把这种伤感之情形象化、明朗化。物是人非的

---

① 元夕：农历正月十五日为上元节、元宵节，此夜称元夕或元夜。

怅惘，今昔对比的凄凉，由此美景也变为伤感之景，月与灯交织而就的花市夜景即由明亮化为暗淡。淡漠冷清的伤感弥漫于词的下阕。灯、花、月、柳，在主人公眼里只不过是凄凉的化身、伤感的催化剂、相思的见证。而今佳人难觅，泪眼看花花亦悲，泪满衣袖。

三百零六

清明时节雨纷纷，路上行人欲断魂。
借问酒家何处有？牧童遥指杏花村。

——［唐］杜牧《清明①》

 释义 SHIYI

江南清明时节细雨纷纷飘洒，路上羁旅行人个个落魄断魂。询问当地之人何处买酒浇愁？牧童笑而不答指了指杏花深处的村庄。

这首诗语言通俗、音节和谐、景象清新、意境优美。诗的第一句"清明时节雨纷纷"，交代情景、环境、气氛，是"起"；第二句"路上行人欲断魂"是"承"，写出了人物，显示了人物凄迷纷乱的心境；第三句"借问酒家何处有"是"转"，提出了如何摆脱这种心境的办法；第四句"牧童遥指杏花村"，成为整篇的精彩所在，是"合"。把读者带入了一个与前面哀愁悲惨迥异的焕然一新的境界，小牧童热心甜润的声音，远处杏花似锦，春意闹枝，村头酒旗飘飘，真有"柳暗花明又一村"的韵致。

诗的前两句创造了一幅凄迷感伤的艺术画面，后两句则创造了一幅鲜明生动的画面，前抑后扬，对比交错，相映成趣，与诗人的感情脉搏一致。在艺术上，这是由低而高、逐步上升、高潮放在最后的写法。于是诗歌不是一览无余、索然兴尽，而是余韵邈然、耐人寻味。这些，都是诗人的高明之处！

三百零七

节分端午自谁言，万古传闻为屈原。

---

① 清明：二十四节气之一，在阳历四月五日前后。旧俗当天有扫墓、踏青、插柳等活动。宫中以当天为秋千节，坤宁宫及各后宫都安置秋千，嫔妃做秋千之戏。

堪笑楚江空渺渺，不能洗得直臣冤。

——［唐］文秀《端午①》

 释 义 SHIYI

端午节大概从什么时候开始的呢？又是为什么设立的？民间传说是为了纪念爱国诗人屈原。于是我站在楚江上追思，眼前一片烟波浩渺，空空荡荡，我轻蔑地笑了，为什么如此宽阔的大江，就不能包容一颗爱国的心，不能为敢于说真话的人洗刷冤屈呢？

作者这首绝句提出了一个令人深思的问题：尽管后人百般歌颂、祭祀，但是屈原沉江这样的悲剧毕竟发生了，如此冤屈是不能简单地洗刷干净的。这首诗言近意远，言简意深，很有力量。

三百零八

纤云弄巧，飞星传恨，银汉迢迢暗度。金风玉露一相逢，便胜却人间无数。
柔情似水，佳期如梦，忍顾鹊桥归路。两情若是久长时，又岂在朝朝暮暮。

——［北宋］秦观《鹊桥仙·纤云弄巧》

 释 义 SHIYI

纤薄的云彩在天空中变幻多端，天上的流星传递着相思的愁怨，遥远无垠的银河今夜我悄悄渡过。在秋风白露的七夕相会，就胜过尘世间那些长相厮守却貌合神离的夫妻。

缱绻的柔情像流水般绵绵不断，重逢的约会如梦影般缥缈虚幻，分别之时不忍去看那鹊桥路。只要两情至死不渝，又何必贪求卿卿我我的朝欢暮乐呢？

"两情若是久长时，又岂在朝朝暮暮"这两句既指牛郎、织女的爱情模式的特点，又表述了作者的爱情观，是高度凝练的名言佳句。这首词因而也就具有了跨时代、跨国度的审美价值和艺术品位。

"银汉迢迢暗度"，比"河汉清且浅，相去复几许？盈盈一水间，脉脉不得语"（《古诗十九首》）的感情更加深沉。

整首词，展示七夕独有的抒情氛围，自由流畅，通俗易懂，婉约蕴藉，余味无穷。

---

① 端午：农历五月初五日为端午节。相传此日为我国伟大诗人屈原投江自尽日，后人伤其冤死，特以粽投江祭祀并划船捞救，遂相沿而成端午节日食粽和龙舟竞渡的风俗。

作者借牛郎织女悲欢离合的故事,将画龙点睛的议论与散文句法,与优美的形象、深沉的情感结合起来,练达而凄美,歌颂了坚贞诚挚的爱情,取得了极好的艺术效果。

三百零九

明月几时有?把酒问青天。不知天上宫阙,今夕是何年。我欲乘风归去,又恐琼楼玉宇,高处不胜寒。起舞弄清影,何似在人间。

转朱阁,低绮户,照无眠。不应有恨,何事长向别时圆?人有悲欢离合,月有阴晴圆缺,此事古难全。但愿人长久,千里共婵娟。

——[北宋]苏轼《水调歌头·明月几时有》

释义 SHIYI

明月从什么时候开始有的呢?我拿着酒杯遥问苍天。不知道天上的宫殿,今晚是哪一年。我想凭借着风力回到天上去看一看,又担心美玉砌成的楼宇太高了,我经受不住寒冷。起身舞蹈玩赏着月光下自己清朗的影子,月宫哪里比得上在人间。

月儿移动,转过了朱红色的楼阁,低低地挂在雕花的窗户上,照着没有睡意的人。明月不应该对人们有什么怨恨吧,可又为什么总是在人们离别之时才圆呢?人有悲欢离合的变迁,月有阴晴圆缺的转换,这事儿自古以来就很难周全。希望人们可以长长久久地在一起,即使相隔千里也能一起欣赏这美好的月亮。

此篇是苏词代表作之一,是历来公认的中秋词中的绝唱。词作情韵兼胜,境界壮美,体现出苏词清雄旷达的风格,具有很高的审美价值。

三百一十

关关雎鸠①,在河之洲。窈窕②淑女,君子好逑③。
参差荇菜④,左右流之。窈窕淑女,寤寐⑤求之。
求之不得,寤寐思服。悠哉悠哉,辗转反侧。
参差荇菜,左右采之。窈窕淑女,琴瑟友之。

---

① 雎鸠(jū jiū):一种水鸟,一般认为就是鱼鹰,传说它们雌雄形影不离。
② 窈窕(yǎo tiǎo):身材体态美好的样子。窈,深邃,喻女子心灵美;窕,幽美,喻女子仪表美。
③ 好逑(hǎo qiú):好的配偶。逑,"仇"的假借字,匹配。
④ 荇(xìng)菜:一种可食的水草。
⑤ 寤寐(wù mèi):醒和睡,指日夜。寤,醒觉;寐,入睡。

参差荇菜，左右芼①之。窈窕淑女，钟鼓乐之。

——［春秋］《诗经·周南·关雎》

释义 SHIYI

关关和鸣的雎鸠，栖息在河中的小洲。贤良美好的女子，是君子好的配偶。

参差不齐的荇菜，在船的左右两边摘取。贤良美好的女子，日日夜夜都想追求她。

追求却没法得到，日日夜夜总思念她。绵绵不断的思念，叫人翻来覆去难入睡。

参差不齐的荇菜，在船的左右两边摘取。贤良美好的女子，弹琴鼓瑟来亲近她。

参差不齐的荇菜，在船的左右两边去挑选它。贤良美好的女子，敲起钟鼓来取悦她。

《关雎》是《诗经》首篇，表现了男子对女子的爱慕、思念、追求以及爱而不得的惆怅。

三百一十一

桃之夭夭，灼灼其华。之子于归，宜其室家。
桃之夭夭，有蕡②其实。之子于归，宜其家室。
桃之夭夭，其叶蓁蓁③。之子于归，宜其家人。

——［春秋］《诗经·周南·桃夭》

释义 SHIYI

桃花怒放千万朵，色彩鲜艳红似火。这位姑娘要出嫁，喜气洋洋归夫家。

桃花怒放千万朵，果实累累大又多。这位姑娘要出嫁，早生贵子后嗣旺。

桃花怒放千万朵，绿叶茂盛永不落。这位姑娘要出嫁，齐心协手家和睦。

《桃夭》是《诗经·周南》里的一篇，是贺新婚歌，也即送新嫁娘歌。红灿灿的桃花比兴新娘的美丽容貌，娶到这样的姑娘，一家子怎不和顺美满呢！果实累累的桃树比喻新娘将会为男家多生贵子，使其一家人丁兴旺。枝叶茂密的桃树比兴新娘子将使一家如枝叶层出，永远昌盛。通篇以红灿灿的桃花、丰满鲜美的桃实、青葱茂盛的桃叶来比对新婚夫妇美好的青春，祝福他们的爱情像桃花般绚丽、桃树般长青。

---

① 芼（mào）：挑选。
② 蕡（fén）：果实很多的样子。
③ 蓁蓁（zhēn）：树叶茂盛的样子。

这首简单朴实的民歌唱出了女子出嫁时对婚姻生活的希望和憧憬，作者用桃树的枝叶茂盛、果实累累来比喻婚姻生活的幸福美满。简单，是质朴，是真实，是实在，是亲切，是萦绕心间不能忘却的情思。简单质朴既是人生的一种境界，也是艺术的一种境界，并且是至高的境界。

三百一十二

击鼓其镗，踊跃用兵。土国城漕，我独南行。
从孙子仲，平陈与宋。不我以归，忧心有忡。
爰居爰处？爰丧其马？于以求之？于林之下。
死生契阔，与子成说。执子之手，与子偕老。
于嗟阔兮，不我活兮。于嗟洵兮，不我信兮。

——［春秋］《诗经·邶①风·击鼓》

释义 SHIYI

战鼓擂得震天响，士兵踊跃练武忙。有的修路筑城墙，我独从军到南方。
跟随统领孙子仲，联合盟国陈与宋。不愿让我回卫国，致使我忧心忡忡。
何处可歇何处停？跑了战马何处寻？一路追踪何处找？不料它已入森林。
一同生死不分离，我们早已立誓言。让我握住你的手，同生共死上战场。
可叹相距太遥远，没有缘分重相见。可叹分别太长久，无法坚定守誓言。

这是一位远征异国、长期不得归家的士兵唱的一首思乡之歌。主人公以袒露自身与主流意识的背离，来宣泄自己对战争的抵触情绪。作品在对人类战争本相的透视中，呼唤的是对个体生命的尊重和对幸福生活的渴望。这种来自心灵深处真实而朴素的歌唱，是对人之存在的最具人文关怀的阐释，是先民们为后世的文学作品树立起的一座人性高标。

三百一十三

投我以木瓜，报之以琼琚②。匪报也，永以为好也！
投我以木桃，报之以琼瑶。匪报也，永以为好也！

---

① 邶：读 bèi。
② 琼琚（jū）：美玉，下"琼玖""琼瑶"同。

投我以木李，报之以琼玖。匪报也，永以为好也！

——［春秋］《诗经·卫风·木瓜》

释义 SHIYI

你将木瓜投赠我，我拿琼琚作回报。不是为了答谢你，珍重情意永相好。

你将木桃投赠我，我拿琼瑶作回报。不是为了答谢你，珍重情意永相好。

你将木李投赠我，我拿琼玖作回报。不是为了答谢你，珍重情意永相好。

"投我以木瓜，报之以琼琚"，与"投桃报李"不同，回报的东西价值要比受赠的东西大得多，这体现了一种人类的高尚情感（包括爱情，也包括友情）。这种情感重的是心心相印，是精神上的契合，因而回赠的东西及其价值的高低在此实际上也只具有象征性的意义，表现的是对他人的情意的珍视，所以说"匪报也"。"投我以木瓜（桃、李），报之以琼琚（瑶、玖）"，其深层语义当是：虽汝投我之物为木瓜（桃、李），而汝之情实贵逾琼琚（瑶、玖）；我以琼琚（瑶、玖）相报，亦难尽我心中对汝之感激。作者胸襟之高朗开阔，已无衡量厚薄轻重之心横亘其间，他想要表达的就是：珍重、理解他人的情意便是最高尚的情意。从这一点上说，后来汉代张衡《四愁诗》"美人赠我金错刀，何以报之英琼瑶"，尽管说的是"投金报玉"，但其意义也与"投木报琼"无异。

《诗经·大雅·抑》有"投我以桃，报之以李"之句，成语"投桃报李"即源于此，比喻相互赠答，礼尚往来。

三百一十四

彼黍离离，彼稷之苗。行迈靡靡，中心摇摇。

知我者，谓我心忧；不知我者，谓我何求。悠悠苍天，此何人哉？

彼黍离离，彼稷之穗。行迈靡靡，中心如醉。

知我者，谓我心忧；不知我者，谓我何求。悠悠苍天，此何人哉？

彼黍离离，彼稷之实。行迈靡靡，中心如噎。

知我者，谓我心忧；不知我者，谓我何求。悠悠苍天，此何人哉？

——［春秋］《诗经·王风·黍离》

释义 SHIYI

看那黍子一行行，高粱苗儿也在长。走上旧地脚步缓，心里只有忧和伤。

能够理解我的人，说我是心中忧愁。不能理解我的人，问我把什么寻求。高高在上的苍天啊，何人害我离家走？

看那黍子一行行，高粱穗儿也在长。走上旧地脚步缓，如同喝醉酒一样。

能够理解我的人，说我是心中忧愁。不能理解我的人，问我把什么寻求。高高在上的苍天啊，何人害我离家走？

看那黍子一行行，高粱穗儿红彤彤。走上旧地脚步缓，心中如噎一般痛。

能够理解我的人，说我是心中忧愁。不能理解我的人，问我把什么寻求。高高在上的苍天啊，何人害我离家走？

全诗共三章，每章十句。三章结构相同，取同一物象不同时间的表现形式完成时间流逝、情景转换、心绪压抑三个方面的发展，在迂回往复之间表现出主人公不胜忧郁之状，"三章只换六字，而一往情深，低回无限"（方玉润《诗经原始》）。

诗中除了黍和稷是具体物象，其他都是空灵抽象的情境，抒情主体"我"具有很强的不确定性，基于这一点，欣赏者可根据自己不同的遭际从中寻找到与心灵相契的情感共鸣点。诸如物是人非之感，知音难觅之憾，世事沧桑之叹，无不可借此宣泄。更进一层，透过诗文所提供的具象，读者可以看到一个孤独的思想者，面对虽无灵性却充满生机的大自然，对自命不凡却无法把握自己命运的人类的前途的无限忧思，这种忧思只有"知我者"才会理解。

三百一十五

彼采葛兮，一日不见，如三月兮！
彼采萧兮，一日不见，如三秋兮！
彼采艾兮！一日不见，如三岁兮！

——［春秋］《诗经·王风·采葛》

 释义 SHIYI

那个采葛的姑娘，一天没有见到她，好像隔了三月啊！
那个采萧的姑娘，一天没有见到她，好像隔了三季啊！
那个采艾的姑娘，一天没有见到她，好像隔了三年啊！

此诗三章反复吟诵，重叠中只换了几个字，把怀念情人愈来愈强烈的情感生动地展现出来了。第二章用"秋"而不用"春""夏""冬"来代表季节，是因为秋天草木摇落，秋风萧瑟，易生离别情绪，引发感慨之情，与全诗意境相吻合。

采葛为织布，采萧为祭祀，采艾为治病。写女子在辛勤劳动，男子思念自己的情人，通过一日不见、如隔三秋（月、年），表达极深的思念。说一天会像三个月、三个季节，甚至三年那样长，这当然是物理时间和心理时间的区别所在。用这种有悖常理的写法，是为了极言其思念之切、之深而已，看似痴语、疯话，却能妙达离人心曲，唤起不同时代读者的情感共鸣。

全诗既没有卿卿我我一类爱的呓语，更无具体的爱的内容叙述，只是直露地表白自己思念的情绪，却流传千古，后人将这一情感浓缩为"一日三秋"的成语。

三百一十六

青青子衿①，悠悠我心。
纵我不往，子宁不嗣②音？
青青子佩，悠悠我思。
纵我不往，子宁不来？
挑兮达兮③，在城阙④兮。
一日不见，如三月兮。

——［春秋］《诗经·郑风·子衿》

释义 SHIYI

青青的是你的衣领，深思的是我的心境。
纵然我不曾去会你，难道你就此断音信？
青青的是你的佩带，深思的是我的情怀。
纵然我不曾去会你，难道你不能主动来？
来来往往张眼望啊，在这高高城楼上啊。
一天不见你的面啊，好像已有三月长啊。

全诗五十字不到，但女主人公等待恋人时的焦灼万分的情状宛然在目。这种艺术效果的获得，在于诗人在创作中运用了大量的心理描写。诗中表现这个女子的动作行为仅用"挑""达"二字，主要笔墨都用在刻画她的心理活动上。如前两章对恋人既全无音讯、又不见影儿的埋怨，以"纵我"与"子宁"对举，急盼之情中不无矜持之态，令人生出无限想象，可谓字少而意多。"一日不见，如三月兮"的独白，通过夸张修辞技巧，造成主观时间与客观时间的反差，从而将其强烈的情绪心理形象地表现了

---

① 衿（jīn）：衣领。
② 嗣（sì）：接续，继续。
③ 挑（tiǎo）兮达兮：独自走来走去的样子。
④ 阙：城门两边的观楼。

出来。

诗歌描写了主人公渴望与意中人来往相见的感情,表达了深沉的思念,鲜明地体现了那个时代的女性所具有的独立、自主、平等的思想观念和精神实质。

三百一十七

蒹葭苍苍,白露为霜。所谓伊人,在水一方。
溯洄从之,道阻且长。溯游从之,宛在水中央。
蒹葭萋萋,白露未晞。所谓伊人,在水之湄。
溯洄从之,道阻且跻。溯游从之,宛在水中坻①。
蒹葭采采,白露未已。所谓伊人,在水之涘②。
溯洄从之,道阻且右。溯游从之,宛在水中沚③。

——[春秋]《诗经·秦风·蒹葭》

释义 SHIYI

河边芦苇青苍苍,秋深露水结成霜。意中之人在何处?就在河水那一方。
逆着流水去找她,道路险阻又太长。顺着流水去找她,仿佛在那水中央。
河边芦苇密又繁,清晨露水未曾干。意中之人在何处?就在河岸那一边。
逆着流水去找她,道路险阻攀登难。顺着流水去找她,仿佛就在水中滩。
河边芦苇密稠稠,早晨露水未全收。意中之人在何处?就在水边那一头。
逆着流水去找她,道路险阻曲难求。顺着流水去找她,仿佛就在水中洲。

整首诗重章整齐、浅显,读起来节奏明快、动听,用反复重章来表现悬念迭起。诗的象征,是意境的整体象征。"在水一方",可象征为人生常有的境遇,"溯洄从之,道阻且长"的困境和"溯游从之,宛在水中央"的幻境,也是人生常有的境遇;人们可能经常受到从追求的兴奋、到受阻的烦恼、再到失落的惆怅的情感洗礼,也可能受到逆流奋战多痛苦或顺流而下空欢喜的情感冲击;读者可以从这里联想到爱情的境遇,也可以从这里联想到理想、事业、前途诸多方面的人生体验。意境的整体象征,使蒹葭具有了难以穷尽的人生哲理意味。

---

① 坻(chí):水中的小洲或高地。
② 涘(sì):水边。
③ 沚(zhǐ):水中的小块陆地。

三百一十八

昔我往矣，杨柳依依。
今我来思，雨雪霏霏。
行道迟迟，载渴载饥。
我心伤悲，莫知我哀。

——［春秋］《诗经·小雅·采薇》

释义 SHIYI

当初离家出征时，杨柳低垂枝依依。
如今战罢回家来，雨雪纷纷漫天下。
行路艰难走得慢，饥渴交加真难熬。
我的心中多伤悲，没人知道我悲哀。

"昔我往矣，杨柳依依。今我来思，雨雪霏霏"出自《诗经·小雅·采薇》的末章，被后人誉为《诗经》中最好的句子。这是写景纪实，更是抒情伤怀。这几句诗句里有着悲欢交集的故事，也仿佛是个人生命的寓言。是谁曾经在那个春光烂漫的春天里，在杨柳依依中送别我？而当我在大雪飘飞的时候经历九死一生返回的时候，还有谁在等我？是《木兰辞》里亲人欢迎的盛况，还是《十五从军征》里荒草萋萋的情景？别离时的春光，回归时的大雪，季节在变换，时光在流逝，离开与归来，中间是一段漫长的征战与思乡，现在，漫天的飞雪中一个被沉重的相思和焦虑烧灼的又饥又渴的征人孤独的身影，步履蹒跚地、战战兢兢地走向他不知道的未来。

《诗经·小雅·采薇》末章，选择了一个最佳角度："在路上"。这是一条世界上最远最长的路，它如此之长，长得足以承载一场战争，长得足以装满一个人年年岁岁的思念，长得足以盛满一个人生命中的苦乐悲欢。

三百一十九

鹤鸣于九皋①，声闻于野。鱼潜在渊，或在于渚②。

---

① 皋（gāo）：沼泽地。
② 渚（zhǔ）：水中小洲，此处当指水滩。

乐彼之园，爰①有树檀，其下维萚②。它山之石，可以为错。

鹤鸣于九皋，声闻于天。鱼在于渚，或潜在渊。

乐彼之园，爰有树檀，其下维榖③。它山之石，可以攻玉。

——［春秋］《诗经·小雅·鹤鸣》

释义 SHIYI

幽幽沼泽仙鹤鸣，声传四野真清亮。深深渊潭游鱼潜，有时浮到渚边停。

在那园中真快乐，檀树高高有浓荫，下面灌木叶凋零。他方山上有佳石，可以用来磨玉英。

幽幽沼泽仙鹤唳，鸣声响亮上云天。浅浅水滩游鱼浮，有时潜入渊潭嬉。

在那园中真快乐，檀树高高枝叶密，下面楮树矮又细。他方山上有佳石，可以用来琢玉器。

此诗共两章，每章九句。前后两章共用了四个比喻，语言也相似，只是押韵不同。

在广袤的荒野里，诗人听到鹤鸣之声，震动四野，高入云霄；然后看到游鱼一会儿潜入深渊，一会儿又跃上滩头。再向前看，只见一座园林，长着高大的檀树，檀树之下，堆着一层枯枝败叶。园林近旁，又有一座怪石嶙峋的山峰，诗人因而想到这山上的石头，可以取作磨砺玉器的工具。诗中从听觉写到视觉，写到心中所感所思，一条意脉贯穿全篇，结构十分完整，从而形成一幅远古诗人漫游荒野的图画。这幅图画中有色有声，有情有景，因而也充满了诗意，读之不免令人产生思古之幽情。如此读诗，读者便会受到诗的艺术感染，产生无穷兴趣。若刻意求深，强作解人，未免有高深莫测之感。

"它山之石，可以攻玉"指别国的贤才可以用来治理本国，后比喻借助外力，改正自己的缺失。

---

① 爰（yuán）：于是。
② 萚（tuò）：酸枣一类的灌木。一说"萚"乃枯落的枝叶。
③ 榖（gǔ）：树木名，即楮树，其树皮可作造纸原料。

第二章 生 态

三百二十

子钓而不纲，弋①不射宿。

——［春秋］《论语·述而》

 SHIYI

不用大网打鱼，不射夜宿之鸟。因为大网所捞必多，对于鱼类、对于自然会造成伤害；飞鸟归巢，它们也需要栖息繁殖。

孔子此举，体现了人与自然互为一体、不可贪眼前利益而有损长远发展的宝贵思想，是"取物以节"思想的具体表现，讲求的是节制欲求。在我国的传统观念里，人们最看重的就是人与自然的和谐，所以，从天人关系上讲，节欲能减少人类对大自然的过度索取，能保证动植物的正常繁衍生息，这是一种仁德；另一方面，节欲能积累财富，如果把这些物质用于救济陷于灾荒的民众，能挽救很多人的生命，这更是大仁大义。孔子的这种"取物以节"的思想，对于现代这个物欲横流、自然环境受到严重破坏的社会，有着极大的教育和指导意义。

习近平总书记历来高度重视生态环境保护，强调要像保护眼睛一样保护生态环境，像对待生命一样对待生态环境，推动形成绿色发展方式和生活方式。2016年1月18日，他在省部级主要领导干部学习贯彻党的十八届五中全会精神专题研讨班上发表重要讲话，引用"子钓而不纲，弋不射宿"等经典，指出我们的先人们早就认识到了生态环境的重要性。这些关于对自然要取之以时、取之有度的思想，有十分重要的现实意义。

---

① 弋（yì）：用带绳子的箭来射鸟。

三百二十一

天命之谓性，率性之谓道，修道之谓教。

道也者，不可须臾离也；可离，非道也。是故，君子戒慎乎其所不睹，恐惧乎其所不能。

莫现乎隐，莫显乎微，故君子慎其独也。

喜、怒、哀、乐之未发，谓之中。发而皆中节，谓之和。中也者，天下之本也；和也者，天下之达道也。

致中和，天地位焉，万物育焉。

——［战国］《中庸·天命》

释义 SHIYI

人的自然禀赋叫作"性"，顺着本性行事叫作"道"，按照"道"的原则修养叫作"教"。

"道"是不可以片刻离开的，如果可以离开，那就不是"道"了。所以，品德高尚的人在没有人看见的地方也是谨慎的，在没有人听见的地方也是有所戒惧的。

不要在别人见不到听不到的地方放松对自己的要求，也不要因为细小的事情而不拘小节，所以君子要慎独，即使一个人独处、没有人注意，也要谨慎。

喜怒哀乐的情感没有发生，可以称之为"中"；喜怒哀乐的感情发生了，但都能适中且有节度，可以称之为"和"。中是人人都有的本性，和是天下共同遵循的原则。

达到了中和，天地就会各安其位，万物便生长繁育了。

"莫见乎隐，莫显乎微，故君子慎其独也。"习近平总书记在引用这段话时指出，加强自律关键是在私底下、无人时、细微处能否做到慎独慎微。大家要懂得小事小节中有政治、有方向、有形象、有人格的道理，在小事小节上加强约束、规范自己，常掸心灵灰尘，常清思想垃圾，常掏灵魂旮旯。

《中庸》开宗明义，肯定"天命之谓性，率性之谓道，修道之谓教"，提出"性""道""教"三项，用以解释"道"的渊源，是"天人合一"理论产生的源头。"天命之谓性"，即自然之道，就是见道。"率性之谓道"，就是修道。"修道之谓教"，就是行道。

三百二十二

道可道①,非常道②;名可名③,非常名④。

——[春秋]老子《道德经·第一章》

释义

这段话出自《道德经·第一章》:道可道,非常道;名可名,非常名。无名,天地之始,有名,万物之母。故常无欲,以观其妙,常有欲,以观其徼⑤。此两者,同出而异名,同谓之玄⑥,玄之又玄,众妙之门。

大意是:可以用语言表达出来的道,就不是永恒不变的"道";可以用语言表达出来的名,就不是永恒不变的"名"。无,是天地的开端,有,是万物的根源。所以,常从"无"中观察天地的奥妙;常从"有"中寻找万物的踪迹。有和无,只不过是同一来源的不同名称罢了。有和无都是幽昧深远的,它们是一切变化的总门。

"道可道,非常道",初步揭示了"道"的基本内涵,"道"的含义博大精深,人们可从历史的角度来认识,也可以从文学的方面去理解,还可以从美学原理去探求,更应从哲学体系的辩证法去思维……

一般认为,道是宇宙的本原及万物运行的规律,道在天地生成以前就存在于浩瀚的宇宙中,当天地生成以后,道就在万事万物中发挥着自身的作用,贯穿万物的生成、生长、发展、消亡的始终,作为一种自然规律客观地存在着。

三百二十三

天下皆知美之为美,斯恶已,皆知善之为善,斯不善已。

故有无相生,难易相成,长短相形,高下相倾,音声相和,前后相随。

是以圣人处无为之事,行不言之教,万物作焉而不辞,生而不有,为而不恃,功成而弗居。

---

① 道:构成宇宙的实体与动力。
② 常:恒久不变。道:用语言表达出来。
③ 名:这里指道的名称,文化思想。
④ 名:用语言表达出来。
⑤ 徼(jiào):通"窍",踪迹的意思。
⑥ 玄:幽昧深远。

夫惟弗居,是以不去。

——[春秋]老子《道德经·第二章》

 SHIYI

天下人都知道美之所以为美,是因为有丑陋的存在,都知道善之所以为善,是因为有恶的存在。

所以有和无互相转化,难和易互相形成,长和短互相显现,高和下互相充实,音与声互相和谐,前和后互相接随。

因此圣人用无为的观点对待世事,用不言的方式施行教化,听任万物自然兴起而不为其创始,有所施为,但不加自己的倾向,功成业就而不自居。

正由于不居功,就无所谓失去。

"处无为之事"是说为而无为的原则。一切作为,应如行云流水,义所当为,理所应为,做应当做的事。做过了,如雁过长空,风来竹面,不着丝毫痕迹,不有纤芥在胸中。

"行不言之教",是说万事以言教不如身教,光说不做,或做而后说,往往都是徒费唇舌而已。

三百二十四

上善若水。水善利万物而不争,处众人之所恶,故几于道。
居善地,心善渊,与善仁,言善信,政善治,事善能,动善时。
夫唯不争,故无尤。

——[春秋]老子《道德经·第八章》

 SHIYI

最高境界的善行就好像水一样。水善于滋润万物而不与万物相争,停留在众人都不喜欢的地方,所以最接近于"道"。

最善的人,居处最善于选择地方,心胸善于保持沉静而深不可测,待人善于真诚、友爱和无私,说话善于恪守信用,为政善于有条有理,处事能够善于发挥所长,行动善于把握时机。

最善的人所作所为正因为有不争的美德,就不会招惹怨恨,所以没有过失,也就不会埋怨他人。

"上善若水":上,最的意思;上善即最善。这里老子以水的形象来说明"圣人"

是道的体现者，因为圣人的言行有类于水，而水德是近于道的。

"居善地"：即处于适当的位置，它不一定是最好、最高的位置，还可能是别人最厌恶的地方。这就是我们常说的在社会中最重要的是找准自己的位置，适合自己的才是最重要的，即使在别人看来，它很低下。

"与善仁"：与别人交往要怀有仁慈和仁爱之心，像水一样善利万物，默默无闻，不求回报，以不争之心而争。

"言善信"：水客观地映照天地万物，人也应像水一样，恪守信用，直行危言。

"政善治，事善能"：治民皆应顺应大道，无为而治；行事应该效仿水，遵从潮流，圆润而不僵化。

"动善时"：水总是依规律应时而动，人亦当如此，遵规应时，顺势而为。

老子用水之特征和作用来比喻最善的人所应该具有的人格特征，其主要有四点：一，柔弱，水是天下最为柔弱的东西；二，水善于趋下，善于处在低下的位置，善于停留在卑下的地位；三，包容、宽容，小溪注入江河，江河注入大海，因而水具有容纳同类的无穷力量；四，滋养万物而不与相争。

三百二十五

持而盈之，不如其已。揣而锐之①，不可常保。
金玉满堂，莫之能守；富贵而骄，自遗其咎②。
功遂身退，天之道也。

——［春秋］老子《道德经·第九章》

释义 SHIYI

执持盈满，不如适时停止；显露锋芒，锐势难以保持长久。
金玉满堂，无法守藏；如果富贵到了骄横的程度，那是自己留下了祸根。
一件事情做得圆满了，就要含藏收敛，这才符合自然规律。

"持而盈之，不如其已。揣而锐之，不可常保"，指器具盛物过满，必然溢而流失，不如适量执中，以免招满为患。天道贵虚，而不贵盈。只有虚空，才能容物，过盈者必有倾失之患。

这一章说明物极必反的道理。"盈"是老子所反对的一种状态，盈满意味着走到了尽头，积重难返，所谓盛极而衰，在强盛之时要想到收手。因此，老子启发人们以退

---

① 揣（chuāi）而锐之：把铁器磨得又尖又利。揣，捶击的意思。
② 咎（jiù）：指过失、罪过、怪罪、处分等。

为进、以屈为伸、以柔克刚,在处世上要顺应天道,能够急流勇退,功成身退。

三百二十六

三十辐共一毂①,当其无,有车之用。
埏埴②以为器,当其无,有器之用。
凿户牖③以为室,当其无,有室之用。
故有之以为利,无之以为用。

——[春秋] 老子《道德经·第十一章》

三十根辐条汇集到一根毂中的孔洞当中,有了车毂中空的地方,才有车的作用。
糅合陶土做成器皿,有了器具中空的地方,才有器皿的作用。
开凿门窗建造房屋,有了门窗四壁内的空虚部分,才有房屋的作用。
所以,"有"给人便利,"无"发挥了它的作用。

"有之以为利,无之以为用",老子借助车辆、陶器、房屋等常见事物,形象而辩证地阐述了"有"和"无"、"利"和"用"之间的关系。"有"的功能和作用,完全依赖于"无"而得以存在和发挥。"有"与"无"互为前提,互为条件,相互补充,相互发挥。由于老子所举的譬喻确凿真切,抽象的哲理变得形象生动,具体细致。

在现实社会生活中,一般人只注意实有的东西及其作用,而忽略了虚空的东西及其作用。无形的东西能产生很大的作用,只是不容易被一般人觉察。

三百二十七

人法地,地法天,天法道,道法自然。

——[春秋] 老子《道德经·第二十五章》

这段话出自《道德经·第二十五章》:

---

① 毂(gǔ):车轮中心的木制圆圈,中有圆孔,即插轴的地方。
② 埏(shān)埴(zhí):和陶土做成供人饮食使用的器皿。埏,和泥;埴,土。
③ 户牖(yǒu):门窗。

有物混成，先天地生。寂兮寥兮，独立而不改，周行而不殆，可以为天地母。

吾不知其名，字之曰道，强为之名曰大。

大曰逝，逝曰远，远曰反。

故道大，天大，地大，人亦大。

域中有四大，而人居其一焉。

人法地，地法天，天法道，道法自然。

大意是：有一种物体混混沌沌、无边无际、无象无音、浑然一体，早在开天辟地之前它就已经存在。它独一无二，无双无对，永远不会改变，却又周流于万物永远不会停止，它可以作为世间天地万物乃至宇宙的根本。

我不知它究竟何名，于是用"道"来作为它的名，勉强地称其为"大"。

这个"大"，不停地运化，也就是说它无处不在、无远不至，穿行于古往今来、八荒六合，到达极远处（指万物生成之后）又自然返回于原初。

正因为道是如此无穷无尽，既生成宇宙万物，又使万物回归道，所以说道很大，而顺从于道的天、地、人也都很大。

宇宙有四"大"，人也是其中之一。

人以地为法则，地以天为法则，天以道为法则，道以自然而然为法则。

"人法地，地法天，天法道，道法自然"，老子用顶针的文法，将天、地、人乃至整个宇宙的深层规律精辟涵括、阐述出来。"道法自然"揭示了整个宇宙的特性，囊括了天地间所有事物的根本属性，宇宙天地间万事万物均效法或遵循"自然而然"的规律。

道的本性就是自然。人的一切要按照本身的规律去做，切忌刚愎自用、主观行事。中国人以顺应自然为最高法则，西方人以战胜自然为最高法则，两者是不同的。

三百二十八

道生一，一生二，二生三，三生万物。

万物负阴而抱阳，冲气以为和。

人之所恶，惟孤、寡、不穀①，而王公以为称。

故物或损之而益，或益之而损。

人之所教，我亦教之。

强梁者，不得其死，吾将以为教父。

——［春秋］老子《道德经·第四十二章》

---

① 孤、寡、不穀（gū）：都是古代君主的自谦之词。

释义 SHIYI

道是独一无二的，道本身包含阴阳二气，阴阳二气相交而形成一种适匀的状态，万物在这种状态中产生。

万物背阴而向阳，并且因阴阳二气的互相激荡而成新的和谐体。

人们最厌恶的就是"孤""寡""不榖"，但王公却用这些字来称呼自己。

所以一切事物，或者减损它反而得到增加，或者增加它反而得到减损。

别人这样教导我，我也这样去教导别人。

强暴的人死无其所，我把这句话当作施教的宗旨。

"道生一，一生二，二生三，三生万物"，说到一、二、三这几个数字，这并不是把一、二、三看作具体的事物和具体数量，它们只是表示"道"生万物从少到多、从简单到复杂的一个过程，这就是"冲气以为和"。

这里说的有三种气：冲气、阴气、阳气。所谓冲气就是一，阴阳是二，三是多数。二生三就是说，有了阴阳，很多的东西就生出来了。那么冲气究竟是哪一种气呢？照后来《淮南子》所讲的宇宙发生的程序说，在还没有天地的时候，有一种混沌未分的气，后来这种气起了分化，轻清的气上浮为天，重浊的气下沉为地，这就是天地之始。"轻清的气就是阳气，重浊的气就是阴气。在阴阳二气开始分化而还没有完全分化的时候，在这种情况中的气就叫做冲气。'冲'是道的一种性质，'道冲而用之或不盈'（老子《道德经·第四章》）。这种尚未完全分化的气，与道相差不多，所以叫冲气。也叫做一。"（冯友兰《老子哲学讨论集》）这一分析是很有见地的。在这一章后半部分，老子讲了柔弱退守是处世的最高原则，谦受益，满招损，这也合乎辩证之道。

三百二十九

祸兮，福之所倚；福兮，祸之所伏。

——［春秋］老子《道德经·五十八章》

释义 SHIYI

这两句话出自《道德经·第五十八章》：

其政闷闷，其民淳淳；其政察察，其民缺缺。

祸兮，福之所倚；福兮，祸之所伏。

孰知其极？其无正也。正复为奇，善复为妖。人之迷，其日固久。

是以圣人方而不割，廉而不刿，直而不肆，光而不耀。

大意是：仁君政施宽厚，人民自然淳朴；政施苛察，人民就会狡诈。

灾祸啊，幸福依傍着它；幸福啊，灾祸隐伏在它里面。

谁知道它的变化有没有终点？福祸没有确定的标准。正常可再变为反常，善良可再变为邪恶。人性的迷惑，由来已久了。

因此圣人端庄方正而不伤人，棱角分明而不害物，直率而不无所顾忌，明亮而不光芒耀眼。

"祸兮，福之所倚；福兮，祸之所伏。"福与祸相互依存，可以互相转化。这是指坏事可以引出好的结果，好事也可以引出坏的结果。在生活中，人们应该对立统一地看待"祸""福"，有了"祸"要想到与之对立的"福"，有了"福"要想到与之对立的"祸"，并且要从"祸"中看到"福"的希望，从"福"中看到"祸"的存在，这样才能较好地处理"祸""福"转化的矛盾。

三百三十

天之道，损有余而补不足；人之道，损不足而益有余。

——［春秋］老子《道德经·第七十七章》

这句话出自《道德经·第七十七章》：

天之道，其犹张弓欤？高者抑之，下者举之，有余者损之，不足者与之。

天之道，损有余而补不足。人之道，则不然，损不足以奉有余。

孰能有余以奉天下？唯有道者。

是以圣人为而不恃，功成而不处，其不欲见贤。

大意是：天道，难道不像张弓射箭吗？举得高了便压低一些，瞄得低了便举高一些，弓弦拉得太满了便减少一些力道，弓弦没拉满就增加一些力道。

自然的法则，是损减有余来补充不足。人类社会世俗的做法却不然，而是损减贫穷不足来供奉富贵有余。

谁能让有余来供奉天下呢？只有有道之人。

因此，圣人有所作为却不自恃己能，有所成就却不居功自傲，他不愿显示自己的贤能。

"天之道，损有余而补不足；人之道，损不足而益有余。"天道的特性就是"损有余而补不足"。有多的就减少一些，不足的就补充一些，总是尽量均衡，这就是天道。

人之道，是和天之道相反的。人之道，便是人性，人的自然之道。人性是损减有所不足的那些人来奉养那些有富余的人。就是说人性的本质是巧取豪夺的，有所富余的人不会满足，仍然要去夺取那些本来已经有所不足的人。人性贪婪，老子一语道破之。

老子主张一个人有所成就、有所作为后，不要仗着自己的功劳去获取过多的利益。"夫唯不争，故天下莫能与之争"说的就是这样的道理。

三百三十一

用天之道，分地之利，谨身节用，以养父母，此庶人之孝也。

——《孝经》

 释义 SHIYI

此句出自《孝经》：用天之道，分地之利，谨身节用，以养父母，此庶人之孝也。故自天子至于庶人，孝无终始，而患不及者，未之有也。

大意是：顺应春、夏、秋、冬四季变化的自然规律，分辨土地的不同特点，行为谨慎，节约俭省，以此供养父母，这就是老百姓应尽的孝道啊！因此，上自天子，下至普通老百姓，不论尊卑高下，行孝都是无始无终、没有止境的，如果有人担心自己无法尽孝，那是不可能的。

行孝不分贵贱，不限时间，永恒存在。

三百三十二

智者察同，愚者察异。

——《黄帝内经·素问》

 释义 SHIYI

这句话出自《黄帝内经》：智者察同，愚者察异。愚者不足，智者有余。有余则耳目聪明，身体轻强，老者复壮，壮者益治。

大意是：聪明的人，注意的是人与天地阴阳之气的一致性，因而在健康无病的时候，就能够注意养生保健；而愚蠢的人，只有在出现了强壮与衰弱的不同结果时，才知道注意。所以愚蠢的人常正气不足，体力衰弱；而聪明的人，正气旺盛，耳目聪明，精力充沛，身体轻快强健。即使是年龄已经衰老，也还能焕发青春，保持强壮，而本来就是强壮的人,就会更加强健了。

"智者察同",就会互相包容,求同存异,获得共赢;"愚者察异",就会制造矛盾,失道寡助,导致失败。"察同""察异"反映了两种截然相反的观察世界的方法,其结果也大不相同。

求同存异,是对《黄帝内经》中"智者察同,愚者察异"的化用。

《黄帝内经》是我国现存最早的一部医学典籍,"智者察同,愚者察异"这句话虽然谈的是养生之道,却言简意赅地道出了古人探寻事物规律的思维方式,因此具有普遍意义。

三百三十三

春三月①,此谓发陈,天地俱生,万物以荣,夜卧早起,广步于庭,被②发缓形,以使志生,生而勿杀,予而勿夺,赏而勿罚③,此春气之应,养生之道也。逆之则伤肝,夏为寒变④,奉长者少。

——《黄帝内经·素问·四气调神大论》

春三月,是万物复苏生长的季节,天地间生气勃勃,万物欣欣向荣。为了适应春天的特点,人们应当夜卧早起,在庭院中散步,将头发披散,舒缓身体,以便自己的精神随着春天的生气而散发而舒畅,一定要符合春天生气勃勃的态势,不能违背而折损,这就是适应春天这个季节特点的养生方法。违背了这个方法,那么到了夏天就会生寒变病,使得供养身体在夏季所需要的物质基础缺少。

三百三十四

夏三月⑤,此谓蕃秀⑥,天地气交,万物华实,夜卧早起,无厌于日,使志无怒,使华英成秀,使气得泄,若所爱在外,此夏气之应,养长之道也。逆之则伤心,秋为

---

① 春三月:立春、雨水、惊蛰、春分、清明、谷雨六节气为春三月。
② 被:通"披"。
③ 生而勿杀,予而勿夺,赏而勿罚:"生、予、赏"皆为顺应春天生长之态势;"杀、夺、罚"皆为折损春天生长之态势。
④ 寒变:中医对于夏季所生疾病的统称。
⑤ 夏三月:立夏、小满、芒种、夏至、小暑、大暑六个节气为夏三月。
⑥ 蕃(fān)秀:指草木生长茂盛而秀美的样子。

痎疟①，奉收者少，冬至重病。

——《黄帝内经·素问·四气调神大论》

SHIYI

　　夏三月，是草木生长茂盛而秀美的季节，在这一时期内，天地阴阳之气相交，一切植物都开花结果。在生活上，人们应当夜卧早起，不要对于白天的漫长而心生厌恶，心中不能够产生愤怒的情绪，要使得自身容颜秀美，使得身体内的气息得以宣通，就好像"所爱在外"，这就是适应夏季的季节特点而养生的道理。如果违反了这个道理，到了秋天人们就容易生疟疾病。这是因为夏天提供身体生长的基础没有打牢，供给秋天收敛的能力就差了。

三百三十五

　　秋三月②，此谓容平，天气以急，地气以明，早卧早起，于鸡俱兴，使志安宁，以缓秋刑，收敛神气，使秋气平，无外其志，使肺气清，此秋气之应，养收之道也。逆则伤肺，冬为飧泄③，奉藏者少。

——《黄帝内经·素问·四气调神大论》

SHIYI

　　秋天三月，是草木达到成熟的季节，秋风渐起，天气劲急，夏天的暑湿退去，大地也逐渐清明。在这个季节，应当早睡早起，与鸡俱兴，使得自己的意志保持安宁，从而和缓形体以适应秋季的变化，通过收敛精神，不急躁，使得秋天的肃杀之气得以和平，屏绝外虑，使得肺气的运行得到稳定，这就是适应秋天收敛以助养生的方法。如果违背了这个规律，那么肺就会受伤，到了冬天就会生饮食物不消化的飧泄病，这是因为秋天收养的基础差了，供给人体在冬天所需要的物质基础不足而导致的。

---

① 痎（jiē）疟：对疟疾的总称。
② 秋三月：立秋、处暑、白露、秋分、寒露、霜降六个节气为秋三月。
③ 飧（sūn）泄：指饮食之物不消化的泄泻。

三百三十六

冬三月①,此谓闭藏②,水冰地坼③,无扰乎阳,早卧晚起,必待日光,使志若伏若匿,若有私意,若已有得,去寒就温,无泄皮肤,使气亟④夺,此冬气之应,养藏之道也。逆之则伤肾,春为痿厥⑤,奉生者少。

——《黄帝内经·素问·四气调神大论》

释义 SHIYI

冬天三月,是万物生机潜伏闭藏的季节,水结冰、地面开裂。人们在此时不要去惊扰体内的阳气,应该早睡迟起,起床时必须等到有日光才行,使自己的意志如伏藏般,像有私意似的,又像有所得似的,而且还应该远离寒冷的地方,多待在温暖处,不要让皮肤开泄而出汗,这样会使得体内的阳气无法闭藏从而外泄,这就是适应冬季藏养的养生方法。如果违反了这个规律,那么肾脏会受伤,到了春天,就会得四肢软弱无力的痿厥病,这是因为冬天闭藏收养的基础差了,供给春天生养的能力也就差了。

三百三十七

顺四时而适寒暑,和喜怒而安居处,节阴阳而调刚柔。

——《黄帝内经·灵枢·本神》

释义 SHIYI

这句话出自《黄帝内经》:故智者之养生也,必顺四时而适寒暑,和喜怒而安居处,节阴阳而调刚柔。如是,则僻邪⑥不至,长生久视⑦。

大意是:所以,有智慧的人的养生方法,必定是顺从四季来适应寒暑的变化;调

---

① 冬三月:立冬、小雪、大雪、冬至、小寒、大寒此六个节气为冬三月。
② 闭藏:指万物生机潜伏。
③ 坼(chè):开裂。
④ 亟(jí):意通"极"。
⑤ 痿厥(jué):偏义复词,指四肢瘦削,软弱难以抬起的样子。
⑥ 僻邪:虚邪贼风,指使人生病的因素。
⑦ 长生久视:指长寿而延缓衰老。

和喜怒的情绪并且安定起居；节制阴阳的偏胜以调和刚柔。按照这样来养生，则病邪不会侵袭，能够使得人长寿，延缓衰老。

"顺四时而适寒暑"，就是要顺应四时的规律，春生，夏长，秋收，冬藏。四时养生，春天养肝，夏天养心，秋天养肺，冬天养肾，四季养脾。

"和喜怒而安居处"，就是很好地运用意识，因为人的精神对人的生命活动的影响非常大，一个好念头、一个坏念头都可导致生理活动出现明显变化。

"节阴阳而调刚柔"，就是很好地涵养道德。

可见，遵循自然规律，是最好的养生。

三百三十八

久视伤血，久卧伤气，久坐伤肉，久立伤骨，久行伤筋。

————《黄帝内经·素问·宣明五气》

释义 SHIYI

长时间用眼会耗伤体内的血分；长时间卧床会消耗体内的气；长时间保持坐姿会暗伤肌肉；长时间站立会损伤骨头；长时间行走会劳伤筋脉。

这句话出自《黄帝内经》：久视伤血，久卧伤气，久坐伤肉，久立伤骨，久行伤筋。是谓五劳所伤。视、卧、坐、立、行是人生命活动的五种体态，有静有动，有劳有逸。生命活动既不能过静过逸，也不能过动过劳。过静过逸，久卧、久坐则气血不流通，会伤及人身。过动过劳，久视、久立、久行，超出了人体的正常调节和耐受范围，亦会损伤人体。

我们在日常生活中，要想保持最佳状态就一定要注意适中，适中就是最佳，人体出现的诸多不适和疾病往往与过度使用有关。

三百三十九

怒则气上，喜则气缓，悲则气消，恐则气下，寒则气收，炅则气泄，惊则气乱，劳则气耗，思则气结。

————《黄帝内经·素问·举痛论》

夫邪①之生也，或生于阴，或生于阳。其生于阳者，得之风雨寒暑；其生于阴者，

---

① 邪：邪气，病气。

得之饮食居处，阴阳喜怒。

——《黄帝内经·素问·调经论》

释义 SHIYI

前一句话出自《黄帝内经·素问·举痛论》，大意是：暴怒则气上逆，过喜则气缓散，悲哀则气消散，恐惧则气下陷，寒冷则气收聚，炎热则气外泄，受惊则气慌乱，过度劳累则气损耗，思虑则气郁结。

后一句话出自《黄帝内经·素问·调经论》，大意是：疾病的产生，或从阴而生，或从阳而生。从阳而产生者，来源于感受风雨寒暑的侵袭；从阴而产生者，来源于饮食不当，居住环境不佳，以及不节制的喜怒情绪。

三百四十

损而不已必益，故受之以益。

——《易传·序卦》

失之东隅，收之桑榆。

——［南宋］范晔《后汉书·冯异传》

释义 SHIYI

"损而不已必益，故受之以益"大意是：当受损到了一定程度的时候，根据物极必反的原理，必然会有所增益，所以损卦后面就是益卦。

损失自己的财富与缺点，增加精神内涵，并使他人获益，自己一定有增益的一天。损益之间有相辅相成的关系。

老子说"祸兮，福之所倚，福兮，祸之所伏"，孔子说"自损者益，自益者缺"，古人云"水至清则无鱼，人至察则无徒"，均不外乎损益之间的道理。

"失之东隅，收之桑榆"出自《后汉书·冯异传》：始虽垂翅回溪，终能奋翼黾池，可谓失之东隅，收之桑榆。大意是：开始的时候虽然在回溪屡受挫折，多次战败，但是最后还是在渑池一带获得了胜利。这就像在日出的时候在东方吃了败仗，却没想到日落的时候从西方获得了胜利。

"失之东隅，收之桑榆"这句话里面的"东隅"就是太阳升起的地方，也就是指东方，一切事情开始的时候。而"桑榆"自然相对的就是指日落的场所，事情结束的时候。比喻开始在这一方失败了，最后在另一方取得胜利。

这句话也一直流传到现在，告诉我们，无须在意一时的得失，虽然可能一开始在某一地方尝过了失败的滋味，但是你终究还会在另一个地方获得成功。

三百四十一

安身之本，必资于食。不知食宜者，不足以存生。

——［唐］孙思邈《千金要方·食治》

善养生者慎起居，节饮食，导引关节，吐故纳新。

——［北宋］苏轼《上神宗皇帝书》

"安身之本，必资于食。不知食宜者，不足以存生"出自《千金要方》，大意是：人安身的根本在于饮食，如果不知道饮食宜忌，就不足以保存生命。

强调了饮食养生的重要性。

"善养生者慎起居，节饮食，导引关节，吐故纳新"出自《上神宗皇帝书》，大意是：善于调养身体的人，会小心对待自己的起居，节制自己的饮食，活动自己的关节，吐出浊气，吸进新鲜的空气。

强调善于养生的人应节制饮食、锻炼身体。

三百四十二

老来疾病，都是少时招的；衰时罪孽，都是盛时作的。故持盈履满，君子尤兢兢焉。

——［明］洪应明《菜根谭》

年纪大时，体弱多病，都是年轻时不注意爱护身体所招来的病根儿；一个人事业失意以后还会有罪孽缠身，那都是得志时埋下的祸根儿。因此一个有高深修养的人，即使生活在幸福环境，处在事业巅峰，也要兢兢业业，戒骄慎言，为今后打下好基础。

持盈履满：盈是丰富，履是福禄，持盈履满是指已达最好程度的美满。兢兢：小心谨慎。

人的一生变化无常，"得意无忘失意日，上台勿忘下台时。"所以一个人在春风得意时要多做好事、多积阴德。世事变幻难测，一个人不论出身多么高贵、地位多么荣耀，都要多行善事，多为今后着想。就像是人的体格，青壮时不注意保养锻炼，老来就有可能体弱多病。一个有修养有道德的人，在顺境、在有势时，总是小心翼翼，居安思危，决不会抱着今朝有酒今朝醉的态度为人处世。

三百四十三

物忌全胜，事忌全美，人忌全盛。

——［清］金缨《格言联璧》

拙字可以寡过，缓字可以免悔，退字可以远祸，苟字可以养福，静字可以益寿。

——［清］金缨《格言联璧》

 释义 SHIYI

两段话均出自《格言联璧》，前一段的大意是：自然万物不会只盛不衰，世间之事不应苛求完美，生而为人不可只知进取而不懂退让。

后一段的大意是：为人诚实质朴可以使人少犯错误，办事从容不迫可以使人没有悔恨，谦逊退让可以使人远离灾祸，随遇而安可以使人拥有幸福，宁静平和可以使人长寿。

三百四十四

满者损之机，亏者盈之渐。损于己则益于彼，外得人情之平，内得我心之安，既平且安，福在即是矣。

——［清］郑板桥《吃亏是福》

聪明难，糊涂难，由聪明而转入糊涂更难。放一著，退一步，当下心安，非图后来福报也。

——［清］郑板桥《难得糊涂》

 释义 SHIYI

第一段大意是：人的所得一旦达到丰盈充足，就是他要开始耗损的时候了；而当一个人变得欠缺不足时，他也就会开始渐渐充裕起来。自己有些损失，那自然也就有利于他人，这样一来，大家也都心平气和，而自己也得到了内心安宁。结果是既平和又心安，这就是一个人真正的福气了。

"吃亏是福"即个人在利益上吃点亏，这其实是他的福气。

第二段和老子的"我愚人之心也哉！沌沌兮。俗人昭昭，我独昏昏；俗人察察，我独闷闷；澹兮其若海，飂兮若无止。众人皆有以，而我独顽且鄙。我独异于人，而贵食母（《道德经·第二十章》）"异曲同工，大意是：绝顶聪明的人，不是故意装糊涂，而是把自己聪明的锋芒收敛起来，这就更难了。待人接物，遇事退一步，把利益权位让给人家，心里很舒服，并不希望人家事后报答，只要当时心里舒服就好。

板桥先生所说的"糊涂"，是一种由聪明转入的糊涂，乃是一种修为，一种气度，一种大智慧，一种顿悟后的看开、放下。

道家为糊涂，取名"无为"。道家思想的精华是"道法自然""大道无为"。"无为"的最终要求是遵循自然规律。

三百四十五

天地之道，刚柔互用，不可偏废，太柔则靡，太刚则折。

——［清］曾国藩《曾国藩全书》

战战兢兢，即生时不忘地狱；坦坦荡荡，虽逆境亦畅天怀。

——［清］曾国藩

"天地之道，刚柔互用，不可偏废，太柔则靡，太刚则折"大意是：天地万物生存的道理，那就是一刚一柔相互作用，不可以偏执于某一方而荒废另一方，太柔软了，则容易萎靡不振，太刚强了，则容易折断。

我们常说以柔克刚，指的是用柔软去克制刚强，从而取得胜利，这是道家的智慧。所谓的柔，不是一种单纯的圆滑，也并非对不公平的缄默无言，更不是指那种奴颜媚骨、阿谀奉承。柔，应该是一种策略，一种智慧，一种韧劲；刚，则代表了强硬、不知变通、坚毅等诸多因素。刚柔相济是刚与柔之间的结合，是刚中含柔，柔中见刚，只有把刚和柔的力度拿捏得恰到好处，才能真正立于不败之地。

"战战兢兢，即生时不忘地狱；坦坦荡荡，虽逆境亦畅天怀"是直隶总督府四堂上曾国藩写的自箴联。四堂是家眷居住的地方，这副楹联也是写给家人为戒的。上联写他为官做事战战兢兢，如履薄冰，生怕哪里做错了，即使生前没有受到惩罚，死后还有地狱等着；下联写他为人坦坦荡荡，即便是在逆境时依然舒展心怀。

时刻小心谨慎，有福不能享尽，有势不能用尽。纵然富贵腾达，却要想到贫贱潦倒时，居安思危，才能长保荣显。自心真诚，胸怀坦荡，不自欺，不欺人。在人生逆境，也要保持乐观心态，在困境中，砥砺前行，狂沙尽处遍地金。

第三章 闲 适

三百四十六

知①者乐②水，仁者乐山。知者动，仁者静。知者乐，仁者寿。

——［春秋］《论语·雍也》

 SHIYI

聪明的人喜欢水，仁德的人喜欢山。聪明的人好动，仁德的人恬静。聪明的人快乐，仁德的人长寿。

知者乐水，是指知者心情愉快，就像流水一样悠然安详；仁者乐山，是指仁者就像高山一样崇高伟大。

这是孔子的一段极为著名的言论。孔子以水和山为喻，来说明智者和仁者的内心与外在特征，是非常聪明和贴切的。这里所说的"智者"和"仁者"，是指那些有修养的"君子"。水流宛转流动，充满动感和变化；智者运用其才智以治世，贵在变通灵动，好比水之变动不居，故乐水。山安稳凝重不动，充满了化育万物的涵容和厚重；仁者以为仁，贵在择善而从，故乐山。智者心思活跃，灵动而快乐；仁者守仁，其心宁静而不忧，故寿。

同时，孔子指出长寿必须建立在高尚的道德基础上，必须加强个人的思想修养，也就是说健身要先健心，做个心怀仁术的人。

---

① 知（zhì）：同"智"。
② 乐（yào）：喜爱。

三百四十七

文武之道①，一张一弛。

——《礼记·杂记下》

释义 SHIYI

这句话出自《礼记·杂记下》。孔子的学生子贡随孔子去看祭礼，孔子问子贡说："赐（子贡的名字）也乐乎？"子贡答道："一国之人皆若狂，赐未知其乐也。"孔子说："张而不弛，文武弗能也；弛而不张，文武弗为也②；一张一弛，文武之道也。"

大意是：周朝时期，民间有一个祭祀百神的"蜡"节日，孔子带弟子子贡去看热闹。子贡担心百姓只顾玩乐而会有危险，孔子给子贡解释道："百姓成年累月在田间劳作，让他们放松一下，有张有弛，这是周文王与武王定下的规矩，这样便于更好地生产。"

现用来比喻生活的松紧和工作的劳逸要合理安排。

"文武之道，一张一弛"就是说我们要劳逸结合，使工作、生活有节奏地进行。

毛泽东在《对晋绥日报编辑人员的谈话》中讲："你们的缺点主要是把弓弦拉得太紧了。拉得太紧，弓弦就会断。古人说：'文武之道，一张一弛。'现在'弛'一下，同志们会清醒起来。"

三百四十八

子之燕居，申申如也，夭夭如也。

——[春秋]《论语·述而》

君子泰而不骄，小人骄而不泰。

——[春秋]《论语·子路》

释义 SHIYI

"子之燕居，申申如也，夭夭如也"出自《论语·述而》，大意是：孔子在家闲居

---

① 文、武：指善于治国的周文王、周武王。
② 张而不弛，文武弗能也；弛而不张，文武弗为也：一直把弓弦拉得很紧而不松弛一下，这是周文王、周武王也无法办到的；相反，一直松弛而不紧张，那是周文王、周武王也不愿这样做的。

的时候，穿戴很整齐，态度很温和。

有人说这句话表明孔子即便在闲居时，也十分注意个人思想情操的修养，这不是这句话的本意。这句话恰恰是描写了孔子平日闲居在家时十分舒适自如的情况，显示出他恬淡平和的心境，以及高深的修养。

"君子泰而不骄，小人骄而不泰"出自《论语·子路》，大意是：君子安详坦然而不骄矜凌人，小人骄矜凌人而不安详坦然。

由于君子和小人内在的心灵、思想和修养不同，诚于中，形于外，自然他们表现于外的风格也不相同。君子秉持公道，心无偏私，故能安然坦荡；君子卑以自牧，故为人心平气和，不骄矜傲慢。小人虽然志得意满、心高气盛，却对自我并无充分的认知和肯定，故很难做到平和坦荡。

三百四十九

宠辱若惊，贵大患若身。
何谓宠辱若惊？宠为下。得之若惊，失之若惊，是谓宠辱若惊。
何谓贵大患若身？吾所以有大患者，为吾有身。及吾无身，吾有何患？
故贵以身为天下，若可寄于天下，爱以身为天下者，若可托天下。

——［春秋］老子《道德经·第十三章》

受宠和受辱都令人担惊受怕，把荣辱看得与自身生命一样珍贵。

什么叫作宠辱若惊？当得宠的人地位卑下时，受宠会使他惊喜不安，失宠则令他惊恐不安，这就叫作宠辱若惊。

什么叫作重视大患如同重视自身生命一样？我之所以担心有大祸患，是因为我有生命；如果我没有生命，我还担心什么呢？

所以，像重视自身一样重视天下人，则可把天下重任托付给他；像爱护自己一样爱护天下人，就可将天下重任交付给他。

人心欲望不止，功名荣辱心不断，为了生存，我们被裹挟着，也许没有选择，但至少可以选择主宰自己的内心：减少欲望，漠视荣辱，不患得患失。这样，才能活得更洒脱自在。怀一份积极的入世心做事，同时怀一份超然的出世心，安顿好自己的心灵，永不失落自我，达观处世，做到"宠辱皆忘"，适当适时放下包袱，轻松向前。

三百五十

致虚极，守静笃①。

万物并作，吾以观复。

夫物芸芸，各复归其根②。

归根曰静，静曰复命③。

复命曰常④，知常曰明⑤。不知常，妄作凶。

知常容，容乃公，公乃全，全乃天⑥，天乃道，道乃久，没身不殆⑦。

——［春秋］老子《道德经·第十六章》

释义

尽力达到心灵空明的极致，坚守清静的最佳状态。

万物都一齐蓬勃生长，我从中观察它们的循环往复。

万物尽管纷繁众多，最终都回归其本根。

回归本根就称为清静，清静中孕育出新的生命。

孕育新生命是正常的自然法则，懂得这一法则便心灵澄明。不懂得自然的法则，胡作非为，必然遭遇凶险。

懂得自然法则就能包容，能包容就公正坦荡，公正坦荡就能周全，周全就能符合天理，符合天理就能合于道，合于道便能长久存在，终生不会遭遇危险。

"致虚极，守静笃"，虚和静都是形容人的心境是空明宁静状态，但由于外界的干扰、诱惑，人的私欲开始活动，因此心灵闭塞不安。所以必须注意"致虚"和"守静"，以期恢复心灵的清明。

本章中，说明只有致虚守静，才能体认到"道"。只有内心空明虚静，才能在静中回归本真状态，在本真中产生高超智慧，进而体认万物的发展规律，指导自己做出正确的行动。

---

① 极、笃：意为极度、顶点。
② 归根：根指道，归根即复归于道。
③ 复命：复归本性，重新孕育新的生命。
④ 常：指万物运动变化的永恒规律，即守常不变的规则。
⑤ 明：明白、了解。
⑥ 天：指自然的天，或为自然界的代称。
⑦ 没身不殆（dài）：终生不会遭遇危险。没身：死亡，没通"殁"。殆，危险。

三百五十一

我有三宝,持而保之。一曰慈,二曰俭,三曰不敢为天下先。

——[春秋] 老子《道德经·第六十七章》

释义

这段话出自《道德经》:天下皆谓我道大,似不肖。夫唯大,故似不肖;若肖,久矣其细也夫。我有三宝,持而保之。一曰慈,二曰俭,三曰不敢为天下先。慈故能勇;俭故能广;不敢为天下先,故能成器长。今舍慈且勇,舍俭且广,舍后且先,死矣。夫慈以战则胜,以守则固,天将救之,以慈卫之。

大意是:天下都说我道大,大到无形。只有大形,所以能成无形;若有形,早已成为细小了。我有三件宝贝,持有而珍重它。第一件叫慈爱,第二件叫节俭,第三件叫不敢处在众人之先。有慈爱就能勇武;有节俭就能宽广有余;不敢居于天下人之先,所以才能成为万物之首领。现在的人放弃慈爱而取勇武,丢掉节俭而取铺张,舍弃退让而争先,结果是死路一条。慈爱,用于作战就可取胜,用于守卫就会坚固,天道将要救护谁,就以慈爱去卫护它。

"三宝"包括了慈、俭、不敢为天下先。慈是慈爱,慈爱之心是对万物的同情,有慈爱则能坚强勇敢。俭是缩小、节俭、内敛、低调、遵循客观规律而为。人缩小才能扩大;有节俭则能宽广富足;不敢为天下先意味着为后、为下、为小,反过来能够成为先、上、大。

三百五十二

恬淡虚无,真气从之,精神内守①,病安从来。是以志闲而少欲,心安而不惧,形劳而不倦,气从以顺,各从其欲,皆得所愿。

——《黄帝内经·素问·上古天真论》

释义

心情要清净安闲,排除杂念妄想,以使真气顺畅,精神守持与内,这样,疾病就无从发生。因此,人们就可以心志安闲,少有欲望,情绪安定而没有焦虑,形体劳作

---

① 精神内守:指人的精神集中而凝聚,不涣散。

而不疲倦，气息从容而顺畅，每个人都能随其所欲而满足自己的愿望。

"恬淡虚无"从狭义讲指人的性格闲静，个性修养清素，欲望淡雅，胸怀宽广；从广义讲是对不切实际的与自身不相匹配的名利的适时淡泊。同时它又是一种信仰、一种追求，一种对天地间美好事物的坚信，一种对人世间美满精神生活境界的追求企盼。这也是老子的一种思维，"至虚极，守静笃"，是自古圣贤们的信仰。

在恬淡虚无心态的基础上，在漫长的风雨岁月修炼中，在正确的方式方法体悟中，"真气从之"是自然的结果。

"恬淡虚无，真气从之，精神内守，病安从来"要求人们安定情绪，不贪欲妄求，心中安详平和，没有恐惧焦虑等有害情绪，精神愉悦，精神守于内；精神守于内了，人们就不容易得病。

三百五十三

宠辱不惊，看庭前花开花落。去留无意，望天上云卷云舒。

——[明] 洪应明《菜根谭》

心地上无风涛，随在皆青山绿树；性天中有化育，触处见鱼跃鸢飞。

——[明] 洪应明《菜根谭》

得趣不在多，盆池拳石间烟霞俱足；会景不在远，蓬窗竹屋下风月自赊。

——[明] 洪应明《菜根谭》

 释 义 SHIYI

这三段话均出自洪应明《菜根谭》。

第一段的大意是：为人做事能视宠辱如花开花落般平常，才能心境平和；视去留如云卷云舒般变幻，才能淡泊自然。

第二段的大意是：如果心中风平浪静没有波涛，那么所处之处无不是青山绿水一派美景；如果本性中有化育万物的爱心，那么所看之物无不是鱼跃鸟飞的生动景观。

第三段的大意是：得到生活的真正乐趣并不在乎数量的多少，其实只要有一个很小的池塘摆几块儿小巧可爱的石头，便足以体现大自然的雅韵；观赏大自然的景色，也不在乎远近，其实只要静坐在蓬窗竹屋之下，看明月朗照，让清风微拂，就足以心旷神怡。

三百五十四

风花之潇洒,雪月之空清,唯静者为之主。
水木之荣枯,竹石之消长,独闲者识其真。

——[明]洪应明《菜根谭》

天地有万古①,此身不再得;人生只百年,此日最易过。
幸生其间者,不可不知有生之乐,亦不可不怀虚生②之忧。

——[明]洪应明《菜根谭》

释义 SHIYI

此两段均出自洪应明《菜根谭》。

第一段的大意是:清风下花朵摇曳多姿,明月下风雪空旷澄澈,只有内心平静的人才能享受这种怡人的景色。

树木的茂盛与枯萎,竹石的销蚀与生长,只有富于闲情雅致的人才能领略此中雅趣。

第二段的大意是:天与地的运动变化是永恒的,可是人的生命却只有一次;人一辈子活到一百岁已经是高寿,每一天的时间都过得都非常快。

我们有幸生长在天地之间,不可以不了解生活中的快乐,可是也需要有这样的忧虑,不抓紧时间创造人生价值就会虚度人生毫无成就。

三百五十五

水深则流缓,语迟则人贵。

——《礼记》

如切如磋,如琢如磨。

——[春秋]《诗经·卫风·淇奥》

---

① 万古:永恒不变,形容天地之长久。
② 虚生:虚度人生没有成就。

"水深则流缓",讲的是深水之流都是非常缓慢的,做人也需如此,平静才会久远,所以讲"静以致远"。所以老子说圣人"不敢为天下先"也。什么叫"不敢为"?是指名利之心不敢生,邪念之心不敢生,等等。

"人贵则语迟",讲的是有内涵的人稳重,说出的都是深思熟虑的话。有的人脾气一上来,便顾不了那么多,再多的良言美句一诸抛却脑后,出口便是伤人的话,消解了一时之气,而事情的结果却往往变得更加糟糕。

"如切如磋,如琢如磨"出自《诗经·卫风·淇奥》,大意为:君子的自我修养就像加工骨器,切了还要磋,就像加工玉器,琢了还得磨。

美好的生活,应该像雕琢璞玉一般,慢慢打磨、体验。人生就像一场马拉松,是一场持久战,心急的人,往往很早就耗光了力气,最终裹足不前,而灵活的人,则懂得慢慢来,在一路的低消耗中,逐渐补充丢失的能量。

《论语·学而》引用"如切如磋,如琢如磨",讨论了追求贫而乐道、富而好礼,应如切、磋、琢、磨一样精益求精。

一个人在生命的里程中能不断地对自己的内心进行切、磋、琢、磨,那一定是个很有意思的过程。

三百五十六

采菊东篱下,悠然见南山。

——[东晋]陶渊明《饮酒·其五》

此心光明,亦复何言!

——[明]王阳明

"采菊东篱下,悠然见南山"大意是:在东篱之下采摘菊花,悠然间,那远处的南山映入眼帘。写出了作者那种恬淡闲适的心境,表达了作者超脱尘世,热爱自然的情趣。此二句,历来被称为"静穆""淡远"的最高境界。

"此心光明,亦复何言"八个字,是王阳明先生在去世前留下的,大意是:用尽一生,去做一个光明磊落的人。

"此心光明,亦复何言"告诉人们要光明磊落、胸怀坦荡。"此心光明",意为良知纯粹,一生中都以良知为师,做正事,行正道,说真话,坦坦荡荡,心中常存天理。

此心光明时，世界就是光明的，偶有黑暗，则以此光明之心尽力去付诸事物，使事物得到天理，努力做到一辈子内心光明。

三百五十七

笼天地于形内，挫万物于笔端。

——［西晋］陆机《文赋》①

观古今于须臾，抚四海于一瞬。

——［西晋］陆机《文赋》

故寂然凝虑，思接千载；悄然动容，视通万里。

——［南朝］刘勰《文心雕龙·神思》

   SHIYI

前两段均出自陆机《文赋》。

"笼天地于形内，挫万物于笔端"大意是：将广阔的天地概括进文章形象之中，把纷繁的万物融会于作家笔端之下。

"观古今于须臾，抚四海于一瞬"大意是：创作理念驰骋想象，片刻间浏览古今，一瞬间周游世界。

"故寂然凝虑，思接千载；悄然动容，视通万里"出自《文心雕龙》，大意是：所以作家默默地凝神思考时，他就会想象到千年之前的生活；悄悄地改变面部表情时，他的眼睛似乎看见了万里之外的情景。

"思接千载，视通万里"，即专心致志地思考，思绪连接古今，心为所动，情为所感，自是动人心弦，于是，感觉上自己仿佛可以看到千里之外的不同风光。

此三段道出了文学创作时的心理状态及文学的魅力。

三百五十八

种豆南山下，草盛豆苗稀。
晨兴理荒秽，带月荷锄归。
道狭草木长，夕露沾我衣。

---

① 陆机，西晋文学家，他以自己的写作甘苦结合对他人之作的体会，描述文学创作的过程。因此，《文赋》不是门外谈文，而是真正的行家论道。形式为赋体，主要论述作文利弊，涉及方面颇为广泛。

衣沾不足惜，但使愿无违。

——［东晋］陶渊明《归园田居·其三》

 SHIYI

我在南山下种植豆子，地里野草茂盛豆苗稀疏。

清晨早起下地铲除杂草，夜幕降临披着月光才回家。

山径狭窄草木丛生，夜间露水沾湿了我的衣裳。

衣衫被沾湿并不可惜，只愿我不违背归隐心意。

陶诗于平淡中又富有情趣，陶诗的情趣来自写意。"带月荷锄归"，劳动归来的诗人虽然独自一身，却有一轮明月陪伴。月下的诗人，肩扛一副锄头，穿行在齐腰深的草丛里，这是一幅多么美好的月夜归耕图啊！其中洋溢着诗人心情的愉快和归隐的自豪。"种豆南山下"平淡之语，"带月荷锄归"幽美之句；前句实，后句虚。全诗在平淡与幽美、实景与虚景的相互补衬下相映生辉，柔和完美。

三百五十九

老当益壮，宁移白首之心①？穷且益坚，不坠青云之志②。酌贪泉而觉爽，处涸辙以犹欢③。北海虽赊，扶摇可接④；东隅已逝，桑榆非晚⑤。

——［唐］王勃《滕王阁序（第三段）》

 SHIYI

年纪大了应当更有壮志，哪能在白发苍苍时改变自己的心志？处境艰难反该更加坚强，不能放弃凌云之志。这样即使喝了贪泉的水，仍然觉得心清无尘；处在干涸的车辙中，还能乐观开朗。北海虽然遥远，乘着旋风还是可以到达的；过去的时光虽然

---

① 宁移白首之心：哪能在白发苍苍的老年改变心志？
② 青云之志：比喻远大崇高的志向。
③ 酌（zhuó）贪泉而觉爽：喝下贪泉的水，仍觉得心境清爽。古代传说广州有水名贪泉，人喝了这里的水就会变得贪婪。这句是说有德行的人在污浊的环境中也能保持纯正，不被污染。处涸辙以犹欢：处在奄奄待毙的时候，仍然乐观开朗。处河辙：原指鲋鱼处在干涸的车辙里。比喻人陷入危急之中。《庄子·外物》有鲋鱼在干涸的车辙中求活的寓言。
④ 北海虽赊（shē），扶摇可接：北海虽然遥远，乘着旋风还可以到达。北海，即《庄子·逍遥游》中的"北冥"。
⑤ 东隅已逝，桑榆非晚：早年的时光虽然已经逝去，珍惜将来的岁月，为时还不晚。东隅，指日出的地方，表示早。桑榆，指日落的地方，表示晚。古人有"失之东隅，收之桑榆"的说法。

已经消逝，珍惜将来的日子还不算晚。

"老当益壮，宁移白首之心？穷且益坚，不坠青云之志。"意在鼓励人们不要随着年龄的增长而放弃自己的追求，永远保持一颗热忱的心，积极向上的心，哪怕是当自己身处逆境之中的时候，也不要降低了自我意志力，多想想自己年轻时许下的凌云壮志。现在常常用来激励人们学无止境，勇于奋斗，不畏惧岁月的变迁、时光的流逝。

《滕王阁序》以语言流光溢彩、辞采华美酣畅而成为千古传诵的佳作。

三百六十

中岁颇好道，晚家南山陲。
兴来每独往，胜事空自知。
行到水穷处，坐看云起时。
偶然值林叟，谈笑无还期。

——［唐］王维①《终南别业》

释义 SHIYI

中年以后存有较浓的好道之心，
直到晚年才安家于终南山边陲。
兴趣浓时常常独来独往去游玩，
有快乐的事自我欣赏自我陶醉。
间或走到水的尽头去寻求源流，
间或坐看上升的云雾千变万化。
偶然在林间遇见个把乡村父老，
偶与他谈笑聊天每每忘了还家。

这首诗意在写隐居终南山之闲适怡乐，随遇而安之情。第一联叙述自己中年以后就厌恶世俗而信奉佛教。第二联写诗人的兴致和欣赏美景时的乐趣。第三联写心境闲适，随意而行，自由自在。最后一联进一步写出悠闲自得的心情。"偶然"遇"林

---

① 王维（701—761，一说699—761），字摩诘，号摩诘居士。汉族，河东蒲州（今山西运城）人，祖籍山西祁县，唐朝诗人，有"诗佛"之称。苏轼评价其："味摩诘之诗，诗中有画；观摩诘之画，画中有诗。"开元九年（721年）中进士，任太乐丞。王维是盛唐诗人的代表，今存诗400余首，重要诗作有《相思》《山居秋暝》等。王维精通佛学，受禅宗影响很大。佛教有一部《维摩诘经》，是王维名和字的由来。王维的诗、书、画都很有名，多才多艺，音乐也很精通。与孟浩然合称"王孟"。

三百六十一

花间一壶酒，独酌无相亲。
举杯邀明月，对影成三人。
月既不解饮，影徒随我身。
暂伴月将影，行乐须及春。
我歌月徘徊，我舞影零乱。
醒时同交欢，醉后各分散。
永结无情游，相期邈云汉。

——［唐］李白《月下独酌》

释义 SHIYI

花丛中摆下一壶好酒，无相知作陪独自酌饮。
举杯邀请明月来共饮，加自己身影正好三人。
月亮本来就不懂饮酒，影子徒然在身前身后。
暂且以明月影子相伴，趁此春宵要及时行乐。
我唱歌月亮徘徊不定，我起舞影子飘前飘后。
清醒时我们共同欢乐，酒醉以后各奔东西。
但愿能永远尽情漫游，在茫茫的天河中相见。

这首诗写诗人在月夜花下独酌，无人亲近的冷落情景。诗人运用丰富的想象，把寂寞的环境渲染得十分热闹，不仅笔墨传神，更重要的是表达了诗人善于自我排遣寂寞的旷达不羁的个性和情感。邀月对影，千古绝句。

三百六十二

丞相祠堂何处寻，锦官城外柏森森①。
映阶碧草自春色，隔叶黄鹂空好音。

---

① 锦官城：成都的别名。柏（bǎi）森森：柏树茂盛繁密的样子。

三顾频烦天下计，两朝开济老臣心①。

出师未捷身先死，长使英雄泪满襟。

——[唐] 杜甫《蜀相》

释义 SHIYI

何处去寻找武侯诸葛亮的祠堂？在成都城外那柏树茂密的地方。

碧草照映台阶呈现自然的春色，树上的黄鹂隔枝空对婉转鸣唱。

定夺天下先主曾三顾茅庐拜访，辅佐两朝开国与继业忠诚满腔。

可惜出师伐魏未捷而病亡军中，长使历代英雄们对此涕泪满裳！

760年春天，杜甫探访了诸葛武侯祠，写下了这首感人肺腑的千古绝唱，称颂丞相辅佐两朝，惋惜他出师未捷而身死，既有尊蜀正统观念，又有才困时艰的感慨。

诗的前半首写祠堂的景色。首联自问自答，写祠堂的所在；颔联"草自春色""鸟空好音"，写祠堂的荒凉，字里行间寄寓感物思人的情怀。后半首写丞相的为人。颈联写他雄才大略（"天下计"）忠心报国（"老臣心"）；尾联叹惜他壮志未酬身先死的结局，引得千载英雄、事业未竟者的共鸣。

全篇由景到人，由寻找瞻仰到追述回顾，由感叹缅怀到泪流满襟，顿挫豪迈。全诗所怀者大，所感者深，雄浑悲壮，沉郁顿挫，具有震撼人心的巨大力量。

三百六十三

山不在高，有仙则名。水不在深，有龙则灵。斯是陋室，惟吾德馨。苔痕上阶绿，草色入帘青。谈笑有鸿儒，往来无白丁。可以调素琴，阅金经。无丝竹之乱耳，无案牍之劳形。南阳诸葛庐，西蜀子云亭，孔子云：何陋之有？

——[唐] 刘禹锡②《陋室铭》③

---

① 两朝开济：指诸葛亮辅助刘备开创帝业，后又辅佐刘禅。两朝：刘备、刘禅父子两朝。开：开创。济：扶助。

② 刘禹锡（772—842），字梦得，唐洛阳（今河南洛阳）人，中唐文学家，唐德宗贞元九年（793年）进士。因参加王叔文集团的进步政治改革失败而被贬为朗州（今湖南省常德市）司马等官职，在外地二十多年。后入朝做主客郎中，晚年任太子宾客，加检校礼部尚书，世称刘宾客。他长于诗文，和柳宗元交谊很深，人称"刘柳"；与白居易唱和甚多，并称"刘白"。有《刘梦得文集》传世。

③《陋室铭》：作于和州任上（824—826）。《历阳典录》："陋室，在州治内，唐和州刺史刘禹锡建，有铭，柳公权书碑。"

山不在于高，有仙人居住就有盛名；水不在于深，有蛟龙潜藏就显示神灵。这虽然是间简陋的小屋，但我品德高尚、德行美好。苔痕布满阶石，一片翠绿；草色映入帘栊，满室葱青。往来谈笑的都是饱学多识之士，没有一个浅薄无识之人。可以弹未加彩饰的琴，可以阅读佛经。没有嘈杂的音乐声使耳朵被扰乱，没有官府的公文使身体劳累。南阳有诸葛亮的草庐，西蜀有扬雄的玄亭。正如孔子说的："有什么简陋之处呢？"

《陋室铭》不足百字，篇幅极短，格局甚大。陋室以矮山、浅水相衬，与诸葛庐、子云亭并提，居住其中，有古之贤人、今之鸿儒相伴，真是陋室不"陋"。全文想象广阔，蕴含深厚，有咫尺藏万里之势。

作为一篇托物言志的铭文，文章表现了作者不与世俗同流合污，洁身自好、不慕名利的生活态度，表达了作者高洁傲岸的情操，流露出作者安贫乐道的隐逸情趣。它单纯、简练、清新，像一首精粹的诗，充满了哲理和情韵。

三百六十四

曾经沧海难为水，除却巫山不是云。
取次花丛懒回顾，半缘修道半缘君。

——［唐］元稹①的《离思》

曾经到过大海的人，别处的水再难以吸引他；除了云蒸霞蔚的巫山之云，别处的云都黯然失色。仓促地由花丛中走过，懒得回头顾盼；这缘由，一半是因为修道人的清心寡欲，一半是因为曾经拥有过的你。

"曾经沧海难为水，除却巫山不是云"一句由《孟子·尽心》"观于海者难为水，游于圣人之门者难为言"蜕变而成。海水深广而汹涌，自然使江河湖泊里的水相形见绌。诗人"索物以托情"，语近思远，风情宛然，强调了抒情对象的无与伦比，淋漓尽致地表达了主人公对已经失去的心上人的深深眷念。

---

① 元稹（779—831，或唐代宗大历十四年至文宗大和五年），字微之，别字威明，唐洛阳人（今河南洛阳）。父元宽，母郑氏。为北魏宗室鲜卑族拓跋部后裔，是什翼犍之十四世孙。早年和白居易共同提倡"新乐府"，世人常把他和白居易并称"元白"。

今人常用"曾经沧海难为水,除却巫山不是云"二句此喻人的阅历广,眼界就开阔,追求的目标就更高。

三百六十五

环滁皆山也。其西南诸峰,林壑尤美,望之蔚然而深秀者,琅琊也。山行六七里,渐闻水声潺潺,而泻出于两峰之间者,酿泉也。峰回路转,有亭翼然临于泉上者,醉翁亭也。作亭者谁?山之僧智仙也。名之者谁?太守自谓也。太守与客来饮于此,饮少辄醉,而年又最高,故自号曰醉翁也。醉翁之意不在酒,在乎山水之间也。山水之乐,得之心而寓之酒也。

——[北宋]欧阳修①《醉翁亭记②(第一段)》

释义 SHIYI

环绕滁州的都是山。那西南方的几座山峰,树林和山谷格外秀美。一眼望去,树木茂盛,又幽深又秀丽的,是琅琊山。沿着山路走六七里,渐渐听到潺潺的流水声,流水从两座山峰之间倾泻而出的,那是酿泉。泉水沿着山峰折绕,沿着山路拐弯,有一座亭子像飞鸟展翅似的飞架在泉上,那就是醉翁亭。建造这亭子的是谁呢?是山上的和尚智仙。给它取名的又是谁呢?太守用自己的别号(醉翁)来命名。太守和他的宾客们来这儿饮酒,只喝一点儿就醉了;而且年纪又最大,所以自号"醉翁"。醉翁的情趣不在于喝酒,而在于欣赏山水的美景。欣赏山水美景的乐趣,领会在心里,寄托在酒上。

这篇优美的山水游记通过描写醉翁亭的秀丽、自然风光和对游人之乐的叙述,勾勒出一幅太守与民同乐的图画,抒发了作者的政治理想和娱情山水以排遣抑郁的复杂感情。

"醉翁之意不在酒,在乎山水之间也。"后用来表示本意不在此而在别的方面,或别有用心。

---

① 欧阳修(1007—1072),字永叔,号醉翁,晚号"六一居士",汉族,吉州永丰(今江西省永丰县)人,因吉州原属庐陵郡,以"庐陵欧阳修"自居。谥号文忠,世称欧阳文忠公。北宋政治家、文学家、史学家,与韩愈、柳宗元、王安石、苏洵、苏轼、苏辙、曾巩合称"唐宋八大家"。
② 《醉翁亭记》:作于宋仁宗庆历五年(1045年),这年,欧阳修被贬官到滁州,任滁州太守。欧阳修在滁州实行宽简政治,发展生产,使当地人过上了一种和平安定的生活,年丰物阜,而且又有一片令人陶醉的山水,这使欧阳修感到无比快慰。但是当时整个北宋王朝,虽然政治开明、风调雨顺,却不思进取、沉溺于现状,使他感到沉重的忧虑和痛苦。这是他写作《醉翁亭记》时的心情,悲伤又有一份欢喜。

三百六十六

水陆草木之花，可爱者甚蕃①。晋陶渊明独爱菊。自李唐来，世人甚爱牡丹。予独爱莲之出淤泥而不染，濯②清涟而不妖，中通外直，不蔓不枝，香远益清，亭亭净植，可远观而不可亵③玩焉。

予谓菊，花之隐逸者也；牡丹，花之富贵者也；莲，花之君子者也。噫！菊之爱，陶后鲜④有闻。莲之爱，同予者何人？牡丹之爱，宜乎众矣。

——［北宋］周敦颐⑤《爱莲说》⑥

释义 SHIYI

水上、陆地上各种草本木本的花，值得喜爱的非常多。晋代的陶渊明只喜爱菊花。从李氏唐朝以来，世上的人十分喜爱牡丹。而我唯独喜爱莲花从淤泥中长出却不被污染，经过清水的洗涤却不显得妖艳。它的茎内空外直，不生蔓不长枝，香气远播更加清香，笔直洁净地立在水中。人们只能远远地观赏而不能靠近赏玩它啊。

我认为菊花，是花中的隐士；牡丹，是花中的富贵者；莲花，是花中品德高尚的君子。唉！对于菊花的喜爱，陶渊明以后就很少听到了。对于莲花的喜爱，像我一样的还有什么人呢？对于牡丹的喜爱，当然就很多人了！

文章前半部分描写莲花高洁的形象，后半部分则揭示了莲花的比喻义，分评三花，并以莲自况。通过对莲花的爱慕与礼赞，表明作者对美好理想的憧憬，对高尚情操的崇奉，对庸劣世态的排斥，抒发了作者内心深沉的慨叹。

---

① 蕃（fán）：多。
② 濯（zhuó）：洗涤。
③ 亵（xiè）：亲近而不庄重。
④ 鲜（xiǎn）：少。
⑤ 周敦颐（1017年6月1日—1073年7月14日），又名周元皓，原名周敦实，字茂叔，谥号元公，道州营道楼田保（今湖南省道县）人，世称濂溪先生，北宋五子之一，宋朝儒家理学思想的开山鼻祖，文学家、哲学家，著有《周元公集》《爱莲说》《太极图说》《通书》（后人整编进《周元公集》）。周敦颐所提出的无极、太极、阴阳、五行、动静、主静、至诚、无欲、顺化等理学基本概念，为后世的理学家反复讨论和发挥，构成理学范畴体系中的重要内容。
⑥ 《爱莲说》：我国古代散文之精品。全文119字，结构严谨，笔意超越，言简意赅，情景交融，其采用"借影"笔法，以莲自喻，有着深邃的思想内容。这篇佳作是宋代哲人周敦颐于1063年（嘉祐八年）5月在虔州（今赣州）道判署内写的。

三百六十七

莫听穿林打叶声，何妨吟啸且徐行。竹杖芒鞋轻胜马，谁怕？一蓑烟雨任平生。

料峭春风吹酒醒，微冷，山头斜照却相迎。回首向来萧瑟处，归去，也无风雨也无晴。

——［北宋］苏轼《定风波》

释义 SHIYI

不用注意那穿林打叶的雨声，何妨放开喉咙吟咏长啸从容而行。挂竹杖、穿芒鞋，走得比骑马还轻便，一身蓑衣任凭风吹雨打，照样过我的一生！

春风微凉吹醒我的酒意，微微有些冷，山头初晴的斜阳却应时相迎。回头望一眼走过来的风雨萧瑟的地方，我信步归去，不管它是风雨还是放晴。

此词是1079年醉归遇雨抒怀之作。作者借雨中潇洒徐行之举动，表现了虽处逆境屡遭挫折而不畏惧不颓丧的倔强性格和旷达胸怀。全词即景生情，语言诙谐。

"回首向来萧瑟处，归去，也无风雨也无晴"说明作者进一步彻悟人生。如果说之前几句表达的还只是一种儒家的境界，是一种入世的人生态度；而归去之后，看刚才刮风下雨的地方，哪里有什么雨，哪里有什么晴，所谓风雨，所谓晴，不过是人心中的感觉而已，如果心静，世界自然清静。其实世界万物并没有什么区别，只是我们有了区别才有了世界万象。成功也好，失败也好，都不要太在乎，所谓"宠辱不惊"。作者在此劝人既不要因风雨而担惊受怕，也不要因阳光而欣喜若狂，一切都泰然处之。这是一种宠辱不惊、胜败两忘、旷达潇洒的境界，是一种"至人无己，神人无功，圣人无名"（庄子《逍遥游》）的境界，是一种回归自然，天人合一，宁静超然的大彻大悟。

"回首向来萧瑟处，归去，也无风雨也无晴。"全词以这样充满哲理的句子收尾，韵味无穷，令人深思。

三百六十八

滚滚长江东逝水，浪花淘尽英雄。

是非成败转头空。

青山依旧在，几度夕阳红。

白发渔樵江渚上①,惯看秋月春风。

一壶浊酒喜相逢。

古今多少事,都付笑谈中。

——[明]杨慎②《临江仙·滚滚长江东逝水》③

释义

滚滚长江向东流,不再回头,多少英雄像翻飞的浪花般消逝,争什么是与非、成功与失败,都是短暂不长久的,只有青山依然存在,依然日升日落。

江上白发渔翁,早已习惯于四时的变化,和朋友难得见了面,痛快地畅饮一杯酒,古往今来的纷纷扰扰,都成为下酒闲扯谈资。

词的上阕通过历史现象咏叹宇宙永恒、江水不息、青山常在,而一代代英雄人物却无一不是转瞬即逝。下阕写作者高洁的情操、旷达的胸怀。把历代兴亡作为谈资笑料以助酒兴,表现了作者宁静洒脱、淡泊超脱的情怀。全词基调慷慨悲壮,读来只觉荡气回肠、回味无穷,平添万千感慨在心头。

---

① 渚(zhǔ):原意为水中的小块陆地,此处意为江岸边。

② 杨慎(1488—1559)明代文学家,字用修,号升庵,后因流放滇南,故自称博南山人、金马碧鸡老兵。杨廷和之子,汉族,四川新都(今成都市新都区)人,祖籍庐陵。嘉靖三年,因"大礼议"受廷杖,谪戍终老于云南永昌卫。贬谪以后,特多感愤。杨慎能文、词及散曲,论古考证之作范围颇广,著作达百余种,后人辑为《升庵集》。

③ 《临江仙·滚滚长江东逝水》:创作背景是嘉靖三年(1524年),当时正任翰林院修撰的杨慎,因"大礼议"受廷杖,削夺官爵,定罪为谪戍终老于云南永昌卫。杨慎到达云南以后,并没有因为被谪戍而消沉,而是经常四处游历,观察民风民情,还时常咏诗作文,以抒其怀。杨慎在云南度过了三十几年,留下了大量描写云南的诗篇,此词也即其中一篇,同时也是作为《廿一史弹词》第三段《说秦汉》的开场词而作。后清初毛宗岗父子评刻《三国演义》时将其移置于《三国演义》卷首。